Sönke Zankel

Die WEISSE ROSE war nur der Anfang

Sönke Zankel

Die WEISSE ROSE war nur der Anfang

Geschichte eines Widerstandskreises

2006

BÖHLAU VERLAG KÖLN WEIMAR WIEN

Bibliografische Information der Deutschen Nationalbibliothek:
Die Deutsche Nationalbibliothek verzeichnet diese Publikation in der Deutschen Nationalbibliografie; detaillierte bibliografische Daten sind im Internet über http://dnb.d-nb.de abrufbar.

Ursulaplatz 1, D-50668 Köln
Tel. (0221) 913 90-0, Fax (0221) 913 90-11
info@boehlau.de

Druck und Bindung: Freiburger Graphische Betriebe GmbH & Co. KG
Gedruckt auf chlor- und säurefreiem Papier
Printed in Germany

ISBN-10 3-412-09206-1
ISBN 978-3-412-09206-1

Meinen Eltern

INHALT

VORWORT

Ich hatte gerade das Abitur abgelegt, als ich mich zum ersten Mal mit dem Kreis um die Geschwister Scholl und Alexander Schmorell befasste. Ihr Kampf gegen den Nationalsozialismus und ihr bedingungsloser Idealismus rissen mich förmlich mit. Es folgten später Besuche bei den Angehörigen der Hingerichteten, so auch bei Inge Scholl, der Schwester von Hans und Sophie Scholl. Ich konnte das Glück kaum fassen, mit einer Schwester dieser Widerstandsheroen sprechen zu dürfen.

Erste Archivrecherchen mündeten schließlich in einer Doktorarbeit. Vier Jahre arbeitete ich an der Dissertation, sah zahlreiche unbekannte Dokumente, interpretierte die alten in neuer Weise, schloss mich aber auch der Meinung anderer Autoren an. Das vorher so feste Bild von den „engelsgleichen" Studenten wandelte sich, sie offenbarten Schwächen, aber wurden damit zugleich auch realistischer und menschlicher.

Der Großteil der Autoren der bisher veröffentlichten Literatur und auch die Zeitzeugen deuten die Biographien der Hingerichteten vom frühen Ende ihres Lebens her, von ihrem Eintreten für Freiheit und Menschlichkeit, von ihrer aufopfernden Widerstandshandlung. Die meisten Lebensläufe werden in einer strengen Kontinuität dargestellt, Brüche scheint es kaum zu geben. Dem Anschein nach liefen die Biographien von Beginn an oder zumindest sehr früh auf die heldenhafte Widerstandstat hinaus.

Meine Forschungsergebnisse sehen anders aus. Sie sind das Ergebnis eines langen Prozesses, in dem ich die Motive und Taten der Studenten und meine eigenen Interpretationen und Thesen immer wieder aufs Neue hinterfragte. So ist ein anderes, ein kritischeres Bild der so genannten „Weißen Rose" entstanden. Man muss nicht lange nachdenken, um zu erahnen, welche Reaktionen folgen werden, wenn bisher Gültiges, das zudem in der deutschen Erinnerungskultur eine solch große Bedeutung einnimmt, in Frage gestellt wird.

Das vorliegende Buch umfasst meine wesentlichen Forschungsergebnisse. Die eigentliche Doktorarbeit wurde dafür um rund 75 Prozent gekürzt. Mit dieser Präsentation der Forschungsergebnisse sollen nicht nur Fachhistoriker, sondern auch historisch Interessierte angesprochen werden. Wissenschaft soll ja nicht in einem abgeschotteten Raum stattfinden, sondern in der Öffentlichkeit. Dabei geht es um die

Vermittlung von Geschichte und die Diskussion über ihre Deutung, ein Anliegen, was mir nicht zuletzt auf Grund meiner Tätigkeit in der Schule wichtig ist.

Auch wenn sich nach 1945 mehr Publizisten als Wissenschaftler dem Widerstandskreis der Studenten gewidmet haben, sind in den letzten Jahren doch einige neue Forschungsergebnisse präsentiert worden. Diese greife ich nicht immer auf und argumentiere nicht für oder gegen jede in der Literatur aufgeworfene These. Dies wird in der Dissertation erfolgen. Gleiches gilt für die Sichtweise der Angehörigen und Zeitzeugen. Mein Bild der Studenten weicht von ihrem ab, dennoch möchte ich betonen, dass ich die Zeitzeugen aus vielerlei Gründen immer zu schätzen wusste.

Die vorliegende Arbeit versucht, eine kritische und zugleich würdigende Darstellung des Widerstandskreises der Studenten um Hans Scholl und Alexander Schmorell zu liefern. Die Quellenhinweise und die Analyse liegen nun auf dem Tisch, die Debatte kann beginnen.

Sönke Zankel
Flensburg, im Juli 2006

„Wir wollen es uns ersparen, neue Lorbeerkränze den alten hinzuzuwinden. Laßt sie uns doch viel lieber hereinholen in unsere Hörsäle, laßt sie zwischen uns sitzen [...]. Und wenn wir mit dem Gerede von Heldentum nichts mehr anfangen können, so laßt uns versuchen, statt in die steinernen Augen einer Denkmalplastik in ihre lebendigen Augen zu blicken, laßt uns ihnen die Hand drücken, auf die Schulter klopfen und sagen, daß sie doch feine Kerle sind."

Fritz Hartnagel, 1947

AM ANFANG DAS ENDE

„Um 17.02 Uhr wurde der Verurteilte durch zwei Gefängnisbeamte vorgeführt. Der Leiter der Vollstreckung stellte die Personengleichheit des Vorgeführten mit dem Verurteilten fest. Die Gehilfen des Scharfrichters führten ihn an die Fallschwertmaschine, auf welcher er unter das Fallbeil geschoben wurde. Scharfrichter Reichart löste sodann das Fallbeil aus, welches das Haupt des Verurteilten sofort vom Rumpfe trennte. Der Gefängnisarzt überzeugte sich vom Eintritt des Todes. Der Verurteilte war ruhig und gefasst, seine letzten Worte waren ‚Es lebe die Freiheit.' Von der Übergabe an den Scharfrichter bis zum Fall des Beiles vergingen 07 Sekunden. [...] Nach der Abnahme von der Fallschwertmaschine wurden der Körper und das Haupt des Verurteilten in einen bereitstehenden Sarg gelegt und dem Polizeipräsidium München zur Verbringung in den Perlacher-Friedhof übergeben."[1]

Mit diesen Worten dokumentierte der nationalsozialistische Staat die Hinrichtung von Hans Scholl am 22. Februar 1943. Er und einige andere Studenten hatten mit Flugblättern zum Widerstand gegen den Nationalsozialismus aufgerufen. Insgesamt wurden sechs Todesurteile vollstreckt: gegen die Studierenden Hans und Sophie Scholl, Alexander Schmorell, Willi Graf, Christoph Probst sowie gegen den Philosophieprofessor Kurt Huber.

Das Hinrichtungsprotokoll Hans Scholls dokumentiert, wie bürokratisch, gefühllos und fern jeglichen menschlichen Empfindens der Staat mit dem 24-Jährigen verfuhr. Zugleich wird die Entschlossenheit des Studenten deutlich. Er rief dem Henker seine Leitidee entgegen: „Freiheit". Für immer drohte seine Forderung, seine Anklage gegen die nationalsozialistische Macht zu verhallen, ungehört vom Rest der Welt. Doch bereits kurz danach drangen Stimmen nach außen. Bereits 1945 erschienen im Ausland die ersten beiden Bücher über die Münchner Widerstandsgruppe. Die britische Luftwaffe warf das letzte von sechs Flugblättern gar in rund fünf Millionen Exemplaren über Deutschland ab.

Einen enormen Schub für den Bekanntheitsgrad der Studenten bedeutete die Buchveröffentlichung von Inge Scholl, einer Schwester der Geschwister Scholl, im Jahre 1952. Ihr Buch wurde später in viele Sprachen übersetzt und erreichte eine Auflage von insgesamt über einer halben Millionen verkaufter Exemplare. Noch heute ist es gerade bei Schülern und Jugendlichen ein viel gelesenes Werk. Insofern ist es sicher maßgeblich Inge Scholl zu verdanken, dass die tragische Geschichte im öffentlichen Gedächtnis erhalten blieb.

Vor Inge Scholls Publikation nannte man den Widerstandskreis häufig nicht „Die Weiße Rose". Stattdessen wurde oft vom „Scholl-Kreis", vom „Scholl-Huber-Kreis" oder allgemein vom „Münchner Studentenaufstand" gesprochen.[2] Die sechs Flugblätter des Widerstandskreises waren offensichtlich noch nicht allzu bekannt, vor allem nicht die ersten vier. Nur sie trugen die Überschrift „Flugblätter der Weissen Rose". An der Entstehung und Produktion dieser ersten vier Schriften im Sommer 1942 waren allein Hans Scholl und Alexander Schmorell beteiligt. Erst bei der Verbreitung der letzten beiden Flugblätter im Januar und Februar 1943 wurden vor allem Sophie Scholl, Willi Graf und Professor Kurt Huber in die Arbeit einbezogen. Folglich ist es falsch, den gesamten Widerstandskreis sowohl in personeller als auch in zeitlicher Hinsicht als „Weiße Rose" zu bezeichnen. Treffender ist es, vom Scholl-Schmorell-Kreis zu sprechen, da die beiden Studenten die tragenden Säulen der Widerstandsaktionen waren.

Dessen ungeachtet ist die Verwendung des mythisch anmutenden Namens „Weiße Rose" symptomatisch für das heute herrschende Bild des Widerstandskreises. Unnahbare Helden werden vorgegeben, entrückt ihrem tatsächlichen Leben. So verwundert es kaum, dass die Wochenzeitung „Die Zeit" im Jahre 2000 sogar von der „engelsgleichen Unschuld der Geschwister Scholl"[3] sprach. Inge Scholl trug maßgeblich zu diesem Bild bei, aber auch andere Zeitzeugen, die den Krieg überlebten, schilderten gerade in den letzten rund 15 Jahren immer wieder und zuweilen auch heldenhaft zugespitzt ihre Erinnerungen an die Widerstandskämpfer bzw. ihre eigenen Taten. Insofern ist die Geschichte der „Weißen Rose“, zumindest so wie sie im öffentlichen Gedächtnis präsent ist, über weite Strecken eine Geschichte aus der Zeitzeugenperspektive.

Dieses Phänomen betrifft jedoch nicht nur den Scholl-Schmorell-Kreis. Gerade die ‚Geschichtsschreibung‘, wie sie das Fernsehen Millionen von Zuschauern an vielen Abenden im Jahr präsentiert, ist ganz ähnlich konzipiert. Grundsätzlich hinterfragt werden die Erinnerungsberichte eigentlich nie. Gerade die Fernseh-Historiker oder besser gesagt Fernseh-Journalisten scheinen dabei vor nichts zurückzuschrecken. So wird etwa der Hausmeister von Hitlers Domizil „Berghof“ zur nationalsozialistischen Außenpolitik befragt und damit zur scheinbar seriösen historischen Quelle befördert.

Für das vorliegende Buch wurden rund 80 Zeitzeugen befragt, manche, die im Rahmen der Widerstandsaktionen vom NS-Staat angeklagt und verurteilt wurden, andere, die lediglich in München zur Zeit der Geschehnisse studiert hatten. Das Ergebnis dieser Interviews lässt sich etwas pauschalisiert wie folgt zusammenfassen: Die ‚Erinnerungen‘ haben sich im Lauf der Zeit maßgeblich verändert. Der Zeitzeuge hat sich nach dem Krieg mit der Geschichte des Widerstandskreises befasst. Dies geschah z.B. durch Literatur und Medienberichte oder durch den Austausch mit anderen Zeitzeugen. Das Wissen, das der Zeitzeuge im Februar 1943 hatte, hat sich dementsprechend erweitert. Eine Differenzierung zwischen dem Teil der ‚Erinnerung‘, der wirklich auf das selbst Erfahrene zurückzuführen ist, und dem Teil, der durch jahrzehntelange Rezeption von Gelesenem, Gehörtem und Gesehenem dazugekommen ist, erschien oftmals kaum möglich. Aber nicht nur für den Historiker ist ein solcher Versuch ein schwieriges Unterfangen, sondern auch für den Zeitzeugen selbst. Beide Bereiche – die Erinnerung an das Erlebte und die nachträgliche Rezeption – vermischen sich zu einer ‚neuen Erinnerung‘, die das Faktische des Erlebten manchmal bei Weitem übertrifft. In den seltensten Fällen gelingt es dabei dem Zeitzeugen, sich selbst und die eigenen ‚Erinnerungen‘ kritisch zu reflektieren. Insofern erfährt man in den Interviews zumeist in erster Linie etwas über den Interviewten und seine Rezeption der Geschichte und weniger über den historischen Verlauf selbst.

Als besonders problematisch hat es sich erwiesen, dass manche Zeitzeugen kaum imstande waren, auf konkrete Fragen zu antworten. Dies gilt zum Großteil auch für diejenigen, die bereits oftmals über die Geschehnisse berichtet haben. Die ‚Erinnerung‘ hatte sich nicht nur erweitert, sondern durch häufiges Formulieren verfestigt. Während der Zeitzeuge vermutlich bei der ersten Schilderung seiner ‚Erinnerung' noch länger nachdenken musste, ist dies heute zumeist durch das ‚Abspulen' eines Erinnerungsprogramms nicht mehr notwendig. Diese Interviewten sind nur schwer in der Lage, sich aus diesem Erinnerungsprogramm herauszubewegen, sich neuen Perspektiven und Fragen zu öffnen.

Hinsichtlich der Geschichte des Scholl-Schmorell-Kreises wurde die Glaubwürdigkeit der Zeitzeugen bisher fast nie öffentlich angezweifelt. Die Reaktionen werden entsprechend sein. Zeitzeugen meinen häufig, die alleinige Lizenz zum Deuten der erlebten Geschichte zu haben. Sie waren ja im Gegensatz zum Historiker ‚dabei', wie soll also ein rund fünfzig Jahre später Geborener es ‚besser' wissen können?

Für den Zeitzeugen muss nicht nur die hier vorgetragene Generalkritik an ihm schmerzlich sein, sondern auch die folgende Darstellung der Geschichte des Scholl-Schmorell-Kreises. Biographien oder zumindest Teile davon werden dekonstruiert, ja noch mehr: Der Historiker dringt als Dieb in das Reich der Zeitzeugen-Biographie ein und entwendet einen Teil des Inventars. Der Konflikt ist unumgänglich und resultiert wohl auch aus dem Gegenüber der Überheblichkeit des Zeitzeugen und der Arroganz des Historikers.

Zwar verzichte auch ich nicht auf die Aussagen von Zeitzeugen, versuche aber, behutsam und quellenkritisch mit ihnen umzugehen. So habe ich immer wieder danach geschaut, ob sich die entsprechenden Erinnerungsberichte eventuell durch andere Quellen belegen lassen. Dies kann sicher auch durch Zeitzeugenberichte geschehen, denn wenn zwei Zeitzeugen einen Sachverhalt ähnlich wiedergeben, spricht es zumindest tendenziell für eine realitätsnahe Schilderung. Dennoch muss auch hier gefragt werden: Resultiert die ‚Erinnerung' der zwei oder mehr Zeitzeugen aus dem persönlich Erlebten oder möglicherweise nur aus gemeinsamen Gesprächen?

Schriftliche Dokumente sind zumeist aussagekräftiger, auch wenn sie das ‚historische Geschehen' natürlich nicht eins zu eins wiedergeben. Für diese Arbeit konnten zahlreiche neue Quellen eingesehen werden, die hier nicht alle einzeln aufgezählt werden können. Genannt sei der Nachlass von Inge Scholl bzw. den Geschwistern Scholl, der erst seit Ende 2005 für die Forschung zugänglich ist. Hinsichtlich der geistigen Einflüsse sei zudem auf die eindruckvollen, regimekritischen Briefe von Josef Furtmeier verwiesen, die kürzlich veröffentlicht wurden. Bedeutend ist zudem die als verschollen geglaubte und in England nun aufgefundene Sammlung des verstorbenen Journalisten Barry Pree, der über zwanzig Jahre zum Scholl-Schmorell-Kreis recherchierte.

Einen zentralen Baustein dieser Arbeit bilden die Vernehmungsprotokolle der Gestapo, die bis zum Ende des Ost-West-Konflikts in den Archiven der DDR lagen und damit westlichen Historikern kaum zugänglich waren. Vereinzelt wurden diese Dokumente von anderen Historikern und Publizisten bereits herangezogen, jedoch werden sie erstmals hier systematisch ausgewertet.

Sind aber nicht auch Vernehmungsprotokolle der Gestapo mit größter Quellenkritik zu bewerten? Wurden die Geständnisse nicht durch physische Gewalt von den Gefangenen erpresst? Zumindest in diesem Fall ging die Münchner Gestapo mit den Gefangenen den Umständen entsprechend ‚korrekt' um. Dies legen zum einen Aussagen von Angeklagten aus dem Umfeld des Scholl-Schmorell-Kreises in den Nachkriegsprozessen gegen die jeweiligen Gestapo-Beamten nahe,[4] zum anderen finden sich auch in den Erinnerungsberichten der Angeklagten zum Teil entsprechende Angaben wieder. So schreibt Susanne Hirzel, die im zweiten Prozess auf der Anklagebank saß, im Jahre 1998: „Die Beamten benahmen sich mir gegenüber immer korrekt und höflich. Doch war die Atmosphäre bei den Vernehmungen trotz menschlichem Anhauch unheimlich."[5]

Jedoch bilden die Vernehmungsprotokolle das ‚historische Geschehen' ebenfalls nicht ungefiltert ab. Emotionen werden hier in aller Regel nicht dokumentiert. Auch die Sprache der Protokolle deutet zuweilen darauf hin, dass es nicht die des Verhörten war. Bewusste inhaltliche Verfälschungen sind jedoch annähernd auszuschließen, so dass der Quellenwert der Protokolle für die Geschichte des Scholl-Schmorell-Kreises kaum unterschätzt werden kann.

I. PROTAGONISTEN

Im Folgenden werden die Biographien der einzelnen Beteiligten vorgestellt. Hier zeigt sich bereits, dass die Wege der später Hingerichteten in den Widerstand sicher nicht vorgezeichnet waren. Es ergibt sich vielmehr ein anderes Bild: Einige waren zunächst begeistert in den Organisationen des NS-Staates tätig, andere hatten bis zu ihrem Tod ein nicht widerspruchsfreies Verhältnis zu der nationalsozialistischen Ideologie. Die Reihenfolge der dargestellten Biographien ergibt sich aus ihrer Bedeutung für den Widerstandskreis. Am Anfang stehen Hans Scholl, der politische Kopf des Unternehmens, und Alexander Schmorell. Sie waren die einzigen, die in beiden Phasen des Widerstands – Sommer 1942 und Winter 1942/43 – beteiligt waren. Ihnen folgt Sophie Scholl, die vor allem Ideen zur Umsetzung der Aktionen beitrug. Diese drei möchte ich als *Protagonisten,* also als Vorkämpfer des Scholl-Schmorell-Kreis bezeichnen. Davon sind die *Sekundanten,* die Helfer und Berater, abzugrenzen.

Es werden nicht alle Helfer biographisch vorgestellt, sondern nur diejenigen, die eine entsprechend große Bedeutung für den Münchner Kreis hatten. Hier ist als erstes Willi Graf zu nennen, der in der zweiten Phase, im November 1942 bis Februar 1943, in Bezug auf die Verbreitung der Flugblätter wichtig wurde. Inhaltlich-politisch blieb er jedoch unbedeutend. Im Gegensatz dazu war Professor Kurt Huber zwar in logistischer Hinsicht vollkommen unbedeutend, aber zumindest bei der inhaltlichen Gestaltung vor allem des letzten Flugblattes während der zweiten Phase kommt ihm eine maßgebliche Rolle zu. Christoph Probst befand sich eher am Rand des Widerstandskreises, zählte mehr zum freundschaftlichen Umfeld als zum politischen Aktionszentrum. Er lieferte jedoch einen Flugblattentwurf, so dass auch er gesondert vorgestellt werden soll.

1. Hans Scholl: Vom Jungvolkführer zum Christen im Widerstand

Der 1918 geborene Hans Scholl wuchs mit vier Geschwistern auf: Inge, Sophie, Elisabeth und Werner. Die längste Zeit wohnten die Scholls in Forchtenberg und später in Ulm. Vor allem der Vater Robert Scholl stand dem nationalsozialistischen Regime von Beginn an äußerst kritisch gegenüber. Von einem starken politischen Einfluss auf die Kinder kann jedoch zumindest für die Jahre bis 1938 nicht gesprochen werden. Vielmehr blickten die damals noch sehr jungen Scholl-Kinder voller freudiger Erwartung auf die neue Regierung unter Hitler und arbeiteten, ihren Kräften als jungen Menschen entsprechend, am Aufbau des nationalsozialistischen Staates mit.

Die hiermit erstmals ausgewerteten Tagebücher von Inge Scholl lassen genauere Rückschlüsse auf diese ersten Jahre des Regimes zu. Die Nationalsozialisten waren für sie die Retter Deutschlands. Diese Vorstellung verfolgte Inge Scholl anscheinend sogar bis in den Schlaf hinein. 1933 träumte sie von der ‚kommunistischen Gefahr', die in einem Bürgerkrieg nicht nur das Land bedrohte, sondern auch ihr eigenes Leben. Hilfe erhielt sie, so notierte sie in ihr Tagebuch, allein von einem „starken, kräftigen S.A. Mann", ihrem „heldenhaften Verteidiger".[6] Später schrieb sie: „Das Andenken des SA-Manns, der mir einmal im Traum das Leben gerettet hat, will ich heilig halten."[7]

Die Scholl-Kinder sahen ihr Aufgabengebiet in den NS-Jugendgliederungen. Hier waren keine Stände mehr vorhanden, hier war man verbunden im ‚Deutschsein'. Das zog sie an. Die Begeisterung Inge Scholls war beim jüngeren Bruder Hans ebenso fest verankert. Eine von ihr geschilderte Begebenheit dokumentiert dies. Sie und ihr Bruder hatten auf einem Spaziergang einen Einfall: „Die Idee, die uns kam u. die wir gerne machen möchten: Ein Trupp Kommunisten u. Marxisten trabt über die deutsche Scholle u. verwüstet sie. Plötzlich steht Hitler, riesenhaft, hinter ihm Hindenburg u. hinter den beiden eine ganze braune Armee, u. ruft ihnen ein gebieterisches ‚Halt!' zu."[8]

Die Scholl-Kinder standen damit im Widerspruch zum oppositionell eingestellten Vater. Spannungen zwischen Kindern und Eltern blieben nicht aus. Inge Scholls Tagebuch gibt darüber Auskunft: „Hans hat eine feine Radierung von Hitler. Sie hängt im Kinderzimmer. Vater hat sie am Anfang jeden Tag, wenn er vom Geschäft heimkam, weggehängt, u. in eine Schublade getan. Hans hat sie aber jedes Mal wieder an ihren Platz getan, bis schließlich Vater nachgegeben hat."[9]

Hitler war für Inge Scholl eine Art Übervater, eine Instanz, der man moralisch verpflichtet war. Im April 1933 heißt es dementsprechend in ihren Aufzeichnungen: „Jedes deutsche Mädchen, das Nazi sein will, ist Hitler schuld, dass es sich äußerlich u. innerlich rein hält. Das sind wir alle Hitler schuldig."[10] Hitler wirkte stark auf Inge Scholl und nichts spricht dafür, dass es bei Hans Scholl und den anderen Geschwistern anders gewesen wäre.

Hitler erreichte fast messianische Züge, er war der Angebetete. In Inge Scholls Tagebuch heißt es dementsprechend: „Heute vor der ersten Stunde war ein feierlicher Akt in unserer Klasse. Wir hatten alle zu einem Hitlerbild zusammengelegt. Anneliese M. brachte es mit u. hielt eine kleine Ansprache. Wir ließen drei Heil los für Hitler. Dann sangen wir noch mit erhobener Hand das Deutschlandlied. Wenn ich vorwärts schaue von meiner Bank aus, dann fällt mein Blick direkt auf Hitler. Wenn dann die in meiner Vorderbank während der Erdkundestunde Rätsel lösen oder sonst was interessantes tun u. ich sehe die scharfen, edlen Augen Hitlers auf mir, dann kann ich nicht mitmachen. Er wird mich vor manchem bewahren, dieser Blick."[11] Hitler kam für Inge Scholl gleich nach Gott: „Mit Leib u. Seele gehöre ich Hitler. Natürlich erst Gott."[12] Er war für sie eine Art Schutzpatron: „Der Blick auf Hitler u. der Gedanke an Hitler bringt mich über vieles hinweg."[13]

Fehler bei Hitler waren für Inge Scholl folglich ausgeschlossen. Das in ihr Tagebuch niedergeschriebene Liedgut gibt ebenfalls Aufschluss über die Begeisterung für den Nationalsozialismus. Hier heißt es u.a.: „Hitler sind wir treu ergeben, Treu bis in den Tod".[14] In einem anderen wiederum: „Deutschland erwache! U. Jude den Tod. Volk ans Gewehr!"[15] Letzteres wurde anscheinend des Öfteren gesungen.[16]

Bedacht werden muss bei diesem Hitler-Kult sicher das Alter, also die Jahre der Pubertät, in der häufig nach ‚Idolen' gesucht wird. Möglicherweise spielten auch Abgrenzungsbestrebungen zu den Eltern eine Rolle.

Die Aufopferung im nationalsozialistischen Sinne war jedoch keine vorübergehende Erscheinung, wie Inge Scholl nach dem Krieg glauben machen wollte. Die Begeisterung zog sich vielmehr mehrere Jahre hin. Ein Logbuch Inge Scholls über die Zeit beim Bund Deutscher Mädel (BDM) aus den Jahren 1935 und 1936 etwa gibt Auskunft über ihre Tätigkeiten und Führerinnenbesprechungen: ‚Arbeit für den Nationalsozialismus' hätte die Überschrift lauten können. Folglich sind thematisch auch immer wieder typische NS-Weltanschauungsthemen behandelt worden, in einer Führerinnenschulung am 11. Februar 1936 beispielweise die „Rassenhygiene".[17]

Bereits im März 1933 trat Hans Scholl der Hitler-Jugend (HJ) bei. Inge Scholl kommentierte dies in ihrem Tagebuch: „Das Braunhemd steht ihm gut."[18] Für Hans Scholl ging es auf der Karriereleiter recht steil nach oben: Jungenschaftsführer mit einer Verantwortung für rund zehn Jungen, Jungzugführer für 40 Jungen und ab dem 1. Januar 1935 Fähnleinführer mit einem Verantwortungsbereich für ca. 160 Jungen.[19]

In der HJ lernte Scholl allmählich die Formen der so genannten „bündischen Jugend" kennen, die schon lange vor der „Machtergreifung" der Nationalsozialisten existierten. Die politische Orientierung der bündischen Jugend war dabei so breit gefächert, dass sie sich einer eindeutigen politischen Zuordnung entzieht. So verwundert es auch wenig, dass in Ulm in den ersten Jahren der nationalsozialistischen Herrschaft HJ und bündische Jugend mehr oder minder identisch waren; u.a. übernahm die HJ einen Teil des bündischen Liedguts.

In Hans Scholls Ulmer Jahren spielte Max von Neubeck eine zentrale Rolle. Er war sein Vorgesetzter in der HJ und stand anfangs für die Einbeziehung von bündischen Elementen in die NS-Organisation. Ostern 1934 überreichte er einigen Funktionären, darunter Hans Scholl, als Zeichen der Zugehörigkeit zur dj.1.11 – dies war eine Gliederung innerhalb der bündischen Jugend – blaue Kordeln. Für alle war damit klar, dass die dj.1.11 und die HJ zusammengehörten. Zur großen Überraschung von Hans Scholl gab von Neubeck jedoch ungefähr Ende 1934 die ideelle Verbindung zur dj.1.11 auf.[20]

Auch in einem anderen Punkt waren die Wandlungen von Neubecks für Scholl nicht nachvollziehbar. Als Jungstammführer ließ dieser im November 1934 A- und B-Mannschaften in jedem Fähnlein bilden. Die A-Mannschaft jedes Fähnleins, die parallel zum nationalsozialistischen Jungvolk bestand, umfasste ca. 30 Personen und sollte zum Führernachwuchs des Jungvolkes ausgebildet werden. Hans Scholl war nach eigenem Bekunden mit der Bildung der A-Mannschaften „ursprünglich" nicht einverstanden,[21] gab später aber seine Skepsis auf. Dann machte von Neubeck wieder eine Kehrtwendung. Plötzlich wollte er die A-Mannschaften auflösen. Inzwischen hatte sich die Truppe von Hans Scholl jedoch zu einer besonderen Elite herausgebildet. Scholl wehrte sich somit gegen die Auflösung und meinte, dass dies nun sein eigener Führernachwuchs sei.[22] Die zunehmenden Konflikte zwischen Hans Scholl und Max von Neubeck waren Streitigkeiten innerhalb des Jungvolkes und beide blieben nach ihrem Selbstverständnis innerhalb des NS-Systems. Insofern hatten die Differenzen sicher keine politische Ursache.

Es gab noch einen weiteren und den wohl zentralen Streitpunkt zwischen von Neubeck und Scholl: Ernst Reden. An seiner Person wird die gesamte Problematik des Schollschen Jungbannes wie im Brennglas deutlich: die Überschneidung zwischen bündischer Jugend und HJ. Nach der bisherigen Darstellung hatte Reden gemeinsam mit Hans Scholl eine Ulmer Gruppe der verbotenen bündischen Gruppierung dj.1.11 organisiert,[23] womit beide in einen oppositionellen Kontext gestellt werden. Dies ist jedoch falsch.

Wer war dieser Ernst Reden? Ursprünglich kam er aus Köln, war am 1. Mai 1933 der HJ beigetreten und führte ein Fähnlein im Jungvolk. 1935 kam er zur Ableistung seines Militärdienstes nach Ulm und lernte dort Hans Scholl kennen.[24] Wie nahe Reden dem Nationalsozialismus stand, wird u.a. daran deutlich, dass er noch 1938 die Absicht hegte, im Kulturring der HJ mitzuarbeiten.[25] Reden verstand sich nicht als Gegner des Nationalsozialismus. Er war vielmehr ein Hitler-Verehrer. In der von ihm verfassten Abhandlung „Brief an den Soldaten Johannes" aus dem Jahr 1938 ist zu lesen: „Und wir jungen Menschen wollen heute die Bescheidenheit und Einfachheit an unserem Führer Adolf Hitler erlernen! Denn sollten wir nicht alle so leben können wie er?"[26]

Reden war von Neubeck, wie dieser selbst gegenüber der Gestapo sagte, „von Anfang an unsympathisch".[27] Neben vielleicht rein persönlichen Animositäten wird der Ursprung der Antipathien von Neubecks gegenüber Reden vor allem darauf zurückzuführen sein, dass dieser als Kölner Jungvolkführer einen Fremdkörper im Ulmer Jungvolk darstellte. Er stand in engem Kontakt mit Hans Scholl und beeinflusste ihn zweifellos, wie Scholl selbst in seiner Vernehmung aussagte: „Ernst Reden hat auf mich schon einen gewissen Einfluss gehabt und da er sich mir gegenüber als Jungvolkführer vorgestellt hatte, nahm ich seine Vorschläge gerne an."[28]

Max von Neubeck fühlte sich in seiner Autorität bedroht. Zudem existierte die Schollsche A-Mannschaft weiter und in dieser wirkte Reden in der Tat mit. Der ‚Platzhirsch' von Neubeck war also in seiner Position gefährdet und fühlte sich gezwungen, klare Verhältnisse zu schaffen. Sein Ziehsohn, Hans Scholl, musste unter Druck gesetzt werden, denn die Sanktionsmöglichkeiten gegen Reden waren beschränkt. Von Neubeck beurlaubte Scholl im Mai 1936 erst für acht Tage, dann Ende des Monats ein zweites Mal. Als Bedingung für seine Rückkehr ins Jungvolk forderte er, dass Scholl die Verbindung zu

Ernst Reden aufgebe. Diese Möglichkeit kam für Scholl nicht in Frage, denn er sah nicht ein, warum ihm ein Jungvolkführer den Kontakt mit einem anderen Jungvolkführer verbieten sollte.[29] Aber ebenso der persönliche Stolz Scholls und letztendlich auch eine gewisse Loyalität gegenüber Reden, dem Hitler-Verehrer, werden hier eine Rolle gespielt haben.

Hans Scholl, dem „ein ausserordentlich starkes Charisma“ bescheinigt wird,[30] ging auf Konfrontationskurs und unternahm mit einigen Jungen aus dem Jungvolk eine Fahrt in den Böhmerwald.[31] Jetzt begann sich eine Gruppe zu formieren, die bewusst parallel zum Jungvolk bzw. zur HJ existierte. Wie schon im Jungvolk zeigt sich, dass Scholl Menschen um sich gruppieren konnte und zu organisieren verstand.

Die entstehende Scholl-Gruppe lehnte die HJ nicht ab. Es handelte sich in erster Linie um ein Produkt der persönlichen Konflikte zwischen von Neubeck und Scholl. Aber auch gruppenpsychologische Aspekte sollten nicht außer Acht gelassen werden. Natürlich wehrte sich „die geschlossenste“ von allen A-Mannschaften[32] gegen die Zwangsauflösung von außen, ein Reflex, der nur verständlich ist.

Bemerkenswert ist eine Begebenheit auf einer dreiwöchigen Fahrt der Scholl-Gruppe nach Schweden. Als die Ulmer beim Hissen einer Schwedenfahne zusahen, standen sie still und grüßten mit dem „Faschistengruß“.[33] Deutlicher konnte die Übereinstimmung mit dem Nationalsozialismus wohl kaum ausgedrückt werden, vor allem, weil man sich hier fern des NS-Apparates befand. Nach der Schwedenfahrt existierte die Gruppe noch rund ein halbes Jahr. Sie ging zusammen auf Fahrt und veranstaltete im Zweiwochenturnus Heimabende. Dabei wandte man sich bewusst den bündischen Formen zu, sicher auch auf Grund des Einflusses von Ernst Reden, aber ebenso als Abgrenzung zu von Neubeck.

Nach einem Winterlager an Neujahr 1937 fanden schließlich bis Februar 1937 die letzten Heimabende statt. Kurz vor Weihnachten 1936 wurde Scholl wegen seines Abiturs vom Jungvolk beurlaubt. Anfang April 1937 kam er zum Reichsarbeitsdienst (RAD) nach Göppingen, doch zuvor löste er noch die ca. 90 hauptsächlich schöngeistige Werke umfassende gemeinsame Bibliothek auf.[34] Die Gruppe Scholl war somit eigentlich schon Geschichte. Das Nachspiel kam jedoch erst noch: Das Verfahren vor dem Sondergericht von Ende 1937 bis Mitte 1938.

Das Verfahren gegen Hans Scholl

Ende 1937 ermittelte die Gestapo nicht nur wegen – inzwischen verbotener – bündischer Betätigungen gegen Hans Scholl und Ernst Reden, wie Inge Scholl nach dem Krieg behauptete, sondern auch wegen Verstoßes gegen § 175 des Strafgesetzbuches. Explizit ging es um homosexuelle „Unzucht" an Schutzbefohlenen.

Die in den publizierten Briefen überlieferte Reaktion von Hans Scholl auf das Verfahren muss in diesem Kontext gesehen werden, wenn er z.B. nach dem ersten Verhör schrieb, dass es ihm „unendlich leid" tue, „daß ich dieses Unglück über die Familie gebracht habe, und in den ersten Tagen meiner Haft war ich oft der Verzweiflung nahe. Aber ich verspreche Euch. Ich will alles wieder gut machen, wenn ich wieder frei bin, will ich arbeiten und nur arbeiten, damit Ihr wieder mit Stolz auf Euren Sohn sehen könnt."[35]

Nicht nur die Briefe von Hans Scholl aus dieser Zeit, sondern auch die Verfahrensakten zeigen, dass die Vorwürfe wegen § 175 vom nationalsozialistischen Staat nicht erfunden waren.[36] Beispielsweise finden sich detaillierte Schilderungen von mehreren Jugendlichen, die sich die Gestapo sicher nicht ausgedacht hat. Auch hat Hans Scholl die ‚Vergehen' nie abgestritten.

Die Eltern standen ihrem Sohn bei, und gerade hieraus schien der junge Scholl große Hoffnung und Kraft zu schöpfen. Die im Brief angekündigte Arbeit war daher nicht nur Ausdruck dieser Hoffnung, sondern auch der Dankbarkeit. Zu Beginn seines Studiums im Sommer 1939 in München – im April 1940 wurde er für den Frankreichfeldzug eingezogen – berichtete er seinen Eltern, wie viel er sowohl in Medizin als auch in Philosophie studieren würde: „Wenn ich meinen Kameraden erzählen würde, was ich alles belegt habe, würden sie mich für verrückt erklären."[37] Er wollte herauskommen aus der von ihm so empfundenen moralischen Sackgasse der homosexuellen Handlung. Insofern berief er sich bewusst auf den Anspruch des Vaters, wenn er schrieb: „Ich fühle jetzt erst ganz den Willen meines Vaters, den er selbst hatte, und den er mir übergab: etwas Großes zu werden für die Menschheit."[38]

Der anstehende Prozess muss für Scholl kaum erträglich gewesen sein. Zwar legte er schon im März 1938 die Hoffnung ab, dass alles gut ausgehen werde, aber daneben freute er sich „maßlos auf den Tag, da alles vergessen sein wird und ich wieder ein anderer Mensch sein werde."[39] Scholl sah sich durch seine Tat ‚beschmutzt' und suchte fortan die Reinigung, die Katharsis. Als seine Mutter der Tochter Inge ausführlich über den Prozessverlauf berichtete, gab sie die Aussage Hans Scholls vor Gericht wieder: „‚Ich *habe es schon lange bereut*, es ist mir leid was ich mit Rolf F. gemacht habe', ich glaube, er sagte noch, er habe sich bemüht ein reiner Mensch zu sein."[40]

Die Staatsanwaltschaft forderte für Hans Scholl zwar eine Freiheitsstrafe von einem Jahr, doch das Gericht entschied sich für eine deutlich geringere.[41] Damit fiel Scholl unter das „Straffreiheitsgesetz" vom 30. April 1938, wonach für bestimmte Vergehen aus Anlass des „Anschlusses" von Österreich an das Deutsche Reich eine Amnestie gewährt wurde. Somit blieb ihm der Zugang zur Hochschule nicht verwehrt.

Militär und Katharsis

Die kommenden Jahre verbrachte Hans Scholl als Student und als Soldat. Es war die Zeit der Sinnsuche. Die Jugendbewegung bzw. das Jungvolk hatte er hinter sich gelassen, es begann die Zeit des Erwachsenwerdens. In der Situation des Wurzellos-Seins, im Zustand des sich selbst bzw. seine Tat Ablehnenden, in der Zeit der neuen Orientierung und des Suchens sind die ersten kritischen Bemerkungen zum politischen Geschehen dokumentiert. Nun grenzte er sich zunehmend von der „Masse" ab. Während bei Scholl zu Zeiten seiner Aktivität im Ulmer Jungvolk ein Elitebewusstsein existierte, das sich nicht direkt gegen die anderen Jugendlichen wandte, trat nun eine Änderung ein. Die „Masse" wurde ihm ab Mitte 1938 „immer verhaßter" und dies blieb ein relativ konstantes Moment in seinem Denken. In diesem Zusammenhang ist der Gedanke Hans Scholls vom September 1940 zu sehen, Offizier zu werden: „In letzter Zeit habe ich öfters den Gedanken erwogen, während des Kriegs Offizier zu werden, da ich meine ewig subalterne Stellung auf die Dauer nicht ertrage."[42] Der einstige Fähnleinführer fühlte sich nicht wohl als Teil der „Masse", als einer unter vielen. Er wollte aufsteigen und ihm war es offenbar gleichgültig, ob er dabei Teil einer staatlichen Organisation war oder nicht.

Fragen nach der menschlichen Existenz wurden für Scholl nach der Ulmer Zeit noch weitaus bedeutender und verlangten nach neuen Antworten. In kaum nachvollziehbarer Weise parallelisierte er im Jahre 1939 sein eigenes Leben mit der Existenz Deutschlands und letztlich Europas. In diesem Jahr, kurz nach dem Beginn des Polenfeldzuges und der darauffolgenden Kriegserklärung Frankreichs und Großbritanniens an Deutschland, notierte er in überlieferten Tagebuchfragmenten, dass er sich an die Front melden wolle:

> „Mich verlangt es nicht nach einem ‚Heldentum' im Kriege. Ich suche Läuterung. Ich will, daß alle Schatten von mir weichen. Ich suche mich, nur mich. Denn das weiß ich: Die Wahrheit finde ich nur in mir. Anfangs waren wir froh, daß endlich der Krieg entfesselt worden ist: Er muß die Erlösung von diesem Joche bringen. Deutschland hat dieses Joch verdient. Vielleicht dauert dieses Massenmorden lange Zeit. Vielleicht müssen die Menschen Europas sehr umgepflügt werden. Werden wir dann eine Stufe höher steigen? Unsere ganze Hoffnung hängt an diesem fürchterlichen Krieg."[43]

Scholls Haltung zum Krieg blieb auch in Zukunft ambivalent. Schon hier finden sich Gedanken, die auch aus dem Sommer 1942 dokumentiert sind. Auf der einen Seite sah er das Grauen des Krieges, auf der anderen Seite wollte er den Krieg, um die Katharsis, die Reinigung, zu erlangen. In diesem Zusammenhang ist seine Hoffnung auf eine Ausweitung der Kampfhandlungen zu sehen: „Wenn jetzt plötzlich Frieden geschlossen würde, hätte der Krieg seinen Sinn verloren, und alle Opfer wären umsonst gewesen."[44] Für ihn hatte eben nicht nur Deutschland „dieses Joch" verdient, sondern ganz Europa musste seiner Ansicht nach umgepflügt werden. So lesen wir auch am 1. September 1940 in einem Brief aus Versailles an seine Mutter nicht zufällig: „Das französische Volk [...] hat die Knute verdient."[45]

Mit den ersten Kriegserfahrungen, die er im „Westfeldzug" machte, zeigte sich dann ein humanistisches Denken und Fühlen bei Scholl. So schrieb er kurz nach dem Beginn der Kämpfe im Westen an seine Eltern: „Hier haben wir die besten Häuser als Quartier bezogen. Mir wars im Stroh viel wohler. Bin ich denn ein Dieb oder ein anständiger Mensch?"[46] Für ihn passte es nicht zusammen, ein ‚guter' Mensch zu sein und gleichzeitig in den besetzten Häusern der Zivilisten zu wohnen.

Spätestens ab Anfang 1941 wurde für ihn ein Terminus zunehmend wichtiger, der im späteren Widerstand Scholls eine zentrale Bedeutung erlangte: Freiheit. Die Interpretationsbreite dieses Begriffs kann kaum größer sein. Freiheit des Individuums oder Freiheit des Volkes sind nur zwei Pole, die diese Problematik andeuten.

Ein wesentlicher Grund für die eingeschränkte Freiheit war der Krieg, der ihn persönlich einengte. So heißt es im Januar 1941 in einem Brief: „Es ist entsetzlich, daß uns in diesem Alter alle Wege versperrt sind, wo uns doch die Welt offen stehen müßte! Man kommt sich immer wieder als Gefangener vor. Hoffentlich ist dieser Krieg bald zu Ende!"[47] Dies ist ebenfalls weniger eine direkte allgemeinpolitische Kritik, sondern vielmehr ein Ausdruck des Willens zur persönlichen Freiheit.[48]

Scholl ging es hier nicht um eine generelle Kritik an der nationalsozialistischen Politik, sondern nur um die am Militärdienst. Das Geistlose in Form von Gehorsam und die Betonung der Physis mit der gleichzeitigen Vernachlässigung der geistigen Entwicklung störten ihn. Auch sind hier durchaus Ambivalenzen zu erkennen. Denn neben dieser neuen Ablehnung des Militärs muss seine Jugendzeit in der Ulmer HJ bedacht werden: Dort bewegte er sich in einem paramilitärischen Umfeld. Betrachtet man die Photographien Scholls aus der Zeit seines Militäreinsatzes in Frankreich, dann fällt auf, dass er sich hiervon noch nicht gänzlich losgesagt hatte: Sein Habitus war militärisch.[49] Die Radikalisierung der Kritik am Militär und das Umschlagen in eine Gegnerschaft zum Nationalsozialismus standen noch bevor.

Der gesuchte Baustein: Das Christentum

Zur entscheidenden Zäsur in der Biographie Hans Scholls wurde die Bekanntschaft mit Carl Muth. Muth war Herausgeber des „Hochland", einer der bedeutendsten intellektuellen katholischen Zeitschriften in der ersten Hälfte des 20. Jahrhunderts. Bis zu dieser Begegnung mit Muth spielte der christliche Glaube für Scholl keine bzw. eine höchst periphere Rolle.

Für Scholls Interesse am Christentum ist neben der Suche nach einem „geschlossenen Weltbild"[50] vor allem der schon lang gehegte Wunsch nach der Katharsis bedeutsam. Das Leid, das überwunden werden sollte, damit im Danach das Gute durchbrechen konnte, war bei ihm ein sich seit seinem Prozess durchziehender Gedanke. Deutlich wurde dies abermals im August 1941, also wahrscheinlich ungefähr zu der Zeit, als er Carl Muth kennen lernte. An Rose Nägele schrieb er: „Inmitten einer Welt der brutalen Negation erkenne ich die positiven Werte. Das Leid zu erkennen als allergrößten, wahrhaften

Wert des europäischen Menschen schafft sicher keine Unruhe. Ich scheue mich auch nicht vor dem übelsten Geruch und der dreckigsten Farbe. Sie sind da. Die Schatten sind um des Lichtes willen da. Aber das erste ist das Licht."[51] Die Gedankenwelt Scholls wurde allmählich religiös. Nur ein Beispiel dafür ist der Wunsch, Gott möge Rose Nägele segnen, wie er vier Tage zuvor schrieb.[52]

Die biographische Wende vom Sommer 1941 beschrieb Scholl in einem weiteren Brief an sie am 19. August 1941:

> „Die vergangenen Wochen waren für mein Inneres bedeutender als viele vergangene Monate. Ich sehe, wie ich mich allmählich in die Hand bekomme, wie aus vielen Täuschungen und Irrwegen ein Weg wird. Rede ich auch ganz die Wahrheit? Ich fürchte, daß nicht alles so sein wird, wie ich es wünschte. Jedenfalls habe ich den guten Willen, und ich weiß etwas, das ich früher nicht wußte."[53]

Langsam lösten sich für Scholl die Sinnfragen. In den Wochen und Monaten dieser Hinwendung zum christlichen Glauben als den für ihn einzig wahren Weg spürt man in manchen Briefen die Kräfte, denen Scholl dabei geistig ausgesetzt war. So schrieb er an Rose Nägele Ende Oktober 1941:

> „Dieser Krieg ist (wie alle bedeutenden Kriege) seinem eigentlichen Wesen nach ein geistiger; mir ist, als wäre manchmal mein kleines Gehirn das Schlachtfeld für alle Kämpfe. Ich kann nicht abseits stehen, weil es ohne Wahrheit kein Glück gibt – und dieser Krieg ist im Grunde ein Krieg um die Wahrheit. Alle falschen Throne müssen erst zersplittern, dies ist das Schmerzlichste, um das Echte unverfälscht erscheinen zu lassen. Ich meine dies nicht politisch, sondern persönlich, geistig. Ich bin vor die Wahl gestellt worden."[54]

Hier drückt sich nicht nur seine Qual im Kampf um die Wahrheit aus, sondern auch die Parallelisierung des Zweiten Weltkriegs mit seinem persönlichen Entscheidungskampf wird abermals erkennbar. Es war der Kampf um die Wahrheit, um das ‚Gute'. Das Leiden der Welt und seiner Person sollte die Katharsis bringen, das Ziel war die ‚christliche Wahrheit'.

Scholl theologisierte das Leid, es wurde zur Hoffnung, zum Weg, zur „Fähre"[55], wie er es nannte. Das Leid erhielt eine christlich positive Umdeutung. Der Einfluss von Carl Muth, ist dabei unverkennbar. Man muss sich vergegenwärtigen, dass der Kontakt zwischen dem betagten Muth und dem Studenten Scholl sehr intensiv war. Scholl hatte die Aufgabe übernommen, die Bibliothek des „Hochland"-Herausgebers zu systematisieren,[56] befand sich folglich häufig im Hause Muth in Solln. Dieser Kontakt ermöglichte Scholl intensive Diskussionen mit dem hochreligiösen Gelehrten. Letzterer entwickelte sich dabei ebenso zum christlichen Missionar wie auch zum Katalysator für den philosophisch-religiös suchenden Hans Scholl. Wie groß dieser Einfluss in Bezug auf das Christentum tatsächlich war, wird an dem Bekenntnis Scholls gegenüber Muth wenige Tage vor dem Weihnachtsfest 1941 deutlich. Hier betonte er, Weihnachten „zum ersten Mal in meinem Leben [...] eigentlich und in klarer Überzeugung christlich zu feiern."[57] Weiter heißt es:

> „Wohl sind die Spuren der Kindheit nicht verweht gewesen, als man unbekümmert in die Lichter und das strahlende Antlitz der Mutter blickte. Aber Schatten sind darüber gefallen; ich quälte mich in einer gehaltlosen Zeit in nutzlosen Bahnen, deren Ende immer dasselbe verlassene Gefühl war und immer dieselbe Leere. [...] Eines Tages ist dann von irgendwoher die Lösung gefallen. Ich hörte den Namen des Herrn und vernahm ihn. In diese Zeit fällt meine erste Begegnung mit Ihnen. Dann ist es von Tag zu Tag heller geworden. Dann ist es wie Schuppen von den Augen gefallen. Ich bete. Ich spüre einen sicheren Hintergrund und ich sehe ein sicheres Ziel. Mir ist in diesem Jahre Christus neu geboren."[58]

Scholl benötigte vermutlich eine Autorität wie Muth, um Antworten auf seine philosophischen Fragen zu erhalten. Wer hätte ihm auch sonst zu solchen Antworten verhelfen können? Graf und Probst kamen nicht in Frage, der Kontakt mit ihnen entstand erst später und die Einflüsse erfolgten in entgegengesetzter Richtung. Auch Schmorell war nicht die theologische und schon gar nicht die philosophische Kapazität, die Scholl prägen konnte. Vielsagend ist in diesem Zusammenhang eine Passage aus einem Brief von Scholl an Otl Aicher vom 24. Oktober 1941, nach der er „bei aller guten Umgebung immer der Fordernde" sei „und niemals selbst zu einer einwandfreien Antwort gefordert werde – ich bin drauf und dran, einige Menschen soweit zu bringen."[59] Zu dieser Zeit bezeichnete Scholl Schmorell zwar als seinen „Freund"[60], ein philosophischer Ideengeber war er für Scholl jedoch offensichtlich nicht.

Wie wenig Hans Scholl zumindest zu Beginn des Jahres 1941 bei seinen Kommilitonen sozial eingebunden war, wird bereits daran deutlich, dass es ihm „schon auf die Nerven" ging, „wenn ich im Kolleg immer die gleichen größtenteils blöden Gesichter der Kollegen und Kolleginnen sehe." Die fehlenden sozialen Bindungen fanden in seiner Schlussfolgerung Ausdruck: „Es wird Zeit, daß ich die Universität wechsle."[61] Dass seine Freunde und Bekannten keine philosophischen Impulse geben konnten, zeigt sich auch an einem Kommentar aus der Spätphase des Lebens Scholls. In einem Brief an Rose Nägele, der wohlgemerkt im Dezember 1942 verfasst wurde, schrieb er: „Woher soll man sich aber unter unseren unphilosophischen Mitmenschen den rechten Partner nehmen? Ich pflege daher aus begreiflichen Gründen gegenwärtig einen Umgang mit älteren Menschen, denen das bürgerliche Denken aber die Türangeln noch nicht hat verrosten lassen, wo man noch Eingang findet zu den Tiefen und Höhen menschlichen Denkens."[62] Das, was ihm Gleichaltrige und insofern auch seine Mitstreiter nicht geben konnten, suchte Scholl bei intellektuellen Älteren: Carl Muth, Theodor Haecker, Josef Furtmeier, Max Schwarz und Alfred von Martin.

2. Alexander Schmorell: russophil und „völlig unpolitisch"

Konflikte im Elternhaus und Entstehung der Russophilie

Alexander Schmorell ist derjenige aus dem Münchner Widerstandskreis, der im Vergleich zur Bedeutung seiner Tat am meisten unterschätzt wird. Schmorell wurde am 16. September 1917 in Orenburg in Russland als Kind des „Reichsdeutschen" Hugo Schmorell und der Russin Natalie Vedenskaja, der Tochter eines Geistlichen, geboren.[63] Seine russischen Vorfahren waren für seine Biographie zentral.

Seine Mutter starb an Typhus, als Schmorell erst zwei Jahre alt war. Im Jahre 1920 vermählte sich der Vater abermals. Alexander Schmorell, der über die deutsche Staatsangehörigkeit verfügte, wurde seiner verstorbenen Mutter zuliebe im russisch-orthodoxen Glauben erzogen.[64] Er sprach mit dem aus Russland mitgekommenen Kindermädchen Njanja Russisch, nicht zuletzt, da diese kein Deutsch sprechen konnte.[65] Nach Recherchen von Ricarda Huch bereitete sie ihm russische Speisen, erzählte russische Märchen und hielt die Erinnerung an die russische Mutter wach.[66]

Das Verhältnis zu seiner Stiefmutter erhielt eine große Bedeutung für Schmorells Leben und somit letztlich auch mittelbar für seinen Widerstand. Verwiesen sei in diesem Zusammenhang auf die Arbeiten von Christian Petry und Ricarda Huch. Petry schreibt über diese Beziehung: „Gegenüber ihrem Stiefsohn Alex [...] hat sie [SZ: die Stiefmutter] die Stelle einer Mutter nie ganz einnehmen können. Ihre Rolle spielte offenbar die Njanja, die russische Kinderfrau."[67] Auch die Aussage Marie-Luise Uppleggers – eine enge Freundin Schmorells – aus der unmittelbaren Nachkriegszeit verdeutlicht das angespannte Verhältnis des Medizinstudenten zu seiner Stiefmutter. Sie berichtete, dass Schmorell ihr zu Beginn der 1940er Jahre häufig sein Herz ausgeschüttet habe, da er sich mit seiner Stiefmutter nicht gut verstanden habe.[68]

Seine sich seit der Zeit des Heranwachsens herausbildende Leidenschaft für Russland hat ihren Ursprung mit großer Wahrscheinlichkeit in dem Konflikt mit der Stiefmutter, deren deutsche und eben nicht russische Abstammung Schmorell gegenüber der Gestapo betonte.[69] Auch wenn die Stiefmutter selbst Russisch beherrschte und im Hause Schmorell im wesentlichen Russisch gesprochen wurde,[70] distanzierte sich der junge Schmorell mit seiner Hinwendung zu allem Russischen von ihr und suchte Zuflucht in der Liebe zu seiner leiblichen Mutter, die er nie richtig kennen gelernt hatte.

Individualist in den NS-Organisationen

Schmorell besuchte von 1924 bis 1928 eine Privatschule und in der Folgezeit ein Münchner Gymnasium, wo er sein Abitur im Jahre 1937 ablegte. Im Frühjahr 1937 kam er zum RAD und im November rückte er freiwillig zum Heer ein.[71] Zwar kam es während der Militärzeit zu inneren Konflikten vor allem hinsichtlich des Eides auf Hitler, doch an die Möglichkeit des Widerstandes dachte er bis zu dieser Zeit sicher nicht. Frühere Mitgliedschaften in den NS-Gliederungen, wie z.B. der HJ, sind zumindest Indizien dafür. Nach der Immatrikulationskartei der Universität Hamburg, an der Schmorell kurzzeitig studierte, trat er bereits am 15. Oktober 1932 im Alter von 15 Jahren der HJ bei.[72] Dies würde bedeuten, dass er im Gegensatz zu Probst und Scholl bereits vor der „Machtergreifung" HJ-Mitglied wurde.

Schmorell ging sicher nicht wider Willen in die HJ. Auch die Mitgliedschaft im Jung-Stahlhelm deutet auf eine Orientierung hin –

wenn man in diesem Alter überhaupt davon sprechen will –, die sicher republikfeindlich und in der Tendenz an den Nationalsozialisten orientiert war. Politisch reflektiert war die Haltung des jungen Schmorell gleichwohl nicht. Die Begründung, die er später für den Austritt aus dem SA-Reitersturm anführte, verdeutlicht dies. Er schied nach verhältnismäßig kurzer Zeit wieder aus, „weil ich über die Reiterei enttäuscht war."[73]

Wenn man seine Briefe aus dem RAD betrachtet, wird vor allem deutlich, dass Schmorell den RAD ablehnte und dies mit dem Gegensatz zwischen dem RAD und seiner Persönlichkeit begründete. Das heißt, für ihn resultierte seine Kritik aus der Unmöglichkeit, sein Naturell in den staatlichen Dienst einzuordnen. Eine politisch reflektierte, also eine geistig hergeleitete und begründete Ablehnung erfolgte bei Schmorell gleichwohl nicht. Vielmehr fühlte sich der große Individualist Schmorell im Korsett des RAD eingeengt. So schrieb er bereits nach den ersten vier Wochen an Angelika Probst:

> „[W]ozu sich zu irgend etwas zwingen, warum soll man nicht nach seiner eigenen Art leben? […] Ich kann und will hier nicht urteilen, bis zu welchem Grad ich selber ein Floh bin oder nicht, aber fremden Befehlen gehorchen – das ist nichts für mich, auch nicht nach fremden Regeln zu leben."[74]

Im selben Brief heißt es:

> „Denn nichts ist schöner, als die Freiheit des Gedankens und die Selbständigkeit des eigenen Willens, wenn man sie nicht fürchtet. Hier versucht man, uns sie zu rauben und sie uns vergessen zu machen oder sich von ihr zu trennen, aber das wird ihnen nicht gelingen."[75]

Hier wird bei Schmorell ein bedeutendes Moment erkennbar, was ihn mit seinen späteren Leidensgenossen verband: Die Liebe zur Freiheit, zur individuellen Freiheit.

Aber auch ein zweites ideelles Verbindungsglied ist seinen Briefen zu entnehmen: das elitäre Denken. Er teilte die Menschen in zwei Gruppen ein: Die große „Masse" sei nicht zu eigenständiger Lebensführung fähig. So schrieb Schmorell: „Sie sind froh und glücklich, wenn sie nach fremden Regeln leben dürfen, auf fremde Befehle gehorchen dürfen, um selber nicht denken zu brauchen, der Masse nachzugehen, folgend ihrem Herdentrieb, um nicht zu irren."[76] Dieser „Masse" stellte er die „Auserwählten" gegenüber, die „neues und eigenartiges […] schaffen, die sich die Lebensregeln selbst zusammenstellen können und auch tapfer genug sind, nach ihnen zu leben und die ganze Verantwortung auf sich zu nehmen…"[77] Es überrascht nicht, dass für Schmorell die Gruppe der „Auserwählten" deutlich kleiner war als die Masse und dass er sich selbst dazu zählte. Die Parallelen der Gedanken zu Scholl sind dabei unübersehbar.

Resultierend aus diesem Menschenbild lehnte Schmorell das Konzept der Volksgemeinschaft ab, wenn er etwa an die Schwester von Christoph Probst schrieb: „Sie alle bauen sich nämlich auf dem Gedanken der Volksgemeinschaft auf. Und Volksgemeinschaft ist: Einer alleine ist nichts und kann nichts vollbringen, nur in der Gemeinschaft kann man produktiv und nützlich sein." Weiter heißt es: „Behält denn da das alte Sprichwort nicht mehr recht, in dem es heisst, ‚der Starke ist sich am mächtigsten alleine?' In Deutschland und bei den Deutschen scheinbar nicht mehr."[78] Sein Urteil war vernichtend: „[M]ein Hass gegen diese Menschen, und mit ihnen auch gegen dieses Land, wächst von Tag zu Tag. Wenn das so weitergeht, bin ich doch neugierig, wohin das kommen soll; kann er denn bis ins Unendliche wachsen?"[79]

Nach einigen Monaten im RAD finden wir den Hinweis auf ein Russland, das ihm als Alternativwelt zum Leben in Deutschland erschien. Schmorell sprach hier davon, dass seine Liebe zu Russland, seiner „Heimat", „bis ins Unendliche" wachsen würde: „[…] kein Land wird mir Russland ersetzen, und sei es noch so schön, kein Mensch mir lieber sein als der Russe."[80]

Zwei Gedankenstränge Schmorells wurden jetzt zusammengeführt: Die schon zuvor vorhandene Leidenschaft für Russland verband sich mit der Ablehnung des nationalsozialistischen Gemeinschaftskonzeptes nun zu einem Bild, in dem Russland die Alternative zum Leben im nationalsozialistischen Deutschland bedeutete. Ende August 1937 zeichnete Schmorell in einem Brief ein Russlandbild, dessen utopische Züge auch ihm selbst bewusst gewesen zu sein scheinen: „Aber gerade deshalb sehne ich mich wahrscheinlich besonders stark nach ihr [der Heimat], denn ich habe sie mir in meiner Phantasie so erdichtet und erstehen lassen, weil ich sie mir denke und wie sie mir gefällt, weit, unendlich weit, mit einfachen, offenen und ehrlichen Menschen."[81]

Schmorells Kritik am NS-Staat resultierte aus seiner persönlichen Erfahrung. Ideologische Auseinandersetzungen, ein Denken in politischen Alternativmodellen, gab es bei ihm zu dieser Zeit nicht. Insofern bezeichnete ihn der Kommilitone Hubert Furtwängler im Jahre 1967 zu Recht als „Schwärmer", „Idealisten" und als „völlig unpolitisch".[82] Er blieb in erster Linie ein künstlerischer Mensch, ein Mensch des Gefühls und weniger der Ratio. So verwundert es nicht, dass beispielsweise die Kritik am Führerprinzip unterblieb. Schmorell beanstandete lediglich, dass die falschen Personen die jeweiligen Führer seien, nicht jedoch, dass bestimmte Personen überhaupt führen. Sein Konzept der Gegenpole „Auserwählte" und „Masse" unterstreicht dies.

In seinen Briefen kritisierte er auch den Materialismus der modernen Welt.[83] Aber gerade die Kritik an der Geschwindigkeit und an der materiellen Orientierung dieser Welt, in der es nur um „Tempo, Tempo, schuften, schuften"[84] gehe, war eben keine explizite Ideologiekritik des Nationalsozialismus. Sie hätte ebenso die kommunistische Welt der Sowjetunion treffen können wie die angloamerikanische.

Angelika Probst

Ein besonderes Augenmerk sollte in diesem Zusammenhang auf Angelika Probst gelegt werden. Sie war nicht nur die Schwester und wohl lange Zeit engste Vertraute von Christoph Probst, sondern auch die Hauptkorrespondenzpartnerin und große Liebe von Alexander Schmorell. Da sich Angelika Probst in Norddeutschland befand, ging Schmorell im ersten Semester zum Studium nach Hamburg. Anscheinend besuchte er dort jedoch keine Lehrveranstaltung.[85]

Zwischen Schmorell und Angelika Probst ist es wegen seines mythischen Russlandbildes auch zum Konflikt gekommen.[86] Dies verwundert nicht, denn die Frau, die Alexander Schmorell liebte, lehnte nicht nur das kommunistische Russland ab, sondern lag, dies kann jetzt nachgewiesen werden, eindeutig auf Linie des NS-Staates. Sie war die Frau und die rechte Hand des Leiters des Landschulheims Marienau, Bernhard Knoop, der nach dem Krieg dann eine Schwester von Willi Graf ehelichte. Dieses Landschulheim besuchte auch Alexander Schmorell.

Die von Angelika Probst zwischen 1938 und 1941 veröffentlichten Beiträge zeichnen ein eindeutiges Bild. In ihnen betonte sie immer wieder die Bedeutung des Nationalsozialismus und der HJ für das Landschulheim. Über das Jahr 1940 berichtete Angelika Probst von „morgendlichen Ansprachen zur weltanschaulichen Betreuung der deutschen Jugend von führenden Männern der Bewegung. [...] Es versteht sich, dass wir die Reden Adolf Hitlers und anderer führender Persönlichkeiten stets im Gemeinschaftsraum gehört haben."[87] Auch wurden die Schüler in HJ- und Jungvolklager entsandt, zudem organisierte man „ganztägige Kriegsspiele".[88] Ein Jahr später berichtete Angelika Probst über diese „Kriegsspiele", „daß unsere Krieger es allmählich gelernt haben, diszipliniert zu kämpfen."[89]

Ihr kritikloses Vertrauen galt Adolf Hitler. So war sich Probsts Schwester sicher: „Aber unsere Zuversicht in das Schicksal, welches wieder einmal so eindeutig für Adolf Hitler entschieden hat, ist nur um so größer geworden."[90] Ähnlich wie im Falle ihres Bruders verband sich auch in ihrem Denken die Hoffnung auf den Frieden mit einem Sieg Deutschlands. In der Chronik Marienaus von 1941 schrieb sie: „Sehnsucht nach dem Frieden erfüllt uns alle, aber ebenso auch das sichere Vertrauen auf den Sieg unseres Führers."[91] Hier offenbart sich keine ‚Tarnung' einer antinationalsozialistischen Gesinnung, dies war nationalsozialistische Gesinnung.

Auffällig ist jedenfalls, dass sich Schmorell an Angelika Probst gerade mit seinen Problemen bei den staatlichen Diensten wandte. Seine Ablehnung des Nationalsozialismus war anscheinend so undifferenziert, dass es für ihn ‚gute' und ‚schlechte Nationalsozialisten' gab. Angelika Probst zählte hiernach zu den ‚guten'.

Kein Intellektueller

Neben dem Russophilen blieb das Unpolitische im Wesen Schmorells konstant. Auch sah er in der Kunst seine Berufung. Aber er war eben kein politischer Künstler oder ein Künstler, der auch über politische Fragen systematisch reflektierte. Dies waren Bereiche der Ratio, die nicht nur in seinem Kunstbild, sondern auch in seinem Weltbild fehlten. Seine Sphäre war die der Intuition, des Gefühls. So lesen wir in einem von ihm überlieferten Brief, dass der Künstler erst schaffen könne, wenn er nicht durch „Reflektion gebunden" sei. Weiter heißt es: „Und jedes künstlerische Schaffen muß frei sein von Bewusstsein (Reflexion?) – ‚Ich bin Künstler des Instinktes' sagt Rodin – nach Phidias und Michelangelo der genialste. In unserer Zeit ist überhaupt zu viel Platz für Bewusstsein und viel zu wenig für Instinkt (Intuition), – für Schaffen ohne Bewusstsein – für Herz und Seele."[92]

Die Sphären des Intellekts, wie z.B. die Philosophie, interessierten ihn nur peripher. Deutlich wird dies, wenn er noch Anfang Januar 1943 schrieb: „Sie fragen mich, wie ich zu den Grundsätzen des Philosophierens stehe? Wissen Sie, [...] das Philosophieren ist nicht meine Sache, das überlasse ich anderen, denen, die es besser können! Und die alle haben recht, sehr gut!!!"[93] Hier unterschied sich Schmorell deutlich von Hans Scholl, dem an der politischen Philosophie interessierten Studenten. Und diese Diskrepanz der beiden Charaktere spiegelte sich auch in der Widerstandsarbeit wider.

3. Sophie Scholl: Mit Missverständnissen zur NS-Gegnerschaft

In den NS-Gliederungen

Sophie Scholl wuchs zwar im selben Elternhaus wie ihr Bruder Hans auf, doch es darf nicht zwangsläufig von einer identischen elterlichen Prägung ausgegangen werden. Wie verschieden die Lebenswege der Scholl-Geschwister waren, zeigt sich schon daran, dass Inge, Elisabeth und auch Werner Scholl nicht den Weg in den Widerstand beschritten.

Die Karriere Sophie Scholls innerhalb des Bundes Deutscher Mädel (BDM) ist vergleichbar mit der von Hans Scholl im Jungvolk. Im Januar 1934 trat sie als Dreizehnjährige der Jungmädelschaft bei, der kleinsten Einheit der Jungmädel. 1935 wurde sie Jungmädelschaftsführerin, ein Jahr später Scharführerin und vermutlich 1937 Gruppenführerin. Hiermit hatte sie entsprechend einem Fähnleinführer einen Verantwortlichkeitsbereich für rund 160 Mädchen.[94]

Sophie Scholl ging dabei überaus enthusiastisch zu Werke. Nach Zeitzeugenberichten soll sie Helene M., die während des Jungmädeldienstes auf Grund von Personalnot in der elterlichen Metzgerei arbeiten musste, zum Dienst beordert haben: Beim ersten Mal habe Sophie Scholl eines ihrer Mädel in die Metzgerei geschickt, um Helene M. zu holen, beim zweiten Mal sei nach diesem Bericht gleich die Polizei erschienen.[95] Das Datum dieses Vorfalls ist leider nicht mehr zu rekonstruieren. Wenn der Bericht der Zeitzeugin der Wahrheit entspricht, muss er jedoch in jedem Fall zwischen 1935 und 1938 liegen, also in der Zeit, in der Sophie Scholl führend tätig war.

Bei dem Bericht von zwei weiteren Zeitzeugen ist zwar auch größte quellenkritische Achtsamkeit gefragt, dennoch deutet er zumindest in die gleiche Richtung. Die Zeugen berichteten über den strengen Führungsstil der jungen Scholl-Mädchen und die damit verbundenen Ängste:

> „Und so, wie die damals beim Widerstand vor der Gestapo Angst gehabt haben, so hatten wir sie vor den Scholl-Mädchen – weil sie genauso – wie will ich sagen – radikal und rigoros und fanatisch vor allem im BDM waren, wie sie vielleicht später im Widerstand... Das kann ich nicht sagen, aber man hat's ja immer wieder gelesen."[96]

Sophie Scholl scheint im Spätsommer 1937 im BDM in Konflikte verstrickt gewesen zu sein. In ihrem Tagebuch notierte sie am 31. August 1937: „Von der HJ habe ich mich ohne mein Wollen ganz los gelöst. Ich habe nichts mehr zu geben, nichts mehr zu nehmen."[97] Wenige Tage später, am 9. September 1937 heißt es dann: „Hilde ist Adjutantin von der Untergauführerin. Ich kann Hilde nicht verstehen."[98] Eine ideologische Distanzierung vom Nationalsozialismus aus diesen Kommentaren abzuleiten, wäre verfrüht und deckt sich nicht mit anderen Quellen. Vielmehr wird es sich hierbei wie bei Hans Scholl vermutlich um Konflikte innerhalb der NS-Gliederungen gehandelt haben.

Für das Jahr 1938 lässt sich dann jedoch der Bruch mit dem Nationalsozialismus nachweisen. Gegenüber der Gestapo gab Sophie Scholl an:

> „Die Gründe meiner weltanschaulichen Entfremdung vom BDM und damit der NSDAP, etwa im Jahre 1938, liegen in erster Linie darin begründet, dass meine Schwester Inge, meine Brüder Hans und Werner im Herbst 1938, wegen sogen. bündischer Umtriebe von Beamten der Geheimen Staatspolizei verhaftet und einige Tage bezw. Wochen in Haft behalten wurden. Ich bin heute noch der Auffassung, dass das Vorgehen gegen uns sowohl als auch anderer Kinder aus Ulm vollkommen ungerechtfertigt war."[99]

Sophie Scholl empfand die Verhaftungen als äußerst ungerecht, der nationalsozialistische Staat entpuppte sich in ihren Augen als ein willkürlich handelnder Unrechtsstaat. Aber ging Sophie Scholl tatsächlich von den richtigen Prämissen aus? Hatte sich wirklich nur der Staat nach den damals herrschenden Wertnormen falsch verhalten? War folglich das Vorgehen des Staates tatsächlich willkürlich oder lag nicht auch eine ‚Verfehlung' auf der Seite ihrer Brüder?

Sophie Scholls Kritik am „vollkommen ungerechfertigt[en]" Vorgehen des NS-Staates bezog sich auf die bündischen Tätigkeiten von Hans und Werner Scholl. Dass sie bei dieser Perspektive das Handeln des Staates als ungerecht empfand, liegt nahe, schließlich bewegten sich ihre Brüder und auch sie selbst ideologisch, wenn auch nicht unbedingt de jure, voll auf der Linie des Staates.

Entscheidend ist dabei, dass Sophie Scholl der Vorwurf gegen ihren Bruder, er habe gegen § 175 verstoßen, unbekannt war. Das wird nicht nur daran deutlich, dass dies in ihren Ausführungen gegenüber der Gestapo im Februar 1943 unerwähnt blieb, sondern in diesem Zusammenhang gewinnt auch ein Brief von Hans Scholl an seine Eltern an Bedeutung, in dem er diesen gestand, dass die Vorwürfe auf Grund der ‚Verfehlungen' gegen den § 175 der Wahrheit entsprachen. Hier heißt es: „Ich bitte vor allem dich, Mutter, nicht zu verzweifeln. Um mich dürft Ihr jetzt nicht besorgt sein. Erzählt bitte den Geschwistern nichts davon, außer Inge."[100] Ein weiteres Indiz liefert ein Interview mit Elisabeth Hartnagel aus dem Jahre 2002, in dem sie angab, von den Vorwürfen in Bezug auf den § 175 erst nach dem Krieg erfahren zu haben.[101]

Das Fazit ist eindeutig: Sophie Scholl ging in ihrer „weltanschaulichen Entfremdung" vom Nationalsozialismus also von falschen bzw. halbrichtigen Voraussetzungen aus. Während ihr Bruder Hans meinte, ‚falsch' gehandelt zu haben und er insofern auch seine ‚Verfehlungen' wieder gut machen wollte, zog Sophie Scholl auf Grund einer unvollständigen Informationsbasis folgenschwere Rückschlüsse.

Der Vater als politischer Mentor

Robert Scholl versuchte, auf seine Kinder politisch einzuwirken. Denn er war nicht nur ein durch und durch politisch denkender Mensch, sondern auch schon die Konflikte um die Begeisterung seiner Kinder für den Nationalsozialismus – u.a. der Streit mit Hans Scholl um das Hitler-Bild – verdeutlichen, dass Vater Scholl sich in diesen Fragen nicht zurückhielt. Ebenso wird der Einfluss des Vaters in den Briefen Sophie Scholls deutlich. Als dieser im Sommer 1942 eine Haftstrafe verbüßen musste – er hatte Hitler eine Gottesgeißel genannt –, schrieb ihm seine Tochter Sophie ins Gefängnis: „Nun, da Du nicht mehr da bist, der uns auf dem laufenden hält, höre ich gewissenhaft die Nachrichten und stehe oft vor der Karte Europas."[102] Die Bedeutung des Vaters für die politische Einstellung Sophie Scholls ist unverkennbar.

Diese beiden Faktoren – falsche Voraussetzungen bei der Betrachtung des Prozesses von Hans und Werner Scholl sowie der Einfluss des Vaters – führten zu einer kritischen Sichtweise Sophie Scholls auf den Nationalsozialismus. Dies findet auch in ihren Briefen Niederschlag. Während ihr Bruder erst deutlich später zu einer Ablehnung der nationalsozialistischen Politik kam, findet man bei Sophie Scholl schon früher kritische Bemerkungen.

Ausdruck ihrer Denkweise sind u.a. ihre Anmerkungen zum Kriegsausbruch. Der oft zitierte Kommentar zu Beginn des Weltkrieges, den sie an ihren Freund, den Soldaten Fritz Hartnagel, schrieb, gibt hier einen Einblick: „Ich kann es nicht begreifen, daß nun dauernd Menschen in Lebensgefahr gebracht werden von anderen Menschen. Ich kann es nie begreifen und ich finde es entsetzlich. Sag nicht, es ist für's Vaterland."[103] Hier wird ein tief humanes Denken deutlich, das maßgeblich auf die Eltern zurückzuführen sein wird. Zudem zeigt sich die Ablehnung eines überzogenen Nationalismus.

Sophie Scholl trennte sich zunehmend von den nationalsozialistischen Wertmaßstäben und versuchte, eigene zu entwickeln. Dabei wird der Vater einen entsprechenden Einfluss ausgeübt haben. Auch wenn sich über ihre genauen politischen Vorstellungen bis zu ihrem Tod wenig Konkretes sagen lässt und sie möglicherweise nur rudimentär vorhanden waren, fällt doch die Radikalität ihrer Gedanken auf. So schrieb die Neunzehnjährige 1940 an ihren Freund sogar, dass sie sich bei unterschiedlichen weltanschaulichen und politischen Fragen nicht vorstellen könne, „daß man etwa zusammenleben kann, wenn man in solchen Fragen verschiedener Ansicht, oder doch zum mindesten verschiedenen Wirkens ist."[104] Eine solche Position sucht man sowohl bei ihrem Bruder als auch bei den anderen Studenten des Scholl-Schmorell-Kreises vergebens.

Wichtig schien ihr schon zu Beginn der 1940er Jahre die Einheit von Gedanke und Tat zu sein, ebenso das Ziel der Gedanken, das sich gegen die herrschende Politik richtete. Auch folgender Satz wurde oft zitiert und verdeutlicht dieses Denken: „Wie könnte man da von einem Schicksal erwarten, daß es einer gerechten Sache den Sieg gebe, da sich kaum einer findet, der sich ungeteilt einer gerechten Sache opfert."[105] Sophie Scholl sah also ihre Verantwortung als Individuum für das Ganze. Egoismen lehnte sie ab. Politisch-inhaltlich sagt ein solches Zitat für sich genommen gleichwohl kaum etwas aus.

Anders verhält es sich mit ihrer Position zu sozialdarwinistischem Gedankengut. Kritik daran lässt sich bei Sophie Scholl, wenn auch erst im Oktober 1942, nachweisen. Hier schrieb sie ihrem Freund Fritz Hartnagel, der in Russland in Diskussionen mit einigen deutschen Soldaten verwickelt war:

> „Weißt Du, daß sich nicht ihr [Gemeint sind die Diskussionspartner von Hartnagel] ganzes Inneres gegen dieses Naturgesetz, den Sieg des Mächtigen über das Schwache, aufbäumt, scheint mir schrecklich und entweder entartet oder ganz und gar unempfindsam. [...]
> Denn das glaube ich nie und nimmer, daß es ein Mensch gut findet, wenn ein schwaches Land, von einem mächtigen Heer überfallen, zugrunde geht. Der schlechteste Mensch, er mag sonst seine Freude daran haben, wird das nicht gut finden. Die Herrschaft der brutalen Gewalt wird immer den Untergang des Geistes bedeuten – wollen sie das, sie, die mit Dir streiten?"[106]

Der Reichsarbeitsdienst als Einschränkung des Geistes

Neben der Ablehnung der NS-Herrenideologie fällt ein für Sophie Scholls Gedankenwelt bedeutender Aspekt auf, der sie zumindest nach ihrem Selbstverständnis vom Nationalsozialismus abgrenzte: Das Geistige bzw. den Geist stellte sie dem Ungeist der „Masse" gegenüber, der im Nationalsozialismus zum Ausdruck komme.

Ob in der Wehrmacht, im RAD oder in anderen NS-Gliederungen, überall war der Militärgeist, der für sie eben kein Geist war, vorherrschend. Während die Zeit an der Schule und vermutlich auch die im Ulmer Fröbel-Seminar, wo sie sich zur Kindergärtnerin ausbilden lassen wollte, um damit dem RAD zu entgehen, geistig vermutlich nicht so einengend war, war der Anfang April 1941 beginnende RAD in Krauchenwies die erste deutliche Einschränkung ihrer persönlichen Freiheit. Alle Versuche, dem zu entgehen, schlugen fehl. Sie fand sich nur höchst widerwillig mit der neuen Tätigkeit ab. Schon nach nicht einmal zwei Wochen fand sie deutliche Worte der Ablehnung gegen die Uniformierung des Geistes:

„O sie nehmen einem mit diesem sturen Kommissgeist, der überall herrscht, bald jede Möglichkeit, seinen armen Geist noch ein wenig zu retten vor ihren Uniformen. Wirklich, eine Epoche in der Geschichte des deutschen Volkes! Womit wird man sie später ausfüllen, außer mit Schlachtdaten und ähnlichem?"[107]

Die „Zwangsjacke"[108], wie Sophie Scholl selbst ihre Dienstpflicht bezeichnete, bestätigte und verstärkte ihre ohnehin schon existierende Distanz zum Nationalsozialismus und seinen Pflichtdiensten. So schrieb sie kurz vor der Verlängerung der Dienstzeit, dass „die Zeit bis jetzt schon genügt" habe, „um meine Abscheu und meine Verachtung dafür ganz reifen zu lassen. Das ist nicht eine Phrase, sondern ein bloß zu oft empfundenes Gefühl."[109]

Die Zeichen der äußeren Opposition blieben gleichwohl vermutlich begrenzt. Ihre Freiheit suchte Scholl aber nicht nur durch den geisligen Rückzug auf sich selbst, sozusagen als Schritt in die ‚innere Emigration', sondern sie zog sich vielmehr in Alternativ- und Parallelwelten zurück. Die bedeutendste dieser Alternativwelten war die Familie. Zu ihr hielt sie einerseits durch zahlreiche Briefe Kontakt und konnte andererseits, wenn auch selten, einige Sonntage dort verbringen. Schon am Beginn ihres Reichsarbeitsdienstes betonte sie, dass man sehr auf Post angewiesen sei, sie rechne ihre Zeit „immer von Postausgabe zu Postausgabe."[110] Auch ihr später dokumentiertes Heimweh ist Ausdruck der Sehnsucht nach dieser anderen Welt.[111] Ihren Spind stattete sie mit Bildern von Familienmitgliedern aus, denn das gab ihr „ein heimatliches Gefühl".[112] Dies war, so kommentierte sie einmal kurz, „das winzige Fleckchen, das mir ganz persönlich gehört."[113]

In der Natur fand Sophie Scholl eine zweite Parallelwelt, und zwar nicht nur zu den abzuleistenden Zwangsdiensten, sondern auch zum NS-System und dem Krieg an sich. Schon früh ist in ihren Briefen und Aufzeichnungen ihre Naturliebe dokumentiert.[114] So finden sich immer wieder Passagen, in denen die in ihren Augen friedliche Natur der Welt der Menschen gegenübergestellt wird.[115]

Eine weitere bedeutende Nische für Sophie Scholl während des RAD war ihr Glaube. Während sich bei ihrem Bruder erst in der zweiten Hälfte des Jahres 1941 das Christentum offenbarte, ist bei Sophie Scholl schon etwas früher eine diesbezügliche Offenheit zu erkennen. Vermutlich hat die Mutter hier einen stärkeren Einfluss auf ihre Tochter ausgeübt als auf ihren Sohn.

Im RAD, vor allem in den ersten Wochen, las sie in den Werken von Augustinus.[116] Dennoch ist fraglich, ob diese christlichen Bücher einen entscheidenden Einflussfaktor dargestellt haben, zumal sie sich mit der Lektüre des Kirchenvaters offenbar sehr schwer getan hat. So betonte sie, dass ihr die „Lust“ zum Lesen der Schriften fehle,[117] sie nur langsam mit dem Text vorankam,[118] über vieles hinweglas oder: Sie „nahm es auf, um es gleich wieder zu vergessen“[119].
Es bleibt festzuhalten, dass sich bei Sophie Scholl schon relativ früh durch das Verfahren gegen die Brüder und die Prägung durch den Vater eine Loslösung vom Nationalsozialismus vollzog. Die christliche Religion erlangte zwar ab 1941 in ihrem Leben eine relevante Bedeutung und verstärkte ihre schon zuvor vorhandenen moralischen Denkkoordinaten mit der daran gebundenen Ablehnung des Nationalsozialismus. Konstitutiv für ihren Widerstand war der Glaube jedoch nicht.

Sophie Scholl hatte mit ihrer relativ frühen Distanz zum NS-Staat gleichsam einen zeitlichen Vorsprung gegenüber den anderen der später hingerichteten Studenten, nicht zuletzt auch im Vergleich zu ihrem Bruder Hans. Parallelen sind hingegen bei Sophie Scholl und Alexander Schmorell zu erkennen.

II. SEKUNDANTEN

1. Willi Graf: „Jede Ordnung ist von Gott“

Elternhaus und katholische Prägung

Im Gegensatz zu den anderen Studenten des Kreises wurde der am 2. Januar 1918 in Kuchenheim/Rheinland geborene Willi Graf schon früh stark katholisch geprägt, erst durch das Elternhaus, später durch die katholische Jugend. Ausdruck des katholischen Weltbildes waren neben rein traditionellen vor allem auch religiöse Wertvorstellungen. In seinem für die Gestapo verfassten „politischen Lebenslauf“ schrieb Graf daher: „Jede Ordnung ist von Gott, so die Familie, das Volk, der Staat. In diesen Vorstellungen bin ich aufgewachsen, meine Stellung zu den Ordnungen des natürlichen Lebens ist die der Ehrfurcht und des Gehorsams und daran wagte ich eigentlich nicht zu zweifeln.“[120] Es ist davon auszugehen, dass er lange, vermutlich bis zum Spätsommer 1942, diese christlich-theologische Auffassung nicht in Frage stellte.

Rein biblisch gesehen sind an der Anerkennung der staatlichen Gewalt kaum Zweifel möglich, wenn im Römerbrief (13.1) zu lesen ist: „Jedermann sei untertan der Obrigkeit, die Gewalt über ihn hat. Denn es ist keine Obrigkeit außer von Gott; wo aber Obrigkeit ist, die ist von Gott angeordnet.“[121] Dieses Staats- und Gesellschaftsverständnis zeigt, dass sich derjenige, der sich der staatlichen Gewalt entgegenstellt, in Widerspruch zu der Ordnung Gottes setzt. Die von Graf gegenüber der Gestapo angesprochene Quasi-Unmöglichkeit einer Widerstandshandlung wird dabei sicher nicht nur einen aus der Situation des Verhörs resultierenden apologetischen Charakter gehabt haben, denn Gedanken an mögliche Widerstandshandlungen sind bei Graf lange nicht nachzuweisen.[122]

Vor allem sein Vater Gerhard Graf, NSDAP-Mitglied, unterstützte die Nationalsozialisten, als es um die „Rückgliederung“ des Saarlandes ging.[123]

Mehrere Nationalsozialisten bestätigten den Eltern Graf und dabei vor allem dem Vater seine positive Einstellung zur NSDAP. Hierzu zählt Peter Schaub, ehemaliger saarländischer Landesgeschäftsführer der NSDAP und der Deutschen Front. In einer Erklärung im Rahmen des späteren Verfahrens gegen Willi Graf sagte dieser über Vater Graf aus: „Ich kann ihm als deutschen Volks- und Parteigenossen nur das allerbeste Zeugnis ausstellen. Vor allem war es für mich als alten Kämpfer der Bewegung sehr wertvoll, an ihm auch schon lange Jahre vor der Machtübernahme eine die Bewegung des Führers bejahende Einstellung feststellen zu können." Zudem gab Schaub an, Gerhard Graf sei ihm bei der Bespitzelung eines Gegner der „Rückgliederung des Saarlandes" behilflich gewesen.[124]

Wie „national und sozial denkend und handelnd" die Eltern Grafs waren, bestätigte Willy Schmelcher im Verfahren gegen Willi Graf 1943.[125] Dass sich dieser für Willi Graf einsetzte, deutet auf ein sehr gutes Verhältnis Schmelchers zu Gerhard Graf hin. Bemerkenswert ist dies, da Schmelcher ein ranghoher Nationalsozialist war. Seine NS-Referenzen scheinen nahezu unbegrenzt; um nur einige zu nennen: SS-Gruppenführer, Goldenes Parteiabzeichen, Dienstauszeichnung der NSDAP in Silber. Vor allem aber war Schmelcher nicht nur ehemaliges Mitglied der Reichstagsfraktion der NSDAP, sondern von März 1935 bis Oktober 1942 Polizeipräsident in Saarbrücken.[126] Es ist unwahrscheinlich, dass der durch und durch engagierte Nationalsozialist Schmelcher sich allein aus persönlichen Gründen für einen „Hochverräter" einsetzte, vielmehr ist davon auszugehen, dass Schmelcher Gerhard Graf als jemanden kannte, der hinter der nationalsozialistischen Bewegung stand.[127]

Graf und die Legende der frühen NS-Gegnerschaft

Eine Beurteilung des Verhältnisses der katholischen Gruppierungen, in denen Willi Graf Mitglied war, zum Nationalsozialismus darzustellen, erscheint schwierig. Die Literatur geht meist von einer Gegnerschaft aus. Auch für Willi Graf wird eine solche Feindschaft zur HJ und damit quasi automatisch zum Nationalsozialismus angenommen. Der Sachverhalt scheint eindeutig: Die katholischen Jugendgruppen wie der „Bund Neudeutschland" und der „Graue Orden", denen Graf angehörte, standen in einem Konkurrenzverhältnis zur Hitlerjugend, woraus sich auch eine ideologische Ablehnung des Nationalsozialismus ergab.

Bemerkenswert ist ein Vorgang, den die Schwester Willi Grafs, Anneliese Knoop-Graf, in der Nachkriegszeit kolportiert hat: Der damals fünfzehnjährige Graf soll hiernach Personen – Knoop-Graf spricht im Plural – aus seinem Adressbuch mit dem Vermerk „Ist in der HJ" gestrichen haben. Diese Darstellung, die die Geschichtsschreibung zum Scholl-Schmorell-Kreis durchweg übernommen hat, ist allerdings zu korrigieren. Von den 13 in seinem Adressbuch aufgeführten Namen strich Graf drei heraus. Er versah die Namen mit Informationen, beispielsweise ob die Person bei einer Fahrt seiner Neudeutschland-Gruppe teilgenommen hatte. Nur neben einem – und nicht mehreren – dieser drei herausgestrichenen Namen, Rudi W., war aufgeführt: „Ist in der H.J.". Dies war jedoch nicht die einzige Anmerkung, denn Graf hatte auch notiert, dass Rudi W. keine Lust mehr habe, bei der Gruppe mitzumachen. Bedacht werden sollte zudem, dass diese Informationen anscheinend vor dem Herausstreichen des Namens fein säuberlich in das Heft geschrieben wurden.[128] Es bleibt der Eindruck, dass der Eintritt von Rudi W. in die HJ für Graf durchaus etwas war, was er vermerkte, aber kein Grund, ihn zwangsläufig aus der Namensliste zu streichen. Hierfür war vielmehr entscheidend, dass die entsprechenden Personen, also alle drei der durchgestrichenen Namen, sich anscheinend aus Grafs katholischer Gruppe zurückgezogen hatten.

Bedeutend war für Graf das Konkurrenzverhältnis zwischen HJ und katholischer Jugend. Das Auftreten von Abgrenzungstendenzen bei zwei parallel existierenden Gruppierungen ist dabei keine unübliche Erscheinung, schließlich treten solche gruppensoziologischen Phänomene immer wieder auf.

Beachtenswert ist in diesem Zusammenhang ein Zeitzeugenbericht von Helmut Gressung, der in der Literatur eine zentrale Stellung einnimmt, um Grafs frühe Gegnerschaft und die seiner katholischen Jugendgruppe zum Nationalsozialismus zu belegen.[129] Der Klassenkamerad Grafs berichtete nach dem Krieg u.a. von den Konflikten der Neudeutschland-Gruppe mit der HJ:

> „1934 – [...] Willi und wir anderen vom Fähnlein der Neudeutschen Gruppe in der Klasse trugen Kluft und unser Ritterabzeichen. Wir hatten nicht vor, uns dem im Reich geltenden Verbot zu fügen. Noch waren wir frei. Plötzlich rempelt uns HJ an. [...] Rückgliederung der Saar 1935: Vorbeimarsch aller Formationen an dem ‚Stellvertreter des Führers' auf dem Rathausplatz. Die Bünde der katholischen Jugend versucht man aus dem Zug auszumanövrieren. [...] Gegen tausend Jungen etwa zählt unser Ludwiggymnasium zu Saarbrücken. Fast alle sind in der HJ. Wir nicht. Etwa ein Dutzend Buben, darunter Willi."[130]

Interessant ist in diesem Zusammenhang die Schülerliste der beiden Oberprimen 1936/37 des Ludwigsgymnasiums, denn bei Helmut Gressung ist vermerkt, dass er selbst Mitglied in der HJ war.[131] Hiernach trat er ca. ein Jahr vor seinem Abitur am 1. März 1936 der NS-Jugendorganisation bei.[132] Auch wenn zwischen dem von Gressung geschilderten Ereignis und seiner HJ-Mitgliedschaft mehrere Monate lagen, sind Zweifel an der Glaubwürdigkeit des Kronzeugen anzumelden. Und wenn man ihm Glauben schenkt, dann nur soweit, dass zwischen dem Bund Neudeutschland und der HJ vielleicht eine Konkurrenz der Gruppierungen existiert hat, aber sicher keine selbst empfundene ideologische Gegnerschaft. Andernfalls müsste sich Gressung innerhalb einiger Monate radikal gewandelt haben.

Eine Konkurrenzsituation bestand jedenfalls auch innerhalb der katholischen Jugend. Der Bund Neudeutschland betrachtete den „Grauen Orden“ anscheinend als sektiererisch. Jedenfalls versuchte man gegen den „Grauen Orden“ vorzugehen, indem u.a. die Doppelmitgliedschaft in beiden Organisationen untersagt wurde. Nach der Nachkriegsaussage des Koordinators des „Grauen Ordens“, Fritz Leist, wurde Graf daher aus dem „Bund Neudeutschland“ ausgeschlossen.[133]

Graf war lange beim „Grauen Orden“. In diesem Fall gab es nicht nur Differenzen zur HJ und zum Nationalsozialismus, sondern vielmehr auch deutliche Bereiche der weltanschaulichen Überschneidung: Nationale Gesinnung, die Tatsache, dass die weltliche Gewalt nicht in Frage gestellt wurde, kämpferische Elemente, heldenhaftes und märtyrerisches Gedankengut und auch bündische Elemente waren zumindest in den ersten Jahren auch in der HJ vorhanden. Gleichzeitig gab es jedoch ebenso wenig kompatible Bereiche. Die Ansicht, dass die Opfer des Ersten Weltkrieges sinnlos waren, die im Grunde nicht antisemitische, also rassistische Sichtweise auf das Judentum und vor allem die zentrale Bedeutung des christlichen Glaubens war ein deutlicher Unterschied zur HJ.

Diese Differenzen bedeuteten jedoch nicht zwangsläufig eine grundsätzliche Gegnerschaft zur HJ und schon gar nicht zum Nationalsozialismus. Interessant ist in diesem Zusammenhang das Schulgutachten über Willi Graf von 1936. Neben Belobigungen wurde bezüglich einer Mitgliedschaft in der HJ geschrieben: „Zur HJ gehörte er nicht. Er war früher im ND [SZ: „Neudeutschland“] und glaubte, es vor sich selbst nicht verantworten zu können, wenn er in die HJ eintrete, bevor die Eingliederung der früheren Jugendverbände in die Staatsjugend durch eine Verordnung, die in Aussicht stehe, endgültig geregelt sei."[134] Die Interpretation dieser Stellungnahme zu Graf kann nicht eindeutig ausfallen. An der Darstellung von Hans-Josef Gebel, der hier eine NS-Gegnerschaft herausliest, sind jedenfalls Zweifel anzumelden.[135] Weder die Konkurrenzsituation mit der HJ noch die Tatsache, dass Graf an einer staatlichen Entscheidung und an einer langfristigen Absicherung der katholischen Jugend interessiert war, sind zu leugnen. Schon im September 1933 notierte er in sein Tagebuch: „Es muß unbedingt eine Entscheidung kommen zwischen Bund und Hitler-Jugend."[136] Das Schulgutachten lässt somit eher vermuten, dass sich Graf eine Eingliederung der katholischen Jugend in die Staatsjugend mit einer christlichen Dominanz vorstellte, also eine quasi ‚christliche Hitlerjugend'. Retrospektiv mag dies ein kaum nachzuvollziehender Gedanke sein.

Hinsichtlich der kämpferischen Elemente des „Grauen Ordens" ist auf dessen Liedgut zu verweisen. In einem Lied heißt es:

> „wenn die buben schlachten schlagen
> gibt es einen eignen klang.
> denn die schwerter, die sie tragen, sind ein feuriger gesang.
>
> wenn die buben schlachten schlagen
> wird der himmel feuerrot:
> denn die schilde, die sie tragen,
> sind ihr sieg und sind ihr tod."[137]

Ähnliches war im Bund Neudeutschland durchaus nicht unüblich. So notierte Willi Graf im September 1933 in seinem Tagebuch:

> „Wir wollen mit der Sturmschar Christkönig ein Kampfspiel machen. [...] Wir beschlossen, daß jede Partei ein Lager bezöge. Dort legten wir die Brotbeutel unter, und Bär teilte uns dann in Winker-, Stoß-, Kampf- und Lagertrupps. Ich war bei den Kämpfern. Die Stoßtruppe ging spionieren. [...] Dann aber mußten wir den Berg hinauf, denn ein Feind war gefangen worden. Unsere Späher wußten, wo das feindliche Lager war.. [...] Dann stürzten wir mit lautem Lärm zum Lager, das in einem Gestrüpp war. Die kleinen Kerle ergaben sich bald."[138]

Diese Spiele im vormilitärischen Bereich sollten jedoch nicht überbewertet werden. Der „Graue Orden" war sicher keine Brutstätte für eine kämpfende und welterobernde Jugend. Dennoch: Widerstand als

Handlungsoption gab es für Willi Graf und den „Grauen Orden" nicht. Vielmehr erkannte man den NS-Staat an.

Erste Distanz zum NS-Staat

Im Prozess von 1943 betonte Graf immer wieder seine unpolitische Haltung und die Akzeptanz des Staates auf Grund theologischer Vorstellungen. Obwohl er sich mit seinem persönlich niedergeschriebenen Lebenslauf vor der Gestapo schützen wollte, betonte er – vermutlich für die Zeit ab 1937/38 – ein gewisses Unverständnis gegenüber einigen politischen Maßnahmen des NS-Staates:

> „Mit Bedauern erlebte ich alle kleineren oder grösseren Auseinandersetzungen der Kirche mit den einzelnen Staats- und Parteidienststellen, konnte dies letzten Endes nicht verstehen, da doch ein Staat ohne Religion nicht existieren kann, vielmehr sind doch beide auf gegenseitige Unterstützung in vielen Fällen angewiesen und kommen ohne gegenseitige Hilfe nicht aus."[139]

In seinem ebenfalls der Gestapo vorgelegten „politischen Lebenslauf" wurde er noch konkreter. Während er „in der Jugend" jede Ordnung akzeptiert hatte, änderten sich später seine Auffassungen:

> „Da ich älter wurde und etwas Einblick in staatliches Leben gewann und auch von Anordnungen des Staates selbst berührt wurde, schien es mir, dass in Deutschland Richtungen bei den staatlichen ausführenden Stellen vorhanden seien, die meiner Auffassung nach darauf abzielten, das religiös-christliche Leben aus der Öffentlichkeit zu verdrängen und der Kirche die Art ihrer Erziehung zu beschränken. Sicher wurden überall Fehler gemacht, aber die Bekämpfung dieser Fehler ging meiner Auffassung nach zu weit. [...] Vielleicht geschah dieser Kampf gegen das Christentum, weil die Menschen nicht genau unterrichtet waren oder die Kirchen haßten und deshalb ihren Einfluss aus dem öffentlichen Leben entfernen wollten. Wie es wirklich ist, kann ich nicht sagen, aber es zeigt sich immer wieder, dass offizielle Stellen die Menschen beeinflussen wollen, der Kirche den Rücken zukehren, dass sie kirchlichem Leben Schwierigkeiten in den Weg legten. Erscheinungen solcher Art machten mir grosse Sorge und bekümmerten mich sehr, ich hätte manches darum gegeben, wenn dies anders geworden wäre. In manchen Stunden sagte ich mir dann, dass Gott seine Gründe habe, wenn er dies zulasse und so müsse das eben sein."[140]

Abgesehen davon, dass die Vorstellung von Gott als ‚Lenker der Geschichte' hiernach auch Einfluss auf die Analyse der politischen Welt hatte, dokumentiert diese Aussage, dass ein gewisser Wendepunkt bei Graf festzustellen ist, der vermutlich um 1937/38 zu datieren ist. Nicht nur die Maßnahmen gegen die katholische Kirche, sondern auch ein Gerichtsverfahren gegen seine eigene katholische Jugendgruppe wegen „bündischer Umtriebe" im Jahre 1938 ließen wohl Zweifel bei ihm aufkommen. Trotzdem bedeutet dies noch keine generelle Ablehnung des nationalsozialistischen Staates an sich, schließlich sprach er meist von „einzelnen Staats- und Parteidienststellen" bzw. „Richtungen bei den staatlichen ausführenden Stellen" und zudem hatte nach Graf auch die Kirche Fehler gemacht.[141] Die Wirkung der christlichen Sozialisation Grafs war insofern ambivalent: Zum einen brachte sie eine Akzeptanz des Staates mit sich, zum anderen führte sie dann zu einer Kritik an nationalsozialistischen Maßnahmen, wenn damit das Christentum bedroht wurde.

Dass Grafs Darstellung gegenüber der Gestapo tatsächlich seinem Denken entsprach, zeigt ein aus dem Reichsarbeitsdienst geschriebener Brief an eine der Autoritäten des „Grauen Ordens", Günther Schmich, vom 1. Mai 1937. Über den Parteitag der NSDAP schrieb er:

> „hier unser lager geht vielleicht geschlossen nach nürnberg zum parteitag. Dann gibt es noch viele ordnungsübungen mit hinlegen, sprung auf – marsch, marsch. Eine riesige sache. Oder dauerlauf mit vorgehaltenem spaten oder gar hüpfen. Du kannst dir das alles illustriert vorstellen mit tornister und stiefeln."[142]

Dies war sicher keine Kritik am Nationalsozialismus.[143]

Das gegen den „Grauen Orden" eingeleitete Verfahren nahm wie im Fall von Hans Scholl ein positives Ende. Auf Grund des „Anschlusses Österreichs" an das Deutsche Reich wurde eine weitreichende Amnestie verhängt, unter die auch Willi Graf fiel. Das Verfahren wurde am 17. Mai 1938 eingestellt.

Freiheit contra Kriegsdienst

Die staatliche Zwangsrekrutierung engte den erwachsen werdenden Graf zunehmend ein. Der RAD, den er in Dillingen/Saar absolvierte,[144] und später der Militärdienst reduzierten seine persönliche Freiheit. Graf befand sich im Vergleich zu den anderen Studenten des Scholl-Schmorell-Kreises deutlich länger im Militäreinsatz. Ab September 1940 war er in Frankreich und Belgien eingesetzt, im März 1941 wurde er an die Ostfront versetzt, beteiligte sich am Feldzug gegen Serbien, im Mai und Juni 1941 war er in Polen stationiert und vom 22. Juni 1941 bis zum März 1942 befand er sich dann an der russischen Front.[145]

Zu Beginn des Jahres 1942 wurde Graf in Russland offenbar Zeuge deutscher Kriegsverbrechen. In einem Brief vom 1. Februar 1942 sind folgende Andeutungen zu lesen:

> „Seit meinem letzten Brief an Dich hat sich manches Bewegte zugetragen, ich wünschte, ich hätte das nicht sehen müssen, was ich alles in dieser Zeit anschauen mußte. [...] Ich mag Dir das nicht im einzelnen erzählen, Du wirst Dich ja doch nicht in meine Situation hineindenken können, weil sie so völlig anders ist als alles bisher nur zugetragene. Der Krieg hier im Osten führt mich an Dinge, die neuartig und fremd wie nichts bisher Bekanntes sind. Und das muß man alles verarbeiten, obwohl kaum jemand da ist, mit dem man darüber reden könnte. Später erst soll man davon erzählen. Vielleicht hast Du daheim schon einzelne Berichte vernommen, über die Du ungläubig den Kopf schütteln konntest. Vieles wird Dir unmöglich erscheinen."[146]

Was sich genau in dem russischen Ort zugetragen hat, bleibt unklar. Nach Grafs Tagebuch wurde das Dorf von den Bewohnern geräumt. Dann notierte er: „gegen mittag feldgendarmerie, tränen überall."[147] Eine knappe Woche später kehrten die Bewohner in ihr Dorf zurück. Graf empfand hierbei zwar eine gewisse Freude, schrieb in sein Tagebuch aber gleichzeitig, dass „den menschen ja das schwerste noch nicht erspart blieb."[148]

Unumstritten waren die Verbrechen unter den Soldaten in der Umgebung Grafs jedoch nicht. In seinem Tagebuch vermerkte er am 17. Januar 1942: „wieder einmal steht die ‚humanität' im kriege zur debatte. gegenteilige auffassungen."[149] Am Tag der Räumung des Dorfes hieß es sogar: „heftige diskussionen im anschluß, und das ist hässlich. hier lassen sich keine worte finden."[150] Deutlich wird Grafs Mitgefühl mit der russischen Bevölkerung; immer wieder sind entsprechende Empfindungen im Tagebuch notiert. Als Beispiele seien genannt: „es ist schwer, das arme tun der menschen anschauen zu müssen." (3. Januar 1942), „man kann es kaum mit ansehen" (4. Januar 1942), „was wird wohl mit diesem schönen ort werden, hoffentlich erhalten die einwohner ihre habseligkeiten zurück." (9. Januar 1942), „meine gedanken sind bei den menschen von dort" (14. Januar 1942).

Ein solches Mitgefühl mit der Zivilbevölkerung war selten bei den deutschen Soldaten, und es zeigt somit eine von Grafs großen Stärken: sein humanitäres Denken und Fühlen. Dennoch: Graf reflektierte politisch kaum über die Geschehnisse. So lehnte er das politisch motivierte Verbrechen auch auf der Grundlage seiner christlich-humanistischen Denkkoordinaten nicht klar ab. Vielmehr waren Zweifel an seinem Mitgefühl die Folge, die am 5. Januar 1942 in seinem Tagebuch dokumentiert sind: „daß mir immer in meinen gedanken das schicksal dieser menschen liegt? bin ich tatsächlich zu wehleidig oder zu weich?“[151] Ein politisch-oppositionell denkender und gefestigter Mensch hätte sich diese Frage vermutlich nicht gestellt. Aber die Zweifel an seinem eigenen Mitgefühl bedeuten auch, dass Graf durch sein rein emotionales und unpolitisches Denken in den politischen Sphären Unsicherheit verspürte und nicht imstande war, die Handlungen der deutschen Soldaten gegen die russische Zivilbevölkerung eindeutig abzulehnen. Andernfalls hätte er seinem Tagebuch keine Zweifel anvertraut.

Es finden sich zudem Hinweise, die die Zustimmung Grafs zur deutschen Außenpolitik dokumentieren. Im Mai 1940, also noch vor dem Krieg gegen Russland, schrieb er an seine Schwester Anneliese: „Allerdings, ich wäre gerne mit in dieses Konzert gegangen. Aber dafür stehe ich ja hier draußen an der Front und schütze mein Volk, damit Ihr noch Gelegenheit habt, solche schönen Abende abhalten zu können.“[152]

Mentor Hans Scholl

Graf begann erst spät,wohl in der zweiten Hälfte des Jahres 1942, mit konkreten politisch-oppositionellen und auf eine Tat zielenden Reflexionen. Diese sind wohl in erster Linie auf Hans Scholl zurückzuführen. Hierfür spricht auch der für die Gestapo verfasste „politische Lebenslauf“. Aus quellenkritischer Sicht muss dieses Dokument mit Behutsamkeit gelesen werden. So stellt sich Graf einseitig als Opfer dar, das sich zu verantwortungslosen und ungerechtfertigten Handlungen habe verleiten lassen, nach der Verhaftung jedoch seine Tat bereut habe.[153] Graf war sich jedoch seiner Handlung trotz Zweifel bewusst, dies zeigen die Briefe aus der Haft. So heißt es in seinem Abschiedsbrief an seine Schwester Anneliese: „Du weißt, daß ich nicht leichtsinnig gehandelt habe, sondern daß ich aus tiefster Sorge und dem Bewußtsein der ernsten Lage gehandelt habe.“[154]

Schlüssig scheint jedoch die gegenüber der Gestapo dargelegte Begründung seiner ‚Verführung' zu sein, indem er auf den hohen Einfluss Hans Scholls hinweist. In seinem „persönlichen Lebenslauf" schrieb Graf daher:

> „Ehe ich die Bekanntschaft mit Hans Scholl machte, hatten politische Fragestellungen und Probleme mich nicht besonders interessiert und ich hatte mir auch nicht sehr viel Gedanken darüber gemacht. Für mich war der Staat eine Ordnung, die Gott einem Volk gegeben hat [...]."[155]

Im „politischen Lebenslauf" schrieb er über sein Verhältnis zu Scholl:

> „Im Verlauf des Zusammenseins lernte ich ihn schließlich als Autorität in diesen Fragen des religiösen Lebens anerkennen und schloß mich manchen seiner Meinungen an, da ich den Eindruck erhalten hatte, dass seine Ansichten aus grossem Wissen und gereiftem Durchdenken entstanden waren, so kam mir nur selten ein Zweifel im Gespräch mit ihm, ich ließ mich einfach von ihm überzeugen. Als wir später dann, vor allem im Dezember 42 und Januar/Februar 43 auch politische Fragen besprachen, vertraute ich ziemlich seinen Anschauungen, denn bei solchen Fragestellungen und Problemen hatte ich keine festen Vorstellungen und Gedanken. Die Denkungsweise von Hans Scholl gewann grossen Einfluß auf mich und ich setzte seinen Plänen keinen Widerspruch entgegen."[156]

Gestützt wird der Quellenwert dieser Aussage durch den Tagebucheintrag Grafs vom 2. Dezember 1942, der ein erster eindeutiger Hinweis auf seine Teilnahme an den Widerstandsaktionen ist[157]: „Bei Hans sitzen wir spät und lange zusammen, denn Christl [SZ: Christoph Probst] wird jetzt wegfahren. Gespräche über den Aufbau, manche Gedanken sind mir neu."[158] Graf hatte demnach anscheinend wenig Gespür für politische Aktionen, andernfalls wären „manche Gedanken" für ihn nicht „neu" gewesen. Auch hatte er bis in die letzten Wochen hinein Zweifel am Sinn der Flugblattaktionen. Am 14. Januar 1943, also rund einem Monat vor seiner Verhaftung, schrieb er in sein Tagebuch: „Ob das der richtige Weg ist? Manchmal glaube ich es sicher, manchmal zweifle ich daran. Aber trotzdem nehme ich es auf mich, wenn es auch noch so beschwerlich ist."[159]

2. Kurt Huber: Widerstand von rechts

„Er hat jegliche Intoleranz und jeglichen Radikalismus abgelehnt und diese, für den demokratischen Staat manchmal auch schwierige Gratwanderung selbst unternommen; eben dafür hat er sein Leben gelassen", schrieb Clara Huber im Jahre 1986 über ihren am 13. Juli 1943 hingerichteten Mann, Professor Dr. Kurt Huber.[160] Dies als Motiv seiner späteren Widerstandshandlung oder gar als Bilanz einer Biographie Hubers zu deklarieren, ist sicher zu kurz gefasst.

Huber ist von allen zum Tode verurteilten Beteiligten des Widerstandskreises wohl die ambivalenteste Persönlichkeit. An ihm wird deutlich, wie fließend die Übergänge von nationalsozialistischem Gedankengut und dem Entschluss, gegen den damaligen Staat zu handeln, sein konnten. Grundsätzlich unterscheidet er sich von den anderen Hingerichteten schon durch sein Alter. Er hatte deutlich länger Zeit, seine wissenschaftsethischen, philosophischen und somit letztendlich auch politischen Grundpositionen zu entwickeln.

Ein Faktor war für die berufliche Laufbahn des am 24. Oktober 1893 geborenen Kurt Huber bedeutend: Er erkrankte mit vier Jahren an Diphtherie. Seit dieser Zeit litt er an einer körperlichen Beeinträchtigung. In einem amtsärztlichen Gutachten von 1939 wird von einem leicht vorfallenden Gang Hubers, von grobschlägigen Zuckungen im Bereich der Arme und Beine, von „parkinsonistischen Zügen" und von „grimassierend" gesprochen.[161] Huber war während der Schulzeit vom Sportunterricht ausgeschlossen und konzentrierte sich daher weniger auf die Leibes-, als vielmehr auf die Geistesübungen. Er war immer ein sehr guter Schüler, der beste seiner Klasse. So finden sich auch in seinem Reifezeugnis fast ausschließlich hervorragende Noten.[162]

Nach dem frühen Tod des Vaters im Jahre 1911 und dem Abitur am humanistischen Eberhard-Ludwig-Gymnasium zu Stuttgart siedelte die Mutter mit ihren Kindern nach München über.[163] Huber begann 1912 sein Studium an der Ludwig-Maximilians-Universität in den Hauptfächern Musikwissenschaft, Philosophie und Psychologie. 1917 promovierte er im Fach Musikwissenschaften, seine Dissertation über den Renaissance-Musiker Ivo de Vento schloss er mit „summa cum laude" ab.[164] 1920 habilitierte sich Huber in den Fächern Philosophie und Psychologie. Im Oktober 1926 wurde ihm vom Bayerischen Staatsministerium für Unterricht und Kultus der Titel und Rang eines außerordentlichen Professors verliehen.[165]

Huber lebte in einer bewegten Zeit. Als der Erste Weltkrieg ausbrach, war er Anfang zwanzig, zur Zeit des Hitler-Putsches in München im Jahre 1923 wohnte der Dreißigjährige in der „Hauptstadt der Bewegung". Aber auch die Wirren des Kriegsendes, der Versailler Vertrag und die Inflation im Jahre 1923 werden bei einem Menschen Eindruck hinterlassen haben, dem Deutschland etwas bedeutete, für den das Volkstum einen Wert darstellte. Am Ersten Weltkrieg nahm Huber nicht teil, da er auf Grund seiner frühen Krankheit für das Militär untauglich war. Wie bedeutend dieser ‚nationale Kampf' dennoch für Huber war, zeigt schon allein die Tatsache, dass er trotz seiner äußerst eingeschränkten körperlichen Konstitution für einen deutschen Sieg kämpfen wollte: Er meldete sich insgesamt dreimal freiwillig.[166]

Für Deutschland nicht kämpfen zu können und zu dürfen, war für Huber schwer zu ertragen. Am 11. Juni 1934 schrieb er rückblickend über die Zeit des Ersten Weltkrieges an den damaligen Dozentenschaftsführer der Philosophischen Fakultät I der Ludwig-Maximilians-Universität München (LMU): „Es war mir seit dem Weltkrieg ein Schmerz, dass ich wegen meiner durch eine Kinderdiphterie fürs Leben geschädigten äusseren Konstitution [...] nicht wie andere zur Wehr greifen konnte."[167] Dass sich Huber hier nicht nur zum Schein für seine Nichtteilnahme am Weltkrieg entschuldigte, sondern zumindest in Gedanken mit an der Front kämpfte, wird auch durch eine scheinbar triviale Begebenheit deutlich: Im Jahre 1915 ließ sich Huber ein Brettspiel beim Kaiserlichen Patentamt in Berlin schützen. In dem vom Studenten Kurt Huber entwickelten ‚Gesellschaftsspiel' „General-Jedermann (Pandux)" ging es darum, das militärische Weltgeschehen am heimatlichen Tische nachzuspielen. In den Spielregeln heißt es u.a.: „Das neue Kriegsspiel ‚General Jedermann' wird von vier Parteien ausgefochten: Deutsche und Oesterreicher stehen Russen und Franzosen gegenüber."[168] Der Invalide Huber entwickelte sich damit zum Hobbymilitärstrategen. In seinen Aufzeichnungen zum Spiel ist zu lesen: „Mit ungemeiner Treue veranschaulicht d. Strategie von Pandux die formalen strategischen Prinzipien der Bewegung moderner Massenheere."[169]

Betrachtet man die von Huber aus dieser Zeit gesammelten bzw. von ihm selbst verfassten Liedtexte, dann wird sein ausgeprägter Nationalismus deutlich. So heißt es in einem von ihm kurz nach dem Ausbruch des Ersten Weltkriegs geschriebenen Text:

> „Eilen zur Fahne gen West, Nord, gen Ost;
> Deutschland, lieb Deutschland, so sei nur getrost!
> [...]
> Ueber den Sternen halt' Gott deine Wacht,
> Deutschland, lieb Deutschland! Im Sturme der Schlacht!
> Draussen im Felde, am heimischen Herd
> Schütz' er dein Volk und segne dein Schwert!"[170]

Festzuhalten bleibt, dass Huber zwar im Ersten Weltkrieg nicht mit an der Front kämpfen konnte, aber im Geiste sehr wohl die Waffen gegen Frankreich und Russland in der Hand hielt.

Im Zusammenhang mit Hubers nationalem Denken muss auch der Beginn seiner Tätigkeit als Volksliedsammler und -forscher gesehen werden. Während er die Volksliedpflege seit etwa 1925 in sein Tätigkeitsfeld einbezog,[171] ist sein diesbezügliches Interesse bereits 1916 nachzuweisen. In dem Aufsatz „Wandertum und Volkslied" schrieb er u.a.:

> „Pflege des Volksliedes ist eine der Kulturaufgaben, die unseren Jugendwandergruppen zur Erfüllung zufällt, und nicht nur die kleinste. [...]. Zum Volkslied Stellung nehmen, heißt zu unserer innersten völkischen Eigenart Stellung nehmen".[172]

Der Begriff „völkisch" fand seine Verbreitung im 19. Jahrhundert und sollte vor allem die Begriffe „deutsch" sowie „national" ersetzen und inhaltlich u.a. in dem Sinne füllen, dass hiermit die „Eigenart" eines Volkes, wie es Huber formuliert hat, und somit der Unterschied zu anderen Völkern gekennzeichnet wird. Dabei ging es um einen auf dem „Rassengedanken" aufbauenden Nationalismus.[173] Da Huber die „völkische Eigenart" hervorhob, ist davon auszugehen, dass seine Nationskonzeption der der „Kulturnation" entsprach. Diese grenzt sich von der Konzeption der „Staatsnation" insofern ab, als sie die ethnokulturelle Einheit als das bestimmende Kriterium und die politische Einheit als deren Ausdruck ansieht. Bei der Staatsnation ist hingegen die politische Einheit das konstitutive Element, die ethnischen Unterschiede sind hier nicht entscheidend. Huber befand sich damit in der Tradition des deutschen nationalen Denkens, das französische Pendant der Staatsnation lag ihm folglich fern.

Verdeutlicht wird dies durch die hier erstmals herangezogenen Aufzeichnungen Hubers aus den frühen 1920er Jahren, in denen es heißt: „Bäuerliches Kulturfundament u. Rassenstolz bedingen meinen eigenen ‚Standpunkt' wesentlich, ein gewisser religiöser Konservativismus tritt ergänzend hinzu. Ich möchte den Juden sehen, der unter Vaterland dasselbe versteht wie ich. Unmöglich. Warum?"[174]

Das hier zutage tretende rassische Denken beinhaltet ein antijüdisches Moment, denn Huber sprach kurz vor der zitierten Passage vom „jüdischen Problem", womit er auf die so genannte „Judenfrage" anspielte. Dies war für ihn folglich bereits in der ersten Hälfte der 1920er Jahre ein politisches „Problem".

In diesem Zusammenhang ist auch ein Briefentwurf Hubers vom Beginn der 1930er Jahre aufschlussreich. Huber polemisierte gegen den Münchner Professor für Philosophie, Richard Hönigswald. Dabei wehrte er sich gegen die „sehr betont protestantische Haltung, die Professor Hönigswald – von Geburt Jude – [...] an den Tag legt".[175] In Hönigswald sah Huber folglich weniger den Protestanten, als den Juden. Er definierte demnach einen Juden über das Blut und nicht über das Bekenntnis. Dies entsprach dem Rassenantisemitismus, was noch dadurch unterstrichen wird, dass es für ihn offensichtlich ein hervorzuhebendes Merkmal war, dass Hönigswald jüdische Vorfahren hatte.[176]

Für Huber war die Universität nicht nur ein Feld der absoluten Freiheit, sondern sehr wohl auch eine Arena des Kampfes um politische Einflusssphären. So wollte er die sozialdemokratische ‚Macht' in seinem Fachbereich begrenzen oder möglicherweise sogar ganz ausschalten. Denn er wehrte sich gegen eine Besetzung einer Philosophieprofessur „mit einem links gerichteten Vertreter", schließlich gehörten dem Psychologischen Institut „schon zwei Kollegen als eingeschriebene Mitglieder der Sozialdemokratischen Partei an".[177]

Hoffnung und Skepsis in Bezug auf die „Machtergreifung"

Seit 1926 war der akademische Aufstieg Kurt Hubers zum Stillstand gekommen, also bereits vor der „Machtergreifung" der Nationalsozialisten. Noch immer wartete er vergeblich auf eine ordentliche Professur und damit auf ein entsprechendes Einkommen.

Durch die „Machtübernahme" der Nationalsozialisten erhielten Begriffe wie „Volk" eine deutliche Aufwertung und für den Volksliedsammler und -forscher Huber schienen sich damit neue Möglichkeiten zu eröffnen. Huber wollte seine Kompetenz denn auch in den Dienst des nationalsozialistischen Staates stellen. So formulierte er 1933:

> „Volksliedkunde in dem umfassenden Sinn, wie ich sie betreibe, musikalisch – stilistisch wie historisch und volkspsychologisch ist ein ernstes Stück Volkskunde in dem Sinne, wie es das heutige Deutschland als Erfordernis völkischer Bildung fordert. Ich habe aus innerster Anteilnahme an unserem Volkstum und aus Liebe zur Sache diese Arbeit Jahre lang geleistet, bevor die heutige Bewegung diesem Gebiete politisch zu einer gewissen Vorrangstellung verhalf."[178]

Sein Ziel war der Wiederaufstieg Deutschlands, wenn er 1934 schrieb: „Unser aller persönliches Ergehen hängt ja heute mehr denn je von einem wirklichen Aufstieg unseres Volkes ab, den wir alle ersehnen und dem wir alle unsere ganze Kraft widmen wollen."[179]

Die – nicht unberechtigten – Hoffnungen, die Huber hinsichtlich seines persönlichen Fortkommens und auch in politischer Hinsicht mit der „Machtergreifung" der Nationalsozialisten verband, war jedoch nur ein Aspekt. Zwar arbeitete er mit NS-Gliederungen wie „Kraft durch Freude" bei seiner Volksliedarbeit zusammen, trat jedoch den entsprechenden Organisationen nicht bei. In einem Brief aus dem Jahre 1935 an seinen wohl besten Freund, den nationalsozialistischen Historiker Karl Alexander von Müller, heißt es dazu:

> „Ich weiss, dass es ein praktischer Fehler von mir ist, dass ich mir eine vernünftige Stellung zum neuen Staat sozusagen Zug um Zug abringen muss. Doch ehrlich und in ihrer Art klar war meine Haltung seit der Revolution von 1918; das kann ich mit gutem Gewissen sagen. Und darauf sollte es doch auch noch ankommen."[180]

In welchen Punkten Huber politische Bedenken gegen den Nationalsozialismus hatte, ist für die Jahre bis 1935 schwierig zu beantworten. Es ist nicht zuletzt auf Grund seiner Bindung an die Bayerische Volkspartei, eine Abspaltung vom Zentrum, zu vermuten, auch wenn empirische Beweise fehlen, dass die antichristlichen Strömungen innerhalb der NSDAP seinen inneren Widerspruch hervorgerufen haben. Zudem lehnte er die „Masse" ab. Sie agierte für ihn in der nationalsozialistischen Bewegung. Das damit verbundene vulgäre Auftreten zahlreicher Nationalsozialisten wird ihm, dem Geisteswissenschaftler, zuwider gewesen sein. Die Erinnerung eines Zeitzeugen bietet hierfür zumindest ein Indiz. Danach soll Huber in den ersten Jahren der nationalsozialistischen Herrschaft bereits mit Aufnahmen einer Rede Hitlers in sein Seminar gekommen sein, diese vor dem halben Dutzend Studenten vorgespielt und den Sprechakt Hitlers analysiert haben. Die Ironie war den Studenten, so zumindest der Bericht, bewusst – sie schmunzelten vor sich hin.[181] Ob diese Datierung des Zeitzeugen richtig ist, kann nicht mehr geklärt werden. Eine andere Zeitzeugin, die später ebenfalls angeklagte Katharina Schüddekopf, berichtete Ähnliches allerdings über den Beginn der 1940er Jahre. Danach habe Huber mit entsprechender ironischer Absicht die Stimme eines Nationalsozialisten analysieren lassen.[182]

Auch wird das ‚Unwissenschaftliche' an der NS-Propaganda seinen Widerspruch hervorgerufen haben. So findet sich in Hubers Nachlass eine Notiz, in der er sich gegen Darstellungen wehrte, bei denen die Hochgeistigkeit mancher „Rassengesichter" denen „nachweisbar individueller Verblödung" gegenübergestellt wurden. Diese Vorgehensweise lehnte Huber als „unwissenschaftlich" ab.[183] Ähnlich formulierte er es 1938 auch hinsichtlich einer rein rassisch orientierten Volksmusikforschung.[184] Die Grundthese dieser Propaganda, die sich auf die Wertigkeit von „Rassen" bezog, stellte er hingegen nicht in Frage.

Akademisches Scheitern

Huber stand 1933 in seinem vierzigsten Lebensjahr, so dass die Zeit drängte, um noch auf einen Lehrstuhl zu gelangen. Gleichwohl waren die Aussichten für ihn in der ersten Hälfte der 1930er Jahre an der LMU nicht schlecht. In München gab es insgesamt vier Ordinariate für die Bereiche der Philosophie, Psychologie und Pädagogik.

Mit dem politischen Umbruch des Jahres 1933 und dem damit verbundenen Schritt, Beamte „jüdischen Blutes" aus dem öffentlichen Dienst zu entfernen, erhöhten sich Hubers Chancen, ordentlicher Professor zu werden. Denn nun war auch die Professur Hönigswald vakant, so dass Huber auf insgesamt drei Ordinariate – Hönigswald, Pfänder und Geyser – hoffen durfte.

Huber betrachtete die Entlassung Hönigswalds aus antisemitischer Perspektive. Während Hönigswald auf Grund des „Gesetzes zur Wiederherstellung des Berufsbeamtentums" und somit der bloßen

Existenz seiner jüdischen Vorfahren wegen aus dem Hochschuldienst entlassen wurde, war er für Huber „seinen eigenen Umtrieben zum Opfer gefallen".[185] Seine Sichtweise ist bemerkenswert, da Hönigswald sich der wohl nicht gerade häufigen Tatsache erfreuen konnte, dass sich im April 1933 zwölf deutsche Professoren verschiedener Fachrichtungen für ihn aussprachen; der Dekan der Philosophischen Fakultät I der LMU, Lehmann, äußerte sogar den dringenden Wunsch, Hönigswald in München zu behalten.[186]

Durch den Wegfall der Lehrveranstaltungen Hönigswalds entstand zwangsläufig eine große Lücke im Lehrangebot. Dabei konnten alle Wissenschaftsgebiete von den anderen Hochschullehrern abgedeckt werden, lediglich für das Gebiet der Methodenlehre musste Ersatz geschaffen werden. Hier stellte das Dekanat den Antrag an die Bayerische Staatsregierung, dem a.o. Professor Kurt Huber zusätzlich einen zweistündigen Lehrauftrag zu geben und ihm eine entsprechende Vergütung zu gewähren.[187] Diesem Antrag wurde stattgegeben.[188] Huber hatte folglich zumindest indirekt und in geringem Maße von der rassistischen Gesetzgebung des NS-Staates profitiert.

Weitere Erfolge konnte er jedoch nicht verbuchen; es ging auf der Karriereleiter nicht weiter. Hier sei vor allem auf die Besetzung von zwei Lehrstühlen verwiesen: Nachfolger von Hönigswald wurde Wolfgang Schultz. Dieser brachte nicht die übliche Qualifikation mit – er war nicht habilitiert –, jedoch war er weltanschaulich fest in der NS-Ideologie verankert. Zudem konnte er auf die Fürsprache einflussreicher nationalsozialistischer Kreise zählen. Huber spürte damit zum ersten Mal die Macht der Partei, die auch vor der Universität nicht Halt machte.

Der zweite Rückschlag für ihn erfolgte bei der Besetzung des so genannten Pfänder-Lehrstuhls. Während dieser im Sommersemester 1935 unbesetzt blieb, wurde zum Wintersemester 1935/36 Hans Alfred Grunsky berufen[189] und mit der Vertretung des Lehrstuhls beauftragt. Grunsky war 1930 in die NSDAP eingetreten und sah sich selbst als Vertreter einer bzw. der „nationalsozialistischen Philosophie".[190]

Bezeichnend ist hinsichtlich Grunskys akademischen Tätigkeit die Neuordnung der Bibliothek des Philosophischen Seminars II. Er glaubte, dass eine „jüdische Weltverschwörung" auch die philosophische Wissenschaft erreicht habe[191] und konstatierte 1941 die „völlige[n] Verjudung der Philosophie der vergangenen Epoche"[192]. Dies führte soweit, dass Grunsky die Seminarbibliothek 1937 nach vier bzw.

fünf Kriterien neu ordnete. In gelber Farbe waren am Rücken bestimmter Bücher Streifen befestigt: Vier gelbe Streifen bedeuteten: „Verfasser Volljude“, drei gelbe Streifen: „Verfasser judenblütiger Mischling“, zwei gelbe Streifen: „arischer Verfasser jüdisch versippt“ und ein gelber Streifen stand für „arischer Verfasser geistig unter den Einfluss des Judentums geraten“.[193] Mit Grunsky wurde abermals einem radikalen Nationalsozialisten der Vorzug vor Huber gegeben.

Für Huber stellte Wissenschaft einen Wert dar, der durch die angestrebte Objektivität und Qualität gekennzeichnet war. Die Berufung von zwei Personen auf eine ordentliche Professur ohne die übliche Qualifikation, nämlich die Habilitation, allein aus parteipolitischen Gründen, widersprach diesem Ethos. Dabei sollte nicht vergessen werden, dass neben dieser wissenschaftsethischen Problematik die beiden Berufungen mit Hubers persönlicher Zukunftsplanung kollidierten. Seine bürgerliche Existenz schien somit bedroht.

Warum wurde Kurt Huber nicht berufen? Bei den Gutachten, die über ihn verfasst wurden, fällt eine gewisse Undifferenziertheit auf. Allem Anschein nach konnte man Huber nicht einer konkreten politischen Richtung zuordnen. Insofern verwundert es nicht, dass 1937 der damalige Dekan der Philosophischen Fakultät und spätere Rektor der LMU, Walther Wüst, Huber „bisher für politisch neutral, dabei aber national zuverlässig gehalten“ hatte.[194] Der Leiter der Dozentenschaft, Professor Spindler, gab über Hubers Charakter und seine nationale Gesinnung ebenfalls ein positives Urteil ab: Charakterlich sei über Huber „nur das Beste zu sagen“; er sei „ein kerndeutscher Kämpfer gegen Widerwärtigkeiten jeder, namentlich materieller Art, die ihn Jahre lang stark bedrängten.“[195]

Während Hubers fachliche Qualität, seine Kollegialität und auch seine nationale Gesinnung kein Karrierehindernis darstellten, ist das entscheidende Problem für die Stagnation seines akademischen Fortkommens in seiner körperlichen Konstitution zu suchen. So urteilte Dekan Wüst im Dezember 1937: „Ein ins Gewicht fallendes negatives Merkmal seiner Persönlichkeit ist zweifellos die schwere Behinderung, welche Prof. Huber seit früher Kindheit infolge spinaler Kinderlähmung in Gang, Gebärde und Sprechen erlitten hat.“[196] Etwas später, im Jahre 1939, drückte sich Wüst in einem Gutachten noch deutlicher aus:

> „Zusammenfassend kann man beurteilen, dass Huber infolge seiner körperlichen Behinderung am besten in reiner Forschungstätigkeit (Biblio-

thek, Archiv) am Platze wäre. Doch genügen die negativen Momente nicht, um ihm die Eignung zum Dozenten völlig abzusprechen."[197]

Bemerkenswert ist in diesem Zusammenhang, dass Hans Alfred Grunsky ebenfalls körperlich beeinträchtigt war. Folglich war die Berufung eines physisch Behinderten in den frühen Jahren des Nationalsozialismus durchaus möglich. Zwar war der im Rollstuhl sitzende Grunsky im Verhältnis zu Huber körperlich erheblich stärker eingeschränkt, aber er war im Gegensatz zu Huber durch und durch Nationalsozialist. So zeigt sich hieran einerseits, dass der nationalsozialistische Geist einer Person ihre körperlichen Schwächen und fehlende formale Qualifikation kompensieren konnte; andererseits wird deutlich, dass Huber nicht nur aus seiner Perspektive, sondern auch aus der Sicht der Fakultät und der Ministerialbürokratie zweifellos kein nationalsozialistischer Vorkämpfer war, dem eine solche Kompensation möglich war.

Für Huber selbst waren die ausgebliebenen Berufungen ein herber Rückschlag. Ende 1935 sprach er in einem Schreiben an Karl Alexander von Müller davon, sich in einer „seelischen Not" zu befinden und der Verzweiflung nahe zu sein, „wenn ich mir die Aussichtslosigkeit all meiner Arbeit vor Augen führe."[198] Dabei sah er den Karrierestop eindeutig als Affront gegen seine Person. Denn seines Erachtens konnte man weder an seiner akademischen Arbeit Kritik üben – was eigentlich auch nie getan wurde –, noch seien aus politischer Sicht Einwände gerechtfertigt. Huber war sein Berufungshindernis bekannt, wenn er schrieb:

> „Ich habe mich zu einer Zeit, in der es nicht Mode war, für deutsches Volksgut wissenschaftlich und praktisch in einer Weise eingesetzt, die nicht bemäkelt werden kann. Da brauche ich meine nationale Gesinnung wohl nicht mehr durch meine Beine zu bestätigen. Eine philosophische Professur aber getraue ich mich so gut zu versehen wie irgend einer meiner Fachgenossen."[199]

Die Zeit in Berlin

Die finanziellen Probleme müssen für Huber in den gesamten Münchner Jahren immens gewesen sein. Sein spärliches Gehalt als außerordentlicher Professor musste genügen, um seine Frau, später seine drei Kinder und zeitweise auch seine Schwester finanziell zu unterstützen.[200] Zwar blieb es weiterhin sein erster Wunsch, ein Ordinariat zu besetzen, aber 1937 ergab sich am Staatlichen Institut für deutsche Musikforschung (StIdMf) in Berlin eine neue berufliche und somit auch finanzielle Perspektive.

Das StIdMf wurde 1935 gegründet. Es handelte sich um eine Forschungseinrichtung, die strukturell und inhaltlich dem Nationalsozialismus dienen sollte. Auch die in der vorläufigen Geschäftsordnung niedergeschriebene Erwartungshaltung an die Bediensteten dokumentiert den ideologischen Hintergrund der Einrichtung: „Von den Angehörigen des Instituts wird erwartet, dass ihr Verhalten in- und außerdienstlich einwandfrei ist und sie sich ihrer Aufgabe im nationalsozialistischen Staat bewusst sind."[201] Huber wollte die zukünftige Volksmusikforschung im Kontext des nationalsozialistisch orientierten Berliner Instituts mitgestalten. Insofern verwundert es nicht, dass er im Hinblick auf die Arbeit in Berlin an das Reichswissenschaftsministerium schrieb, er wolle beim „Aufbau neuer Wissenschaftsideale [...] mithelfen".[202]

Die gesamte Zeit am StIdMf war für Huber mit Problemen belastet. Persönliche und fachliche Querelen führten schließlich dazu, dass Vorwürfe gegen ihn erhoben wurden, er sei politisch nicht zuverlässig. Er wehrte sich vehement gegen diese Anschuldigungen. Es muss jedoch davor gewarnt werden, die Auseinandersetzungen, die Huber zu dieser Zeit mit politischen Instanzen führen musste, in ihrer Ursache zu politisieren. Die Akten des StIdMf zeigen neben Kompetenzstreitigkeiten in der Volksmusikforschung vor allem ein Wirrwarr an persönlichen Animositäten.

Für Hubers Sicht auf den Nationalsozialismus ist – unabhängig vom Wahrheitsgehalt der politischen Vorwürfe – entscheidend, dass die jeweiligen Parteistellen überhaupt gegen ihn ermittelten. Seine Empörung war enorm. An seinen Freund Karl Alexander von Müller schrieb Huber im März 1938: „Nach einer 12-jährigen Tätigkeit in der Volksliedsache, und dies schon zu einer Zeit, wo manche der heute gegen mich hetzenden Herren noch nicht einmal daran dachten, dass hier auch etwas zu holen wäre, muss ich mir die finanzielle und moralische Vernichtung im deutschen Vaterland bieten lassen!"[203] An dieser Stelle zeigt sich bereits, dass Huber Fehlentwicklungen im NS-Staat ausmachte.

Huber spürte in diesen Berliner Tagen neben dem Einfluss von Parteikreisen auch die Macht des Vorwurfs, politisch nicht auf NS-

Linie zu sein. Dabei war er gerade am Beginn der Berliner Zeit sicher noch bereit gewesen, seine wissenschaftliche Arbeit dem NS-Staat zu Verfügung zu stellen. So schrieb er, als er im Oktober 1937 zum Mitglied der „Deutschen Volkskunstkommission" in Berlin berufen wurde, an den Reichswissenschaftsminister: „Es wird mir eine selbstverständliche Pflicht sein, in dieser ehrenamtlichen Stellung nach besten Kräften beratend am Aufbau einer wahrhaft deutschen Volkskunstforschung und Volkskunstpflege im Sinne unseres Führers mitzuarbeiten. Heil Hitler!"[204]

Mit seinem Eintritt in die NSDAP wollte sich Huber den in Berlin erhobenen politischen Vorwürfen für immer entledigen und damit zumindest nach außen hin seine Loyalität gegenüber dem nationalsozialistischen Staat bekunden. Insofern wird sein Parteieintritt karrierestrategische Motive gehabt haben. Ab dem 1. April 1940 wurde er unter der Mitgliedsnummer „8282981" geführt.[205]

Nach seiner Rückkehr nach München erhielt Huber im Wintersemester 1938/39 seine Lehraufträge wieder. Ihm blieb jedoch lediglich ein monatliches Einkommen von rund 300 Reichsmark und somit noch weniger als in Berlin.

1939 musste Kurt Huber eine negative Bilanz ziehen: Akademisch war er ebenso gescheitert wie in der außeruniversitären Wissenschaft. Die Wut auf die nationalsozialistische Wissenschaftspolitik stand neben Bereichen der Übereinstimmung mit der Staatsideologie. Diese Ambivalenz ist auch in den Erinnerungen seiner ehemaligen Studenten zu erkennen. Hier finden sich eben nicht nur Hinweise auf kritische Bemerkungen Hubers zum NS-Staat,[206] sondern auch solche mit einer anderen Aussage. Verwiesen sei hier auf den späteren bayerischen Ministerpräsidenten, Franz Josef Strauß, der in seinen Erinnerungen schrieb: „Bei Professor Huber hörte ich Philosophie, er hat als akademischer Lehrer keinen tiefen Eindruck hinterlassen, seine Vorlesungen erschienen nicht nur ziemlich langweilig, sondern auch in einer Weise ‚angehaucht', daß ich mir dachte, schon wieder ein Nazi."[207]

3. Christoph Probst: „...damit Deutschland weiterlebt"

Mitmenschlichkeit als Charakteristikum

Christoph Probst war nicht jemand, der in der Gesellschaft vieler Menschen zu Hause war oder viele Freunde hatte. Gegenüber der Gestapo nannte er lediglich die Geschwister Scholl und Alexander Schmorell.[208] Während die Scholls erst in seinem letzten Lebensjahr für Probst bedeutend wurden, bestand die Beziehung zu Schmorell schon seit Mitte der 1930er Jahre. Das Zentrum seines Lebens bildete seine Familie – er war zur Zeit seiner Hinrichtung dreifacher Familienvater – und vor allem seine Schwester Angelika. Die Beziehung zu ihr war Probst auch wichtiger als die zu Alexander Schmorell. Selbst im Juni 1942 schrieb er noch, dass er sich am stärksten nach ihr sehne. Die Beziehung zwischen dem Geschwisterpaar sei in geistiger Hinsicht mit keiner anderen, die er mit Freunden hatte, zu vergleichen.[209]

Probst wird von den Menschen aus seinem Umfeld retrospektiv als eine Person beschrieben, die auf das Wohl ihrer Mitmenschen ständig bedacht war. Beispielsweise schrieb Angelika Probst über ihren Bruder, dass er schon als kleines Kind die Fähigkeit zeigte, die ihn später so auszeichnete, „allen wohlzutun, alle zu erfreuen und ringsherum Harmonie zu schaffen. So war er der Liebling von allen, und manches unerfreuliche Auge, manches vergrämte Gesicht hat er aufleuchten lassen."[210] Trotz quellenkritischer Probleme, die mit solchen post mortem formulierten und daher häufig idealisierenden Aussagen verbunden sind, scheint die Charakterisierung des angehenden Mediziners stimmig zu sein, denn auch Probsts hinterlassene Briefe zeigen in der Summe seine Besorgnis um das Wohl anderer Menschen. Diese Humanität, die nicht christlich begründet war, bezog sich in erster Linie auf seine Familie und in zweiter auf seine Mitmenschen. Inwieweit diese Liebe jedoch von der Gesellschaft ausgeschlossene Gruppen grundsätzlich einbezog, wie z.B. Juden oder Kommunisten, kann nicht gänzlich geklärt werden. Hierzu sei ein Beispiel genannt: Probst beschäftigte seit 1942 eine 17-jährige Ukrainerin, „die wir auf dem Sklavenmarkt in Garmisch bekommen haben"[211] und betonte sein Mitgefühl mit dem jungen Mädchen.[212] Dies war ungewöhnlich für die damalige Zeit und verdeutlicht sein humanes Denken.

Trotzdem bleibt unklar, wie das Leben der Ukrainerin in der jungen Familie Probst tatsächlich aussah, beispielsweise ob sie für ihre haushälterische Tätigkeit eine Entlohnung bekommen hat und ob diese überhaupt annähernd dem marktüblichen Lohn entsprach, den auch Deutsche für eben solche Tätigkeiten bekommen haben. In den Briefen findet sich kein Hinweis auf eine Bezahlung der Arbeit der Ukrainerin, auch sprechen die oft betonten finanziellen Engpässe der Familie dagegen.[213]

Jugendjahre und das Verhältnis zum Nationalsozialismus

Es kann davon ausgegangen werden, dass sich die Möglichkeit einer Widerstandshandlung bis zum Jahre 1942 nicht im Denkhorizont Probsts befand. Hierfür war er zumindest in dieser Zeit zu unpolitisch oder befand sich, wenn er sich mit dem Tagesgeschehen befasste, weitgehend auf dem Boden der zeitgenössischen deutschen Politik.

Die Tätigkeit in der HJ seit Ende 1934 empfand der noch sehr junge Probst weitgehend als positiv, wie z.B. die gemeinsamen Fahrten,[214] Geländespiele und die dort eingeübte Selbstdisziplin. So schrieb er an seine jüdisch stämmige Stiefmutter am 7. Juni 1936:

> „Heute morgen war ein H.J. Geländespiel – sehr gut organisiert, aber sehr anstrengend. Ich habe mich natürlich auch sehr beteiligt, trotzdem ich sehr geschwächt war durch meinen Heuschnupfen. Es war eine Qual, dieser Reiz in der Nase und Augen, die ganz verschwollen sind, manchmal wäre ich am liebsten aus der Haut gefahren. Aber ich habe mich jetzt etwas beherrschen gelernt."[215]

Probsts positive Einstellung zur HJ lässt sich an einer Bemerkung über eine Sonnenwendfeier und andere NS-Festivitäten erkennen. Dabei war gerade die Sonnenwendfeier für die HJ von Bedeutung. Üblicherweise wurden in die Mitte des Feuers „Parteimärtyrern" – also den Gefallenen des Hitler-Putsches – und Kriegshelden gewidmete Ehrenkränze geworfen, in der Regel gab es auch „Feuersprüche" von lokalen Parteifunktionären.[216] Es liegt nahe, dass die von der HJ im Juli 1936 organisierte Sonnenwendfeier in Schondorf im Grunde ähnlich ablief. Auch für Probst war dies ein großes Ereignis, seiner Mutter berichtete er freudig davon.[217] Zudem beteiligte er sich an weiteren NS-Feierlichkeiten, wie z.B. an der Feier für die Gefallenen des Hitler-Putsches im Jahre 1936 – wie freiwillig er daran teilnahm, lässt sich nicht mehr klären.[218]

Bis zu einem gewissen Grade begeisterte die Tätigkeit in der HJ den jungen Probst. Sein weitgehend unpolitisches Denken nahm allmählich einige politische – und dies bedeutet auch nationalsozialistische – Elemente auf. Trotzdem dürfen seine HJ-Aktivitäten nicht überbewertet werden. Das persönliche, unpolitische Gemeinschaftserlebnis hatte für Probst eine mindestens ebenso große Bedeutung. Die HJ stand sicherlich nicht in seinem Lebensmittelpunkt. Seine Interessen wie z.B. für die Astronomie waren ihm wichtiger; auch seine schulischen Leistungen und die Schule an sich wertete er zweifellos höher als die Tätigkeit in der HJ. So heißt es in einem Brief vom 11. Dezember 1934: „Wie gerne wäre ich am Sonntag auch in Zell erschienen, aber der Dienst, der wichtiger als Schule und alles ist, geht vor. (Ha, ha, ha).“[219] Die Tatsache, dass seine Noten für ihn große Bedeutung hatten, steigerte seine Beliebtheit bei den Mitschülern nicht. Sie sahen ihn vielmehr als Streber.[220]

Sein schon in frühen Jahren auffälliger Individualismus widersprach der nationalsozialistischen ‚Verstaatlichung des Einzelnen'. Die vereinzelten Klagen über den HJ-Dienst waren ein Ausdruck dafür; politisch war dies sicher nicht gemeint, denn Probst wollte eigentlich nur mehr Zeit für sich einfordern. So steht meist die Kritik am HJ-Dienst neben der an der Schule.

Arbeits- und Militärdienst

Probsts Individualismus begrenzte auch seine Motivation für den nach dem Abitur anstehenden Arbeitsdienst. Immer wieder stellte er dabei die Familie als Gegenwelt zur äußerlichen Pflicht dar, sei es die Schule, der Reichsarbeitsdienst oder der Militärdienst. Vor allem die nach der Schulzeit verordneten Dienstpflichten sah er häufig als Zeitverschwendung an. So schrieb Probst im November 1936 an seine Mutter: „Was sagst Du zu dem 2. Jahr Dienstpflicht. Heutzutage verliert man wirklich die beste Zeit seines Lebens für solche Sachen.“[221] Zu Beginn seines Studiums erschien ihm die vergangene Zeit im Reichsarbeits- und Militärdienst und die damit verbundene zeitliche Aufwendung dann wie ein Alptraum.[222]

Auch der Freiheitsanspruch Probsts war weniger ein politischer, indem er etwa die Meinungsfreiheit gefordert hätte, sondern bezog sich auf die persönliche Ebene. Nur äußerst mittelbar ist eine politische Kritik zu erkennen, die sich darauf bezog, dass der Staat über das

Individuum Christoph Probst immer wieder verfügte und zudem aus der Sicht des Medizinstudenten teilweise wenig sinnvolle Entscheidungen traf.

Christoph Probst, das Ehepaar Knoop und das Landerziehungsheim Marienau

Probst wird nicht entgangen sein, wo der Ehemann seiner Schwester, Bernhard Knoop, politisch stand. Der Lutheraner Bernhard Knoop, der von 1932 bis 1937 Lehrer am Landerziehungsheim Schondorf war und 1938 Probsts Schwester Angelika geheiratet hatte, war mit Probst schon früh bekannt. 1983 berichtete er, dass Probst gleich nach seinem Eintritt in das Landschulheim Schondorf in eine von ihm geführte Kameradschaft aufgenommen wurde.[223] Wer war nun dieser Bernhard Knoop, der zu einem wichtigen Korrespondenzpartner von Probst zählte?

Knoop, NSDAP-Parteimitglied seit 1937,[224] wurde von Ernst Reisinger, dem Leiter des Landerziehungsheims in Schondorf, für die Übernahme der Leitung des niedersächsischen Landerziehungsheims Marienau vorgeschlagen. Seit 1937 war er dort als Leiter tätig und wurde dabei tatkräftig von Angelika Probst unterstützt.

Knoop war überzeugter Nationalsozialist, der nach dem deutschen Sieg über Frankreich in seiner 1941 veröffentlichten Studie „Hegel und die Franzosen“ schrieb:

> „Denn die nationalsozialistische Anschauung des Staates als eines totalen Machtgebildes, als der objektivierten Sittlichkeit, an der der Mensch nur insofern teilhat, als er bewusstes Glied der staatlichen Gemeinschaft ist, geht im Grunde auf Hegel zurück.“[225]

Knoops Aufgabe beim Verfassen dieser Studie war, da er nicht zum Wehrdienst einberufen wurde, „den Kriegsdienst in wissenschaftlicher Form abzuleisten“[226]. Sein nationalsozialistisches Denken wird auch am Ende der Studie deutlich: „Denn Luthers Reformation und Hegels Philosophie haben jene Synthese vorbereitet und in Gefühl und Denken verwirklicht, die der Nationalsozialismus dann auch praktisch und politisch vollzogen hat.“[227]

Aber es war nicht nur Knoop, der auf dem Boden des Nationalsozialismus stand, sondern auch seine Ehefrau Angelika. Christoph Probst wird in ideologischer Hinsicht lange Zeit ähnlich gedacht haben wie seine Schwester. Hierfür sprechen nicht nur das innige Verhältnis der Geschwister und ihr geistiger Austausch über die weltpolitische Lage,[228] sondern auch die Äußerungen Probsts über das Landerziehungsheim Marienau. 1938 sprach er von Marienau als „einer zweiten Heimat".[229] Im Februar 1940 wünschte Probst seinem Schwager, dass das Landerziehungsheim „bleibe und gedeihe! [...] Wie sehr wünsche ich Eurem Werk einen weiteren Aufschwung!"[230] Als das Landschulheim im Jahre 1942 verstaatlicht werden sollte,[231] mehrten sich seine solidarischen Äußerungen über Marienau. Im November 1942 schrieb er: „Es ist doch noch das schönste Heim, das ich mir vorstellen kann!"[232]

Die politisch-pädagogische Ausrichtung Marienaus kann einen Hinweis auf die politische Einordnung Probsts geben. Wie sah also „das schönste Heim" aus, das Probst sich vorstellen konnte, das er wie Alexander Schmorell häufig besuchte[233] und an dem er einmal sogar aushilfsweise einige Astronomiestunden gab?[234]

Antinationalsozialistisches Gedankengut ist dort nicht zu konstatieren, das Gegenteil ist der Fall. So ist in einer Informationsbroschüre von Bernhard Knoop und Angelika Probst (Knoop) über das Landerziehungsheim zu lesen:

> „Der national-sozialistische Gedanke der Volksgemeinschaft ist uns somit lebendige Erfahrung, richtunggebend ist das Bewusstsein, Deutsche zu sein, wie es sich erfüllt in der Verpflichtung gegenüber Volk und Staat und in der Treue zum Führer. [...] Die dreigeteilte Lebenssphäre heutiger deutscher Jugend: Politische Gliederung – Schule – Elternhaus ist bei uns in natürlicher und tätiger Einheit verbunden und somit harmonisch ausgeglichen."[235]

Wie der „Führer" nur noch „seine große Sache Deutschland" kenne und daher bedürfnislos für die Gemeinschaft lebe, so sollten auch die Marienauer Schüler zu „guten Nationalsozialisten" erzogen werden.[236]

Ausbreitung des Krieges

Das ausbleibende Kriegsende machte Probst zunehmend zu schaffen, ebenso die offensichtliche Teilnahmslosigkeit seiner Mitbürger angesichts der zahlreichen Kriegsopfer.[237] Dies bedeutet jedoch nicht, dass der Krieg für Probst mit einer deutschen Niederlage enden sollte, im

Gegenteil: Probsts Hoffnungen ruhten lange auf einem deutschen Sieg. Dabei bewegte ihn nicht nur das Schicksal seiner Landsleute, sondern vor allem sein eigenes und das seiner Familie. Im Februar 1942 schrieb er, wenn alles gut enden werde, würde es den Kindern nie an etwas fehlen.[238]

Selbst im September 1942 notierte er: Wenn zwei Kinder gut durchkommen würden, könne auch ein drittes noch gut mitleben. Dies sei aber nicht möglich, wenn im Grossen alles schief ginge, also wenn die Deutschen den Krieg verlieren würden. Das wollte Probst nicht, da dann für alle Deutschen die Lebensmöglichkeit zu Ende seien.[239] Die Hoffnung des Familienvaters auf einen baldigen Frieden verband sich somit auch zu dieser Zeit, also rund fünf Monate vor seiner Hinrichtung wegen „Hochverrats“, noch mit der Hoffnung auf einen deutschen Sieg bzw. zumindest auf das Ausbleiben einer Niederlage.

Das aus seiner Sicht nutzlose Dasein als nicht eingesetzter Soldat hätte Probst an manchen Tagen wohl am liebsten gegen einen Kriegseinsatz eingetauscht, um ein möglichst schnelles Ende der militärischen Auseinandersetzungen herbeizuführen. In diesem Sinne heißt es in Bezug auf seinen bisherigen Militär- und Arbeitsdiensteinsatz fern der Kampfhandlung in einem Brief vom November 1941, dass ihm die Eintönigkeit der Zwangssituation schon sehr zugesetzt habe. Da erschien es ihm besser, im Krieg zu sein.[240]

Gerade seit dem Herbst 1942 ist zu spüren, wie die Belastung des Krieges Probst auch seelisch mitnahm.[241] Diese Situation verstärkte sich noch bis zum Januar 1943, als er seinen Flugblattentwurf verfasste.

III. SOMMER 1942: WIDERSTAND UND KRIEGSERFAHRUNG

1. Kontakte und Leseabende

Der Kontakt unter den Studenten des Scholl-Schmorell-Kreises bestand unterschiedlich lange und ihre Beziehungen können nur zum Teil als Freundschaften bezeichnet werden. Am längsten und intensivsten war wohl die zwischen Schmorell und Probst. Anders sieht es mit der Beziehung zwischen Scholl und Probst sowie Scholl und Schmorell aus. Diese Kontakte wurden erst später enger: zu Schmorell seit dem Herbst 1940 durch die gemeinsame Vorbereitung auf das Physikum[242] und zu Probst vermutlich erst seit dem Sommersemester 1942. Daher verwundert es auch kaum, dass Probst in einem Brief vom 16. Juli 1942 Scholl noch einen Bekannten nannte.[243] Für die Zeit davor lässt sich Scholls Name in seinen Briefen gar nicht nachweisen, seit dem Sommer 1942 dann jedoch verstärkt. Den Namen Christoph Probst sucht man in den überlieferten Briefen und Aufzeichnungen von Hans Scholl hingegen vergeblich.

Die damaligen Möglichkeiten für die Studenten, in Kontakt zu kommen, werden vor allem im Hörsaal bzw. in der gemeinsamen Vorbereitung auf entsprechende Prüfungen und darüber hinaus bei privaten Anlässen, wie Konzerten, existiert haben. Aber auch in der im April 1941 gegründeten Münchner Studentenkompanie, in die die Medizin- und Pharmaziestudenten eingezogen wurden, konnte man sich kennen lernen. Eigentlich waren die Studenten Soldaten und nur zum Studium freigestellt worden. Daher konnten die Mitglieder der Studentenkompanien ihrer Ausbildung nachgehen und waren im Vergleich zu ihren Altersgenossen eine durchaus privilegierte Gruppe. Dessen ungeachtet mussten auch diese Studenten sich für mehrere Monate an der Front „bewähren“.

Vor allem im Juni 1942 fanden Lese- und Diskussionsabende statt, die häufig im Zusammenhang mit den Widerstandsaktionen genannt werden. Wie verliefen diese Leseabende und hatten sie womöglich eine auslösende Funktion für die Flugblattaktionen, die Ende Juni 1942 begannen?

Eines dieser Treffen fand im Hause des Ehepaars Mertens statt. Dort gab es öfter Kulturabende, aber der hier zu skizzierende war eine Besonderheit. Dies wird schon daran deutlich, dass ein Zeitzeuge davon berichtet, dass zum Entsetzen der Gastgeberin eine politische Diskussion stattfand.[244] Diese Ausnahme ist wohl darauf zurückzuführen, dass die Zusammensetzung der Gesellschaft an diesem Abend anders als gewöhnlich war: Nicht nur Kurt Huber wohnte ihr „zum erstenmal"[245] bei, sondern es wird vermutlich auch Hans Scholls Premiere in diesem Zirkel gewesen sein. Erst gegen Ende wurden politische Themen aufgegriffen, und es erscheint als durchaus wahrscheinlich, dass an diesem Abend Kritik an der nationalsozialistischen Führung formuliert wurde. Dass allerdings zu dieser Zeit über die Möglichkeit des Widerstandes gesprochen wurde, ist eher unwahrscheinlich.[246]

Zum Zeitpunkt der späteren Zusammentreffen war der Entschluss, Flugblätter zu verbreiten, bereits gefasst. Der Widerstand wurde durch diese Diskussionen, wie die im Hause Mertens, nicht ausgelöst. Hans Scholls und auch Alexander Schmorells antinationalsozialistische Orientierung war bereits zu klar ausgebildet, als dass sie von einer derartigen Unterhaltung noch maßgeblich hätte beeinflusst werden können.

Langfristig gesehen hatte der Abend bei Mertens jedoch eine bedeutende Funktion: Professor Kurt Huber hatte offensichtlich das Interesse von Hans Scholl geweckt. In der folgenden Zeit – also der Mitte des Semesters – kamen der Medizinstudent und seine Schwester Sophie in Hubers Vorlesung, und Hans Scholl hat den Professor gebeten, „gelegentlich" dort hören zu dürfen.[247] Ob Scholl dann tatsächlich regelmäßig die Vorlesung Hubers im Sommersemester besuchte, muss hingegen offen bleiben.

2. Mentoren

Von zentraler Bedeutung für die Widerstandsaktionen waren im Gegensatz zu den Leseabenden die Kontakte zu einigen älteren Intellektuellen. Wer zählte zu diesen Mentoren? In der Literatur wurde immer wieder auf den Einfluss von Professor Kurt Huber hingewiesen. Es sprechen mehrere Gründe gegen diese Ansicht: Erstens stand beim ersten Treffen zwischen Hans Scholl und Kurt Huber im Hause Mertens der Entschluss zum Widerstand bereits fest. Zweitens blieb der Kontakt auch damals „eingeschränkt und punktuell".[248] Alexander Schmorell traf Huber vermutlich nicht öfter als ein halbes Dutzend Mal.[249]

Bedeutend war hingegen der Einfluss des Herausgebers der katholischen Zeitschrift „Hochland", Carl Muth, und des Schriftstellers Theodor Haecker, des entlassenen Justizbeamten Josef Furtmeier sowie des Soziologieprofessors Alfred von Martin. Auch hierauf wurde in der Literatur oft hingewiesen. Allerdings wurde nicht der gesamte Widerstandskreis beeinflusst, sondern in erster Linie Hans Scholl und möglicherweise auch Sophie Scholl. Für Schmorell, Graf und Probst waren diese älteren Intellektuellen kaum von Bedeutung, auch hier blieb der Kontakt begrenzt.[250] Graf beispielsweise wusste nicht einmal, wie man den oft gedruckten Namen des bekannten Publizisten Theodor Haecker richtig schrieb.[251] Die Mentoren-Frage ist folglich eine Scholl-Frage.

Wer zählte zu dem Kreis der Menschen, die Hans Scholl beeinflussten? Hier steht der Historiker vor dem Problem, ob von den betreffenden Personen tatsächlich nachhaltige Prägungen hinsichtlich der Widerstandstätigkeit ausgingen, ob Scholl lediglich ein Interesse am geistigen Austausch mit ihnen hatte oder in den betreffenden älteren Menschen einige seiner zuvor entwickelten Ideen lediglich wieder erkannte. Mit letzter Sicherheit sind diese Fragen nicht zu klären.

Um den Personenkreis der in Frage kommenden Mentoren abzustecken, ist Scholls Russlandtagebuch hilfreich. In dieser Zeit war Scholl über weite Strecken auf sich allein gestellt. Gespräche, die er für intellektuell anregend hielt, waren vermutlich nicht sehr häufig. Im August 1942 liest man in seinen Aufzeichnungen, dass er und einige Freunde von einem Vorgesetzten außerdienstlich eingeladen wurden,

> „etwa so wie man von einem Pfarrer eingeladen wird, einmal über andere Dinge sich zu unterhalten, und das hätte ich hier in diesem radikalen Lande gut verstanden, denn es zieht mich manchmal schmerzlich hin zu einem Priester, aber ich bin misstrauisch gegen die meisten Theologen, sie könnten mich enttäuschen, weil ich jedes Wort, das aus ihrem Munde kommt, schon vorher gewußt hatte, ja, wenn Pfarrer Schwarz hier wäre, oder Muth, oder Haecker, oder am liebsten mein alter Furtmayer, noch lieber würde ich mit einem klugen 15 ½ jährigen Mädchen mich unterhalten."[252]

Diese vier von Scholl genannten Personen und zusätzlich noch Alfred von Martin können als Mentoren bezeichnet werden.

Wer waren diese fünf älteren Intellektuellen? Wenn man sie genauer betrachtet, gibt es ebenso Parallelen wie Unterschiede. Besonders prägnant ist dies hinsichtlich ihres Glaubens. Alle waren katholisch und befassten sich intensiv mit dem christlichen Glauben und doch bedeutete er ihnen nicht das Gleiche. Streng katholisch orientiert war neben Pfarrer Max Schwarz und Carl Muth sicher auch Theodor Haecker. Er unterteilte die Menschen primär in zwei Kategorien: Christ und Antichrist. Das bedeutete, dass derjenige, der nach seinem Verständnis nicht christlich war, zumindest nicht weit davon entfernt war, Antichrist zu sein. Solche Positionen vertraten Josef Furtmeier und Alfred von Martin sicher nicht oder zumindest nicht in dieser Radikalität. Sie dachten liberaler, weltoffener, weniger eng-christlich.

Alle Mentoren einte jedoch die strikte Ablehnung des Nationalsozialismus. Die „Tag- und Nachtbücher" von Theodor Haecker dokumentieren dies ebenso wie die entdeckten Predigten von Max Schwarz sowie die Briefe von Josef Furtmeier. Gerade die kürzlich veröffentlichten Furtmeier-Briefe geben einen Einblick in sein regimekritische Denken, mit dem er Hans Scholl seit 1941 konfrontierte.[253]

Scholl ordnete die Bibliothek von Carl Muth und befand sich fast täglich in seinem Haus. Schaut man sich den Nachlass von Muth an, wird deutlich, über welche Vielzahl von Kontakten er verfügte. Seine Korrespondenzpartner reichen von Karl May bis zum Papst. Durch Muth öffneten sich für Hans Scholl gleichsam viele Türen, einerseits durch eine Erweiterung seiner Gedankenwelt, andererseits durch den Kontakt zu anderen Intellektuellen. So lernte Scholl immer mehr geistige Autoritäten kennen. Die Kraft ihrer Nazigegnerschaft hat ihn zweifellos mitgerissen.

3. Die „Flugblätter der Weissen Rose": Christlicher Widerstand und Elitekonzeption

Zum Ursprung der Flugblattidee

Hans Scholl übernahm die antinationalsozialistische und christliche Orientierung seiner Mentoren. Der Entschluss, Widerstand zu leisten, erfolgte jedoch nicht zwangsläufig. Denn laut damals herrschender christlicher Theologie war die weltliche Herrschaft – und somit also auch der Nationalsozialismus – als von Gott verordnete Obrigkeit anzuerkennen. So verwundert es nicht, dass die Zweifel im Winter

1941/42, aktiv gegen die nationalsozialistische Herrschaft vorzugehen, bei Hans Scholl noch groß waren. In einem Gespräch mit dem Ulmer Schüler Hans Hirzel Ende 1941 äußerte er Bedenken, ob es überhaupt erlaubt sei, gegen die Regierung vorzugehen, ob man das Recht hätte, „einzugreifen in das Rad der Geschichte".[254]

Warum gab er diese Zweifel schon wenige Monate später auf? Und auf wen geht die Idee zurück, mit Flugblättern Widerstand zu leisten? Hier war meines Erachtens der Einfluss von Sophie Scholl bedeutend. Gegenüber der Gestapo sagte sie aus, dass sie im Sommer 1942 mit ihrem Bruder besprochen habe, etwas gegen das „sinnlose Blutvergiessen zu unternehmen".[255]

Dass die ersten Gespräche zwischen Hans und Sophie Scholl darüber bereits im Juni 1942 – also vor den ersten Flugblattaktionen – stattfanden, legt ein anderer Sachverhalt nahe. Fritz Hartnagel erinnerte sich an einige Unterhaltungen mit seiner Freundin Sophie Scholl. In einem der letzten Gespräche vor dem Beginn ihres Studiums in München, also Anfang Mai 1942, habe sie Hartnagel um einen Blanko-Bezugsschein gebeten.[256] Damit wollte sie sich ganz offensichtlich einen Vervielfältigungsapparat beschaffen. Dass Hartnagels Angaben richtig sind, belegt ein Brief von ihm an Sophie Scholl, der auf Ende August 1942 datiert ist: „Den gewünschten Bezugsschein kann ich nur unter Schwierigkeiten erhalten, ich habe immer noch Bedenken und weiß nicht, ob der Zweck eventuelle Unannehmlichkeiten rechtfertigen würde."[257]

Hartnagel gab zudem in einem Gespräch im Jahre 1996 an, dass Sophie Scholl ihm Anfang Mai 1942 von ihrer Absicht berichtet habe, Flugblätter zu verbreiten. Hartnagel nahm dies nicht wirklich ernst, fragte sie jedoch, ob sie wisse, dass sie das den Kopf kosten könne. „Darüber bin ich mir im klaren", habe Sophie Scholl geantwortet.[258] Diese Gespräche fanden knapp zwei Monate vor der Verbreitung des ersten Flugblatts und vor Sophie Scholls Studienbeginn in München statt. Die Indizien sprechen folglich dafür, dass die Idee von ihr stammte. Sie stand dem Regime schon deutlich länger kritisch gegenüber als ihr Bruder und war nicht durch christlich-theologische Gedanken, wie die Anerkennung der weltlichen Obrigkeit, geprägt, dass dies ein Hemmnis für mögliche Widerstandaktionen hätte bedeuten können.

Die Tatsache, dass Sophie Scholl später in die ersten Aktionen nicht eingeweiht wurde, spricht nicht gegen diese These. Sie wurde wohl vielmehr deswegen nicht einbezogen, da sie eine Frau war. Hier deutet sich an, wie sehr die Studenten in geschlechtsspezifisch-zeitgenössischen Denkmustern verhaftet waren.

Flugblätter als „passiver Widerstand"

Im Juni 1942 beschlossen Hans Scholl und Alexander Schmorell, Flugblätter zu verbreiten. Warum sie gerade mit Flugblättern Widerstand leisten wollten, liegt aus zwei Gründen nahe: Erstens waren die Möglichkeiten, politisch aktiv zu werden, in der damaligen Zeit begrenzt. Das Flugblatt war dabei ein durchaus probates Mittel, die eigene politische Meinung anonym kundzutun. Zweitens hatte Scholl auf Grund der genannten theologischen Gedanken lange Zeit Bedenken, ob es überhaupt erlaubt sei, Widerstand zu leisten. „Aktiver Widerstand", also sich nicht nur zu verweigern, sondern die bestehende Ordnung *gewaltsam* zu bekämpfen, war für ihn nicht legitim. Eine einzige Ausnahme mag ein möglicher Tyrannenmord dargestellt haben.[259] Vom heutigen Standpunkt aus mag das Verbreiten von Flugblättern als aktiver Widerstand betrachtet werden, für Scholl war es das nicht. So verwundert es auch nicht, dass Schmorell und er zum „passiven Widerstand" aufriefen.

Produktion und Verbreitung

Die ersten Flugblätter wurden innerhalb kürzester Zeit produziert und verbreitet. Nur rund zwei Wochen nahmen sich Hans Scholl und Alexander Schmorell Zeit für die Herstellung und Verbreitung der ersten vier Flugblätter.[260] Die Auflage war nicht sehr hoch, nur rund 100 Stück werden die beiden Studenten von jedem Flugblatt produziert haben. Die logistischen Aufgaben teilten sich Scholl und Schmorell in diesem Zwei-Mann-Unternehmen, dieser besorgte die Schreibmaschine, Papier sowie Briefmarken und Umschläge, jener den Vervielfältigungsapparat.

Bei der Erstellung des Textes war Hans Scholl federführend. So lässt sich anhand verschiedener Quellen nunmehr feststellen, dass rund 75 Prozent des selbst verfassten Textes von ihm stammten. Das erste und das vierte Flugblatt hat er allein verfasst, vom dritten den überwiegenden Teil und das zweite zur Hälfte. Diese Aufteilung der Autorenschaft gab Scholl in seiner Aussage vor der Gestapo an.[261]

Bestätigt wird dies durch eine genauere Analyse der Flugblätter, als sie bislang geleistet wurde. Hierbei ist davon auszugehen, dass die Flugblattpassagen absatzweise verfasst und dann in der Endredaktion zusammengeführt wurden. Dies ergibt sich nicht nur aus den Aussagen Scholls, sondern auch praktische Gründe sprechen für diese Vorgehensweise. Bei einer gemeinsamen Autorschaft wird in der Regel nicht der ganze Text gemeinsam entworfen, sondern das zu bearbeitende Thema wird aufgeteilt bzw. es werden jeweils eigenständige Entwürfe verfasst und später dann die jeweiligen Blöcke zusammenführt. So war es auch in diesem Fall. Erkennbar ist dies daran, dass die Anrede in den Schriften wechselt. Von Scholl werden die Adressaten geduzt, Schmorell siezte sie – dieser Wechsel der Anrede ist bemerkenswerterweise bis heute nicht aufgefallen. Dabei kann ausgeschlossen werden, dass ein Verfasser in einem Text die Anrede verändert. Somit kann die von Scholl selbst vorgenommene Autorenzuordnung als weitgehend richtig gelten. Die konkreten Handlungsaufforderungen des Scholl-Schmorell-Kreises – abgesehen von der Verbreitung der Flugblätter selbst – stammen nicht wie bisher angenommen von Schmorell, sondern von Scholl: „Sabotage auf allen wissenschaftlichen und geistigen Gebieten, […] sei es in Universitäten, Hochschulen, Laboratorien, Forschungsanstalten aller Art" sowie „in allem Schrifttum, allen Zeitungen, die im Solde der ‚Regierung' stehen".[262] Schmorell verfasste wiederum die Anklage, dass 300 000 Juden in Polen umgebracht worden seien.[263] Dies blieb die einzige konkrete Kritik am nationalsozialistischen Judenmord. Dass das Verhältnis des Scholl-Schmorell-Kreises zu den Juden kompliziert und nicht frei von Widersprüchen war, wird in dem Kapitel „Der Scholl-Schmorell-Kreis und die ‚Judenfrage'" dargelegt.

Sicher gab es eine gemeinsame Endredaktion der Flugblätter, so dass ein Konsens über den Text geherrscht haben wird. Die gemeinsame Produktion wird auch daran deutlich, dass in jeweils einem Abschlusspassus des ersten und vierten Flugblattes, die aus der Feder Scholls stammten, die Leser gesiezt wurden. Demnach muss Schmorell diese Passagen eingefügt haben.

Manche Flugblattteile entsprechen vor allem dem Denken Hans Scholls. So stammte das Argumentationsmuster, in Hitler den Boten des Antichristen zu sehen, nicht von Schmorell, hierfür fehlen jegliche Hinweise. Auch der Gedanke der christlich konnotierten Katharsisvorstellung ist ein Spezifikum des Schollschen Denkens, das im zweiten Flugblatt zum Ausdruck kommt: „Aber wenn diese Katastrophe uns zum Heile dienen soll, so doch nur dadurch: Durch das Leid gereinigt zu werden, aus der tiefsten Nacht heraus das Licht zu ersehnen, sich aufzuraffen und endlich mitzuhelfen, das Joch abzuschütteln, das die Welt bedrückt."[264]

Was formulierten Scholl und Schmorell darüber hinaus in diesen Flugblättern, was klagten sie an, was forderten sie?

Gegen die Allmacht des Staates

Betrachtet man die vier Flugblätter unabhängig von der Forderung nach passivem Widerstand, so fallen in erster Linie die Darlegung des staatsphilosophischen Verständnisses und die Deutung der NS-Herrschaft auf. Die entsprechenden Passagen gehen fast gänzlich auf Hans Scholl zurück. Abermals zeigt sich, dass Schmorell nicht der philosophische, staatsphilosophische oder gar politische Denker war. Dies war das Terrain von Hans Scholl, und daran wird deutlich, wer der geistige und politische Kopf des Scholl-Schmorell-Kreises war.

Im Kern finden sich in den Flugblättern und somit im Denken Hans Scholls zwei staatsphilosophische Argumentationslinien: einerseits eine theologische bzw. religiöse und andererseits eine weltliche. Die rein weltlichen Betrachtungen zum Staat im Allgemeinen und zum NS-Staat im Besonderen bezogen sich vor allem auf die Funktion des Staates. Scholl wandte sich gegen seine Überhöhung. So verdeutlicht vor allem das Zitat aus Friedrich Schillers „Die Gesetzgebung des Lykurgus und Solon" im ersten Flugblatt sein Denken.[265] Scholl lehnte sich gegen das in der Gesetzgebung des Lykurgus, dem Gesetzgeber des antiken Sparta, niedergeschriebene Ziel eines „mächtigen, in sich selbst gegründeten, unzerstörbaren Staat[es]", dem alles zu unterstehen habe, auf. Die Vorstellung vom Staat als Zweck, als Selbstzweck und nicht als Mittel widerstrebte Scholl zutiefst.

Nun gelten die zitierten Autoren Schiller, Lao-tse oder Cicero nicht als Exponenten der christlichen Staatsphilosophie, und dies zeigt, dass weder Scholl und noch weniger Schmorell auf einer rein christlichen Grundlage argumentierten. Betrachtet man die Faktoren, die auf Scholl gewirkt haben, dann fällt auf, dass bei fast allen Mentoren Kritik an Modellen der Überhöhung des Staates zu finden ist, zum einen aus einer christlichen Perspektive, zum anderen aber auch deutlich aus einer rein staatsphilosophischen. So kritisierte Josef Furtmeier den Staat, der den Menschen in seiner Gesamtheit zu erfassen versuchte. 1938 schrieb er: „Ob der Mensch überhaupt das Recht zu einem Privatleben hat, ist Gegenstand immer neu auftauchender Erwägungen in den nat. soz. Barbarenblättern."[266] Eine besondere Bedeutung wird auch Gerhard Ritters Buch „Machtstaat und Utopie" gespielt haben, das 1941 erschienen war und das Hans Scholl intensiv studiert hatte.[267]

Scholls Kritik an der Omnipotenz des Staates hatte nicht nur eine staatsphilosophische Dimension, wie bei Furtmeier oder Ritter, sondern auch eine christliche. So wehrte sich Theodor Haecker gegen den zum Götzen erhobenen Staat.[268] Auch Carl Muth vertrat die Idee „der grundsätzlichen Gegnerschaft gegen alle Staatsomnipotenz und ihre heidnische Gefolgschaft".[269] Max Schwarz kritisierte den nationalsozialistischen Staat dort, wo er gegen das Christentum vorging bzw. es zurückzudrängen versuchte. Bemerkenswert ist dabei, wie deutlich Schwarz in seinen öffentlichen Predigten mitten im nationalsozialistischen Staat seine Kritik aussprach.[270]

Individuum, Freiheit und christliche Theologie

Eng mit dem Protest gegen die Staatsomnipotenz, gegen die Verkehrung von Mittel und Zweck des Politischen und gegen die Überheblichkeit des Herrschers ist die Forderung nach den Freiheitsrechten des Individuums verbunden. So war einer der entscheidenden Begriffe des Widerstandes sowohl in dieser Phase als auch in der gesamten Zeit des Scholl-Schmorell-Kreises der der Freiheit.

Gleich zu Beginn des ersten Flugblattes führte Scholl aus: Wenn das deutsche Volk „in seinem tiefsten Wesen korrumpiert und zerfallen" sei und „das Höchste, das ein Mensch besitzt, und das ihn über jede andere Kreatur erhöht, nämlich den freien Willen" und die „Freiheit des Menschen" preisgebe, „selbst mit einzugreifen in das Rad der Geschichte" und „wenn die Deutschen so jeder Individualität bar, schon so sehr zur geistlosen und feigen Masse geworden sind, dann, ja dann verdienen sie den Untergang."[271] Die Abneigung gegen die „Masse" ist hier ebenfalls unverkennbar.

Dass Scholls Freiheitsbegriff auch auf eine weltliche Freiheitsvorstellung zurückging, zeigt ebenso das Zitat Goethes, das sicher nicht als Beleg einer christlichen Dogmatik gelten kann. Aus „Des Epimenides Erwachen" zitierte Scholl:

„Hoffnung
Nun begegn' ich meinen Braven,
Die sich in der Nacht versammelt
Um zu schweigen, nicht zu schlafen,
Und das schöne Wort der Freiheit
Wird gelispelt und gestammelt,
Bis in ungewohnter Neuheit
Wir an unsrer Tempel Stufen
Wieder neu entzückt es rufen:
(Mit Ueberzeugung laut:)
Freiheit!
(gemässigter:)
Freiheit!
(von allen Seiten und Ende Echo:)
Freiheit!"[272]

Die dezidiert christlichen Momente in den Flugblättern manifestieren sich hingegen in der staatspolitischen Forderung, der Staat solle „eine Analogie der göttlichen Darstellung darstellen", sich der „civitas Dei" annähern. Auch in Bezug auf den Freiheitsbegriff hat dort die christliche Theologie ihre Bedeutung, wenn es heißt:

> „Ueberall und zu allen Zeiten haben die Dämonen im Dunkeln gelauert auf die Stunde, da der Mensch schwach wird, da er seine ihm von Gott auf Freiheit gegründete Stellung im ordo eigenmächtig verlässt, da er dem Druck des Bösen nachgibt [...] – überall und zu allen Zeiten der höchsten Not sind Menschen aufgestanden, Propheten, Heilige, die ihre Freiheit gewahrt hatten, die auf den Einzigen Gott hinwiesen und mit seiner Hilfe das Volk zur Umkehr mahnten. Wohl ist der Mensch frei, aber er ist wehrlos wider das Böse ohne den wahren Gott, er ist wie ein Schiff ohne Ruder, dem Sturm preisgegeben, wie ein Säugling ohne Mutter, wie eine Wolke, die sich auflöst."[273]

Diese Flugblattpassagen zeigen, dass die Argumentation Scholls einer Mixtur gleicht: Zum Teil argumentierte er rein weltlich, an anderen Stellen hob er die christliche Theologie in das Zentrum seiner Argumentation, im vierten Flugblatt wurde sie sogar zum Fundament seiner Begründung des Widerstandes.

Das Prinzip der Freiheit des Individuums findet sich auch im Gedankengut der älteren Intellektuellen aus dem Umkreis Hans Scholls.

Furtmeier war wohl der Liberalste, ja der ‚Freigeistigste' unter den Mentoren, da er neben Alfred von Martin am wenigsten einem christlichen Dogmatismus unterlag, wie er sich z.B. bei Theodor Haecker offenbarte.

Nationale Perspektiven

Für Scholl waren die Anmaßung Hitlers und die Folgen seiner Außenpolitik von zentraler Bedeutung. Der „scheinbare Erfolg" im Osten sei „unter den grauenhaftesten Opfern erkauft worden, sodass er schon nicht mehr als vorteilhaft bezeichnet werden kann."[274] Im Anschluss appellierte Scholl an die Gefühle der Mütter gefallener Soldaten:

> „Wer hat die Toten gezählt, Hitler oder Göbbels [sic!] – wohl keiner von beiden. Täglich fallen in Russland Tausende. […] Die Trauer kehrt ein in die Hütten der Heimat, und niemand ist da, der die Tränen der Mütter trocknet. Hitler aber belügt sie, deren teuerstes Gut er geraubt und in den sinnlosen Tod getrieben hat."[275]

Erwähnenswert ist, dass Scholl anscheinend nicht wusste, wie man den Namen Goebbels schrieb, bedeutender ist jedoch die Aussage, dass Scholl Hitler als Lügner darstellt und den sinnlosen Tod zahlreicher deutscher Soldaten anklagt.

Dennoch muss hier die Frage nach dem Umkehrschluss dieser Ausführungen erlaubt sein: Wären die Opfer nicht so hoch gewesen, hätte Scholl die deutschen Siege dann als „vorteilhaft" bezeichnet? War Scholl lediglich die Zahl der Opfer für die deutschen Siege zu hoch? Die Opfer der anderen Nationen werden hier jedenfalls nicht explizit genannt. Mit den Müttern, die trauern und von Hitler belogen würden, spielte Scholl lediglich auf die deutschen Mütter an. Er eröffnete also keine multinationale Perspektive, sondern beschränkte sich allein auf die *deutschen* Opfer. Dies ist an sich auch nicht verwunderlich, denn es zeigt nur, wie sehr auch Scholl dem zeitgenössischen Denken mit seiner Fixierung auf das Nationale verhaftet war.

Zudem besteht noch eine weitere mögliche Lesart dieser Flugblattpassage: Sie entspringt lediglich der Rhetorik des Flugblattverfassers, der sich an die deutschen und national gesinnten Adressaten richtete und das Geschriebene nicht so gemeint, wie er es formuliert hat. Denkbar ist auch dies.

Propheten, Heilige und die weltlich-intellektuelle ‚Elite' als Gegenpol zum Antichristen

Hans Scholl sah seinen Kampf, dies äußerte er im vierten Flugblatt unmissverständlich, als „Kampf wider den Dämon, wider den Boten des Antichrists."[276] Gerade diese Gedanken finden wir auch bei den Mentoren. Für Muth war der Nationalsozialismus – ebenso wie der Kommunismus – ein ‚Konkurrenzunternehmen' zum Christentum und zu den christlichen Werten. Beide vergötterten weltliche Werte, womit der antichristliche Charakter dieser Bewegungen für ihn offenbar wurde. So meinte Muth noch vor der Machtübernahme der Nationalsozialisten, dass die Gefahr von Kommunismus und Faschismus in der „antichristlichen, pseudoreligiösen Vergottung irdischer Lebensmächte, hier der Nation, dort des Proletariats" liege.[277] Nach Muth werde der „Anbruch einer neuen und reineren Zeit [...] letzten Endes nicht zwischen der Demokratie und diesen antidemokratischen Mächten entschieden". Die endgültige Auseinandersetzung werde ein Ringen sein, so Muth Ende der 1920er Jahre, bei dem nicht wirtschaftliche, nationale und gesellschaftliche Ideen bestimmend sein würden, sondern religiöse. Es werde sich dabei um die Alternative handeln: Hier das milde Friedensreich Christi, dort die Zwangsherrschaft des Antichristen. Christ und Antichrist, die Welt stand für den tief katholischen Muth zwischen diesen beiden Antipoden.

Dieser Gedanke findet sich nicht nur bei Muth, sondern auch bei Theodor Haecker. So schrieb er beispielsweise im Mai 1940: „Die Führung Deutschlands ist heute, darüber ist nicht der geringste Zweifel [...] dezidiert antichristlich – sie haßt Christus, den sie gar nicht mehr nennt."[278] Bedeutend war für Scholl auch die Lektüre des russischen Philosophen Nikolai Berdiajew, der die Welt – vergleichbar mit Haecker – in Christ und Antichrist polarisierte und den Kampf zwischen diesen beiden Polen kommen sah.[279] Genau diese Polarisierung findet sich auch im vierten Flugblatt.

Den Gegenpol zum Antichristen benannte Scholl in der bereits zitierten Passage: Zu allen Zeiten der höchsten Not seien „Menschen aufgestanden, Propheten, Heilige, die ihre Freiheit gewahrt hatten, die auf den Einzigen Gott hinwiesen und mit seiner Hilfe das Volk zur Umkehr mahnten."[280] Propheten und Heilige als Gegenspieler des Boten des Antichristen – das war Scholls Perspektive. Seine Bibliothek zeigt, dass er sich für „Heilige" interessierte. Hier finden sich u.a.

Bücher wie Ernest Hellos „Heiligengestalten“ oder Wilhelm Schamonis „Das wahre Gesicht der Heiligen“.[281] Die Bedeutung der Heiligen betonten auch seine Mentoren. Dies findet sich bei Furtmeier[282] ebenso wie bei Haecker, der meinte, an den Heiligen hänge „der Bestand der Welt“.[283] Auch Berdiajew glaubte, dass Heilige und Propheten für den Anbruch des Reiches Gottes notwendig seien.[284]

Somit offenbart sich Hans Scholls Sichtweise auf sich selbst. Er zählte sich ganz offensichtlich selbst zu dem Kreis, der sich gegen den Boten des Antichristen wehrte. Etwas abgeschwächt ist dieser Gedanke auch in einem Brief vom September 1942, also nach der Verbreitung der ersten vier Flugblätter, nachweisbar, in dem er aus Russland schrieb: „Aber in Wahrheit bin ich ja ganzer Europäer, Epigone, Hüter des heiligen Erbes. Und ich muß ja deshalb wieder zurückkehren.“[285] Dies passt auch zu Scholls Persönlichkeit, dem Eitelkeit und Dünkel sicher nicht fern lagen.[286] Insofern zeigt sich in dem Begriff der Heiligen das metaphysisch überhöhte elitäre Selbstverständnis Hans Scholls.

Elite contra „Masse“ – Geist versus Ungeist

Die Vorstellung, selbst „Prophet“ oder „Heiliger“ bzw. Teil einer Elite zu sein, hatte nicht nur eine metaphysische Dimension. Scholl argumentierte auch sehr weltlich, so z.B., wenn er sich und Schmorell der „willenlose[n] Herde von Mitläufern“[287] oder der „geistlose[n] und feige[n] Masse“[288] gegenüberstellte.

Über diese Problematik von Elite und Masse informiert ein Tagebuchfragment, in dem Scholl wohl in Anlehnung an Gerhard Ritter festhielt:

> „Machiavelli ist der Ansicht, die Zustimmung des Pöbels sei zu erwerben, zu erzwingen und mit allen Mitteln zu erhalten. Unsere Zeit lehrt, daß die Masse willenlos ist und sich von geschickten Einflüssen Intellektueller führen läßt. Die Stimme dieser ‚Wenigen‘ Intellektuellen, die an keinen Stand gebunden sind und die im Gegensatz zu der bürgerlichen Durchschnittswelt stehen, verursachen die Strömungen der Zeit. Gegen ihren Widerstand kann sich kein Regent auf die Dauer behaupten. Diese kleine Zahl der unsichtbaren Hellköpfe zu gewinnen ist um vieles wertvoller als die Massen des Volkes stets an die Kandare zu führen oder nach deren Wünschen und Hoffnungen die Politik in Details aufzulösen. Denn hat man erst

diese Wenigen gewonnen, so hat man die Masse ohnehin.

Wie aber ist ein harmonisches Zusammenleben zwischen Regierung einerseits und der unbekannten, allzeit kritischen, ehrlichen und doch einflussreichen Schicht intellektuell Hochstehender zu erreichen. Mit machiavellistischen Regierungsmethoden keinesfalls."[289]

Die „Masse" der Menschen wird hier als formbar dargestellt. Der emanzipierte, politisch mündige Bürger befand sich für Scholl wie auch für Schmorell jenseits ihrer Vorstellungen von einem Gemeinwesen. Vielmehr waren die „Intellektuellen" diejenigen, die die politische Richtung vorgaben, gegen sie könne „sich kein Regent auf die Dauer behaupten."

Diese Vorstellungen vom Gemeinwesen waren wenig reflektiert, denn die Frage bleibt offen, warum sich kein Regent gegen die „Intellektuellen" – wer dies auch immer sein mochte – durchsetzen könne. Haben die Intellektuellen die Argumente, die die „Masse" überzeugen? Würde dies der „Masse" nicht eine gewisse politische Mündigkeit unterstellen, die zu unterscheiden weiß zwischen dem „guten" und dem „schlechten" Argument? Vieles bleibt unklar.

Gegenüber der Gestapo machte Scholl ebenfalls Angaben zum Verhältnis von „Masse" und „Intelligenz" und über die Ursachen des Nationalsozialismus, die als Ergänzung seiner Gedanken zu Machiavelli zu sehen sind:

„Ich bin der Ansicht, dass in Deutschland in der Zeit von 1918–1933 und vor allem 1933 nicht zu sehr die Masse des Deutschen Volkes politisch versagt, sondern gerade diejenige Schicht eines Staates, [die] ein Volk politisch führen sollte, die Intelligenz. Obgleich sich in Deutschland ein Gelehrten- und Spezialistentum auf allen Gebieten des Lebens zu voller Blüte entwickelte, waren gerade diese Menschen nicht in der Lage, die einfachsten politischen Fragen richtig zu beantworten. Nur aus diesem Grund ist es erklärlich, dass Massenbewegungen mit ihren einfachen Parolen jede tiefere Gedankenarbeit übertönen konnten. Ich empfand, dass es höchste Zeit war, diesen Teil des Bürgertums auf seine staatspolitischen Pflichten aufs Ernsteste hinzuweisen."[290]

Es ging Scholl ganz offenbar um das „geistige Niveau" des Staates. So sprach er eben nicht nur davon, dass jeder einzelne „in ein geistiges Gefängnis gesteckt"[291] worden sei, sondern der Nationalsozialismus war für ihn das Ebenbild des Ungeistigen. Der NS-Staat werde „kommandiert von Verbrechern und Säufern",[292] an deren Spitze Adolf Hitler stehe, dessen Buch „in dem übelsten Deutsch geschrieben worden ist, das ich je gelesen habe; dennoch ist es von dem Volk der Dichter und Denker zur Bibel erhoben worden".[293]

Was waren die Ursachen dieses elitären Selbstverständnisses? Zum einen fällt auf, dass sich Scholl schon in der Hitlerjugend bzw. in der Bündischen Jugend als Teil einer Elite empfunden hatte. Zum anderen war auch das Münchner Umfeld der älteren Intellektuellen durchweg von einem elitären Selbstverständnis gekennzeichnet. Für Furtmeier waren die Massen „vollkommen stumpfsinnig,"[294] Haecker meinte, „alle Masse" sei „unappetitlich"[295] und für Carl Muth konnte die „Masse" „nie schöpferisch" sein.[296]

Die Adressaten

Der Ansatz, in der ‚intellektuellen Elite' die entscheidende politische Kraft zu sehen, spiegelt sich weitgehend auch im Adressatenspektrum der Flugblätter wieder. In einem Gestapo-Verhörprotokoll von Hans Scholl ist zu lesen: Er habe die jeweils rund 100 Flugblätter

> „an ganz bestimmte – aus dem Telefonbuch Münchens – ausgewählte Adressen versandt. [...] Der Gesichtspunkt nach welchem ich die Adressen auswählte, erklärt sich aus dem Motiv der Handlung. Ich wollte die intelligentere Schicht aufrufen und wandte mich daher hauptsächlich an Akademiker usw. [...] Die Leute, die ich angeschrieben habe, sind mir größtenteils unbekannt. Darunter befinden sich jedoch einige wenige Professoren, die ich von den Vorlesungen her kenne und zwei oder drei persönliche Bekannte."[297]

Warum die ‚Elite' politisch handlungsbereiter sei als die „Masse", konnte Scholl an keiner Stelle erklären, sondern nur vermuten. So war er ein Gefangener seines eigenen elitären Selbstverständnisses und in diesen Wochen des Sommers 1942 auch unfähig, die politischen Realitäten und Machtverhältnisse zu analysieren.

Es gab aber noch einen zweiten Kreis von Personen, an den sich Scholl wandte. Er sagte gegenüber der Gestapo: „Auch an einige Münchener Wirte habe ich diese Blätter adressiert. Ich wollte dadurch erreichen, dass sie populär werden, denn ich hoffte, dass die Wirte es an ihre Gäste weitererzählen würden."[298] Damit wird eine partielle Doppelstrategie deutlich: zum einen und in der Hauptsache ging es ihm darum, die ‚Intellektuellen' von seinen Zielen zu überzeugen, zum anderen als ‚Intellektueller' auf die „Masse" zu wirken. So richtete er an die ‚geistige Elite' auch die Forderung, sich an Bekannte „auch aus den unteren Volksschichten" zu wenden.[299] Gleichwohl war die Zahl der angeschriebenen ‚einfachen Leute' gering. Zu den Personen, die eines oder mehrere der Flugblätter bei der Gestapo ablieferten, zählten zwei Gastwirte und zwei Konditoreibesitzer, dies waren lediglich rund neun Prozent aller Personen, die diese politischen Schriften abgaben.

Zum Namen „Weisse Rose"

Über die Namensgebung der „Flugblätter der Weissen Rose" ist viel spekuliert worden. Die schlüssigste Erklärung zur Bedeutung des Namens bietet eine bisher kaum beachtete Aussage Sophie Scholls gegenüber der Gestapo. Als sie ihren Bruder im Sommer 1942, also bevor sie in die widerständigen Aktivitäten eingeweiht wurde, nach der Bedeutung des Namens fragte, habe dieser geantwortet, „dass seiner Erinnerung nach während der franz. Revolution die verbannten Adeligen eine weisse Rose als Symbol auf ihren Fahnen geführt hätten."[300] Die Erklärung ruft auf den ersten Blick Verwunderung hervor: Warum sollten sich die Studenten gerade auf die Adligen berufen, sozusagen auf die antidemokratischen Konterrevolutionäre von 1789?

Dies ist jedoch durchaus kompatibel mit Scholls Politikansatz. Politik war für ihn eine Frage der Führung einer ‚geistigen Elite'. Ihr stand die ihm verhasste „Masse" gegenüber, die, von den Nationalsozialisten verführt, zum Mob wurde. Das ‚Geistlose' regierte, die ‚Intellektuellen' waren hingegen verdrängt worden. Folglich enthielt der Name „Weisse Rose" durchaus einen Sinnzusammenhang in Bezug auf den Inhalt und den Adressatenkreis der Schriften: Ziel war der Kampf der ‚Elite' bzw. der sich in der Verbannung befindlichen Intellektuellen gegen die „Masse".

Möglicherweise stand hinter dem Namen auch sein „guter Klang", aber ganz willkürlich scheint er dennoch nicht gewählt worden zu sein. Die „Weisse Rose" war für Scholl ihrem Ursprung nach ein Symbol der Konterrevolution gegen die demokratischen Ideen von 1789, und dieses Zeichen benutzte er bewusst. Dieses Erklärungsmodell des Namens „Weisse Rose", gekoppelt mit der Funktion des „guten Klangs" bei möglicherweise einem begrenzten Einfluss von Brentanos

„Romanzen vom Rosenkranz", worauf Scholl in seinem Verhör hinwies, ist die schlüssigste Erklärung des Namens.

4. Der Russlandaufenthalt vom Juli bis zum Oktober 1942

Abschiedsabend im Atelier Eickemeyer

Mit dem Sommersemester 1942 endete für Scholl und Schmorell auch die Zeit als Zivilisten. Am 22. Juli 1942 wurden sie zusammen mit Hubert Furtwängler, Willi Graf, Jürgen Wittenstein und anderen nach Russland zur Famulatur abkommandiert. Am Abend zuvor fand noch eine Abschiedsfeier im Atelier Manfred Eickemeyers statt. Eickemeyer, der u.a. in Krakau im Generalgouvernement als Architekt beschäftigt war,[301] hatte Hans Scholl und Alexander Schmorell von den dortigen Verbrechen an Polen und Juden berichtet.[302]

Es kamen ca. zwölf bis fünfzehn Personen zusammen. Neben Eickemeyer und Huber gehörten dazu u.a. die Geschwister Hans und Sophie Scholl, Alexander Schmorell, Willi Graf, Christoph Probst, die ehemalige Scholl-Freundin Traute Lafrenz und eine Doktorandin Hubers, Katharina Schüddekopf. Später kam noch der Ulmer Schüler Hans Hirzel hinzu.[303] Die meisten der Anwesenden waren also jene Personen, die wenige Monate später vor dem Volksgerichtshof angeklagt wurden.

An diesem Abend wurden auch politische Diskussionen geführt. Willi Graf deutete dies in seinem Tagebuch an: „Am Abend im Atelier, was sollen wir tun? Bis in die Nacht hinein. So gehe ich von München weg, wo ich mich einsam fühlte."[304] Der Alkoholkonsum hat wohl dazu beigetragen, die Hemmungen, entsprechende Themen anzusprechen, zu lösen.[305] Es war schließlich wieder, so Traute Lafrenz, „in erster Linie" Hans Scholl, der die Frage des passiven Widerstands aufgriff.[306] In dieselbe Richtung argumentierte auch Alexander Schmorell.[307]

Diskutiert wurde dabei über die Frage, wie sich die Soldaten an der Front verhalten sollten. Nach Hubers Aussage gegenüber der Gestapo meinte Schmorell, dass er sich passiv verhalten wolle, während u.a. Hans Scholl, Huber und die Studentinnen die Meinung vertraten, „dass sie im Kampf ihren Mann stehen müssen".[308] Schmorells Position stieß somit auf geschlossene Ablehnung. Huber selbst wandte dem Sinne nach ein, dass „dies dem reinen Kommunismus zusteuere".[309] Auch Hans Scholl ging dies ganz offensichtlich zu weit.[310] Weiterhin bekundeten Eickemeyer, Hans Scholl und Huber die Ansicht, dass die Aktionen der SS-Verbände – die Erschießungen von Polen und Russen – im Felde das Ansehen der allgemeinen Wehrmacht beeinträchtigten.[311]

Trotzdem darf diese Zusammenkunft nicht als oppositioneller Diskussionszirkel im engeren Sinne verstanden werden. So wusste Katharina Schüddekopf nach diesem Abend genau so wenig über die „Weisse Rose" wie vorher.[312] Alexander Schmorell gab gegenüber der Gestapo an, dass Scholl und er Kurt Huber gegenüber nichts davon gesagt hatten, dass sie die Verfasser der Flugblätter gewesen seien.[313] Es kann davon ausgegangen werden, dass Scholl und Schmorell auch den anderen gegenüber nichts Konkretes über ihre Tätigkeit verrieten.

Christoph Probst wird an diesem Abend keine zentrale Rolle gespielt haben. Wie er sich zu „staatsfeindlichen Aktivitäten" positionierte, hatte sich an einem Leseabend im Hause Schmorell gezeigt. Dort meinte er, der Staat sei dazu da, dem Einzelnen ein bequemes Lebensdasein zu sichern.[314] Probst sah zu dieser Zeit anscheinend keine Notwendigkeit, sich in das politische Geschehen einzuschalten. So wandte er gegen mögliche staatsfeindliche Aktivitäten ein, dass man doch an sein Examen denken müsse. Scholl und Huber haben dem widersprochen und meinten, dass der damalige Staat kein Staat, sondern ein Staat von Verbrechern sei.[315] Nach der Erinnerung einer Anwesenden platzte vor allem Huber der Kragen: „Vergessen Sie ihr Drecksexamen!"[316]

Als sich die Gesellschaft am Abend verabschiedet hatte, ging Hans Hirzel mit den Geschwistern Scholl zu deren Wohnung. Hirzel fragte Hans Scholl, woher das ihm zugesandte Flugblatt der „Weissen Rose" stamme. Scholl drückte sich nicht genau aus, nur dass er wisse, dass Hirzel das Flugblatt habe und andere es in München auch bekommen hätten.[317] Hier wird die typische Strategie Scholls deutlich. Wie auch anderen gegenüber gab er auf Fragen nach dem Urheber keine klare Antwort. Wahrscheinlich diente seine Antwort nicht nur dem Selbstschutz, denn sie passt auch zur Persönlichkeitsstruktur Hans Scholls, der sich ein wenig ‚interessant machen' wollte. Hätte er es wirklich vermeiden wollen, in seinem Bekanntenkreis in den Verdacht zu geraten, der Herausgeber der Flugblätter zu sein, wie es mit Schmorell abgesprochen war,[318] hätte er es gegenüber diesen

Personen einfach abstreiten können. Stattdessen konnte er sich nebulöse Andeutungen nicht verkneifen.

In diesem Zusammenhang ist eine Begebenheit von Bedeutung, über die das Tagebuch von Traute Lafrenz Auskunft gibt. Im Oktober 1942 berichtete sie dem in München lebenden Maler Hermann Tröltsch von den Flugblättern. Dieser empfand die „Weisse Rose"-Schrift als „irrsinnig wagemutig" und versuchte „sich vorzustellen, welche Organisation dahinter stehen kann."[319] Als Lafrenz Hans Scholl davon berichtete, reagierte er „eiskalt" und sagte: „Solche Unterhaltungen sollte man nie erlauben, die gefährden nur, die muss man im Keim ersticken. Thomas More ist unser Beispiel, der hat mit niemandem seine Ansichten besprochen und dadurch niemanden belastet."[320] Bemerkenswert bleibt somit, dass das Konzept des in der illegalen Arbeit unerfahrenen Scholl strategisch recht durchdacht war.

Im November 1942 nahm Traute Lafrenz ein Flugblatt mit nach Hamburg und zeigte es dort einem oppositionellen Hamburger Studentenkreis. Zudem berichtete sie in Wien ihrer Verwandtschaft von den Flugblättern. Einen Auftrag von Hans Scholl hatte Traute Lafrenz für ihre Tätigkeit jedoch nicht erhalten, vielmehr handelte sie auf eigene Faust.[321]

Die Fahrt nach Russland

Bis Ende Oktober 1942 waren die Studenten – abgesehen von Christoph Probst – nach Russland abkommandiert. Die Widerstandstätigkeit kam damit zum Erliegen. Scholl gab dafür gegenüber der Gestapo folgende Begründung:

> „An Soldaten, die sich an der Front befinden, habe ich keine von mir hergestellten Schriften geschickt. Aus grundsätzlichen Erwägungen habe ich davon Abstand genommen, weil ich die psychologische Verfassung eines Frontsoldaten durch eigene Erfahrung kenne und der Überzeugung bin, daß man der Front nicht mit solchen Dingen kommen darf."[322]

Diese Angabe deutet daraufhin, dass Scholl zwischen Nationalsozialisten und Wehrmacht differenzierte, wie es sich schon beim Abschiedsabend gezeigt hatte. Der Schritt, auch an der Front Widerstand zu leisten, war Scholl offenbar zu radikal. Schmorell war hierfür auf Grund seiner Russlandliebe offener.

Am 26. Juli 1942 kamen die Studenten in Warschau an und gingen in die Stadt. „Das Elend sieht uns an. Wir wenden uns ab", so der Tagebucheintrag Willi Grafs. Hans Scholl schrieb am 27. Juli 1942 an seine Eltern: „Warschau würde mich auf Dauer krank machen. [...] Die Ruinen allein würden einen wohl nachdenklich stimmen. [...] Auf der Straße liegen halbverhungerte Kinder und wimmern um Brot und von der anderen Seite hört man aufreizende Jazzmusik".[323] In einem Brief Scholls an Kurt Huber vom 17. August 1942, der auch von Alexander Schmorell, Willi Graf und Hubert Furtwängler unterschrieben wurde, heißt es: „Die Stadt, das Ghetto und alles Drum und Dran hatte auf alle einen sehr entscheidenden Eindruck gemacht."[324]

In diesem Zusammenhang ist auch eine Aussage Hans Scholls bei der Gestapo von Bedeutung. Hiernach war ihm „die Behandlung der von uns besetzten Gebiete und Völker ein Greuel. Ich konnte mir nicht vorstellen, dass nach diesen Methoden der Herrschaft eine friedliche Aufbauarbeit in Europa möglich sein wird."[325] Diese negativen Erfahrungen werden sich auf Warschau und das dortige Ghetto und weniger auf das Kampfgebiet bezogen haben, in dem die Studenten in Russland in den kommenden Wochen eingesetzt waren.

Der Einsatzort der Studenten befand sich in Gshatsk bei Vjas'ma, rund zehn Kilometer von der Front entfernt und unweit der Eisenbahnlinie nach Moskau. Hier waren sie in Sanitätslazaretten eingesetzt. Die Bedeutung dieser Zeit für ihren Widerstand einzuschätzen, ist schwierig. Fest steht, dass die Widerstandsaktionen nach dieser Zeit intensiviert wurden. Das Handlungsarsenal wurde ausgeweitet, die Flugblätter erhielten eine deutlich größere Auflage und der Kreis der Eingeweihten und Beteiligten wuchs.

Das Vorgehen der 252. Infanterie-Division

Die Münchner Studenten befanden sich zu einer Zeit in Russland, in der die Besatzungspolitik ihrer Infanterie-Division als gemäßigt gelten kann. Missachtungen des Kriegsrechts gab es vor allem Ende 1941 und Anfang 1942, als sich die Division zurückziehen und somit dem Gegner Landgewinne einräumen musste. Bei diesem Rückzug wurde kaum Rücksicht auf das Leben der Zivilbevölkerung genommen. Der Divisionsbefehl Nr. 93 vom 29. Dezember 1941 gibt hierüber Auskunft: Das Zerstören von Brunnen und Brücken sowie das Abbrennen von Ortschaften wurde angeordnet.[326] Die Strategie war klar und wurde in einem späteren Divisionsbefehl noch deutlicher: „*Vernichten alles dessen, was dem Feind dienlich sein kann, insbesondere Futter- und Lebensmittel. Planmäßiges Zerstören der Unterkünfte einschließlich Schienen.*“[327] Dies musste die Zivilbevölkerung zwangsläufig schwer treffen, gerade in Anbetracht des harten russischen Winters. In dieser Situation war es vermutlich wenig hilfreich, dass man befahl, „wenige Häuser“ in jedem Ort den Zivilisten zu belassen.[328]

Dies betraf jedoch nur das Gebiet, aus dem sich die Wehrmacht zurückzog. Im Gebiet, das weiter von der 252. Infanterie-Division besetzt war, erfolgte erst Ende Oktober 1942 eine Zäsur. Nach einem Divisionsbefehl war die gesamte arbeitsfähige Bevölkerung bis zum 8. November 1942 systematisch zur Zwangsarbeit heranzuziehen – also nicht nur Personen aus den evakuierten Gebieten. Jetzt wurden die Altersgrenzen im Vergleich zum Befehl vom 9. Januar 1942 ausgeweitet: Männer im Alter zwischen 14 und 65 mussten ebenso wie Frauen im Alter von 14 bis 60 Jahren gemeldet werden. In dem Befehl wurde zugleich betont, dass die russische Bevölkerung „eine weitgehende und rücksichtslose Heranziehung zur Arbeit gewöhnt“ sei. Gleichwohl wurde darauf hingewiesen, dass die zivilen Arbeitskräfte „einwandfrei und korrekt, aber streng zu beaufsichtigen“ seien.[329]

Zwar standen die militärstrategischen Fragen noch immer im Vordergrund, aber fortan wurde die Kriegsführung ideologischer. Die Rücksichtsnahme auf die Bevölkerung nahm ab. Nicht nur die systematische Rekrutierung zeigt dies, sondern auch, dass zumindest die Personen, die nicht in kasernierten Arbeitskolonnen organisiert waren, also weiterhin zivil wohnten, sich selbst zu ernähren hatten.[330] Wie schwierig dies für Personen war, die untertags Zwangsarbeit leisten mussten, liegt nahe.

Das veränderte Vorgehen der Division ist in erster Linie darauf zurückzuführen, dass der deutsche Vormarsch gestoppt wurde. Während man zuvor mehr damit befasst war, das Voranschreiten der eigenen Truppen zu organisieren, musste man sich nun zunehmend mit zivilen Aufgaben beschäftigen, nicht zuletzt auch, weil Schwierigkeiten bei der Versorgung mit Nachschub auftraten.“[331]

Die Haltung der Divisionsführung *während* des Aufenthaltes der Studenten war nicht auf die Vernichtung der Bevölkerung gerichtet. Die Berichte der Feldgendarmerie geben darüber Auskunft. Es sind keine Angaben zu finden, die auf Anzeichen einer bedingungslosen

Gewaltherrschaft schließen lassen. Im Gegenteil: Erschießungen durch die Feldgendarmerie lassen sich nur in Einzelfällen nachweisen, dies zudem in den Monaten *vor* dem Aufenthalt der Studenten und beim Nachweis schwerer ‚Vergehen' wie Partisanentätigkeit.[332] Hinrichtungen von geflohenen Kriegsgefangenen oder Dienstverpflichteten fanden in dieser Zeit zumindest nach den Divisionsakten nicht statt, diese wurden lediglich in das Armee-Gefangenlager zurückgeführt.[333]

Dass die Wehrmacht die Partisanentätigkeit zu unterbinden versuchte, kann nicht verwundern. Die entscheidende Frage ist, wie bei Verdachts- oder tatsächlichen Fällen reagiert wurde. Es existieren hier keine Hinweise, die auf Racheakte der Wehrmacht, wie z.B. die Ermordung von Zivilisten, schließen lassen.

Dieser Befund aus den Divisionsakten deckt sich auch mit der rückblickenden Aussage eines zu dieser Zeit dort stationierten Studenten. Jost Pfeiffer ist am Umgang mit der Zivilbevölkerung nichts aufgefallen, was unkorrekt war. [334] Ähnliches berichtete Hubert Furtwängler in einem Interview rund 25 Jahre nach dem Russlandeinsatz. Aktionen gegen Juden habe er nicht erlebt.[335] Auch in den Russland-Tagebüchern und den Briefen der Studenten aus dieser Zeit – und dies sind die entscheidenden Quellen – sucht man entsprechende Hinweise vergebens.[336]

Ein Brief von Werner Scholl, der sich fast die gesamte Zeit in der Nähe von Hans Scholl und Alexander Schmorell befand, deutet in dieselbe Richtung. Er berichtet davon, dass er, sein Bruder und Schmorell mit einigen Russen im August 1942 feiern wollten. Diese waren gegenüber den deutschen Soldaten nur anfangs skeptisch. Als die Studenten ihnen Schnaps anboten, wurden diese offen. Feiern wollten die Russen am Anfang jedoch nicht, weil an diesem Tag zwei russische Kriegsgefangene durch einen – wohl russischen – Bombenangriff ums Leben gekommen waren, „deswegen trauerten die Russen", schrieb Werner Scholl. Letztlich wurde doch noch gefeiert und die Deutschen für den nächsten Tag eingeladen.[337] Diese Szene beschreibt nicht das Verhalten von Zivilisten gegenüber einer Armee, die sich im Vernichtungskrieg befindet. Selbst der Tod zweier Russen, die nicht im eigentlichen Kampf gestorben waren, schien ein besonderer Vorfall gewesen zu sein.

Es lässt sich also konstatieren, dass in dem Einsatzgebiet der Studenten in Russland und in dem hier relevanten Zeitraum offenbar kein

Vernichtungskrieg stattgefunden hat. Dass dieser dennoch von der Wehrmacht insgesamt geführt wurde, soll damit freilich nicht bestritten werden.

Unterschiedliche Einsatzorte der Studenten

Wesentlich bei der Betrachtung des rund dreimonatigen Russlandaufenthaltes der Studenten Scholl, Schmorell und Graf ist der Umstand, dass sie nicht während der ganzen Zeit zusammen waren. Lediglich den August 1942 verbrachten sie gemeinsam. Insgesamt wurden 29 Sanitätsfeldwebel von der Studentenkompanie München zur 252. Division abkommandiert.[338] Nach einem Monat in unmittelbar räumlicher Nähe trennten sich die Wege der Studenten. Furtwängler und Graf kamen zum Infanterieregiment 461, Scholl und Schmorell blieben weiterhin auf dem Hauptverbandplatz bei Gshatsk.[339]

Erst am 22. Oktober 1942, also kurz vor ihrer Rückreise nach München, waren sie wieder vereint. Dies bedeutet, dass der fließend Russisch sprechende Alexander Schmorell bis dahin nur rund vier Wochen mit Graf zusammen war. Die Vermutung, Schmorell habe während der gesamten Zeit des Russlandaufenthaltes den anderen Studenten Russland näher gebracht, ist zumindest für Graf nicht ganz zutreffend. Gleichwohl muss die Wirkung Schmorells während dieser Wochen nachhaltig gewesen sein. Sein Enthusiasmus und die daraus resultierende Wirkung auf sein Umfeld ist in einem Brief Willi Grafs vom August 1942 dokumentiert:

> „Nun sieht er [SZ: Schmorell] zum ersten Male wieder dieses Land, und auch mir öffnet sich vieles, was vorher unbekannt oder zumindest unverstanden blieb. Oft erzählt er uns von der russischen Literatur, und auch zu den Menschen findet man einen ganz anderen Weg, als wenn man sich nicht verständigen könnte. Oft haben wir bei den Bauern gesungen und ließen uns die wundervollen alten Lieder spielen und singen".[340]

Während ansonsten Scholl die Person war, die die Menschen in seinem Umfeld leitete und sie in seinen Bann zog, übernahm Schmorell in den Augustwochen mindestens einen Teil dieser Rolle. Für ihn war der Aufenthalt allein schon auf Grund der russischen Sprachkenntnisse eine Art ‚Heimspiel'.

Die Bedeutung der Monate für Schmorell

Auch wenn die Zeit für die drei Studenten Schmorell, Scholl und Graf zweifellos bedeutend war, interpretierten sie sie doch unterschiedlich. Für Schmorell war sie wohl am wichtigsten. Im Januar 1943 nannte er sie „die schönste Zeit meines sonst sehr freudlosen Lebens".[341] Ein Brief an Lilo Berndl[342] vom 7. August 1942 zeigt die Liebe des Medizinstudenten zu Russland. Fast lyrisch formulierte er:

> „Schönes, herrliches Rußland! Die Birke ist dein Baum. Dort, weit, weit, wo Himmel und Erde sich berühren – am Rand einer unendlichen weiten Ebene steht sie einsam und weist in den Himmel. Du einsame Birke, der ewige Steppenwind liebkost, zerrauft, bricht dich, du bist sein ewiger Spielball."[343]

Schmorells Russlandbild war durch sein Gemüt bestimmt, er bettete seine Erfahrungen nicht in ein philosophisches oder theologisches Weltbild ein. Dies verwundert nicht, da nach eigener Aussage das Philosophieren nicht seine Sache war.[344]

Er unterschied zwischen dem russischen Volk und der sowjetisch-kommunistischen Führung, also zwischen dem Volk und dem Gesellschaftssystem, das nicht Ausdruck des Willens des Volkes sei. Seine Kontakte zu allen Schichten der russischen Bevölkerung ließen bei ihm das Bild entstehen, dass „alle Russen [...] über den Bolschewismus einer Meinung seien: nichts auf der Welt hassen sie mehr als diesen".[345] Das russische Volk habe unter dem Kommunismus gelitten,[346] wenngleich es nicht verlernt habe zu singen und zu tanzen.[347] Dieses Leid war nach Schmorell sinnbehaftet:

> „Nicht umsonst haben sie 20 Jahre gelitten und leiden noch jetzt – nein, nicht umsonst. Hier im Osten, in Rußland liegt die Zukunft der ganzen Menschheit. Die Welt muß anders werden, *russischer*, und wenn sie das nicht will oder kann, dann sind ihre Tage gezählt, dann wird es nur noch ein leeres Gefäß ohne Inhalt geben, aber keine Menschen."[348]

Hier wird sein russisch-nationales Denken erkennbar. Schmorell glaubte an die Zukunft des russischen Volkes, dessen Leiden den alleinigen Sinn haben sollte, dass ihm die Zukunft gehöre. Was das russische Volk seiner Ansicht nach auszeichnete und seine weltpolitische Vorreiterrolle rechtfertigte, bleibt indessen unklar.

Im Sommer 1942 verstärkte sich das russisch-nationale Denken Schmorells. Damit fiel er aus den klassischen Kategorien des deutschen Widerstands heraus, denn er handelte eben nur zum Teil gegen ‚seine' Regierung, bedeutender scheint für ihn, vor allem für die Zeit nach dem Russlandaufenthalt, das Handeln gegen die Besatzungsmacht seiner russischen Heimat gewesen zu sein. So ähnelte er mehr einem Mitglied des russischen Widerstands als einem deutschen Widerstandskämpfer.

Hans Scholls Kriegsdeutung

Scholl nahm die Wochen in Russland anders als sein engster Freund Schmorell wahr. Er fand hier nicht die Erfüllung einer Sehnsucht. Für ihn war es vielmehr eine Zeit der intellektuellen Reflexion.

Scholl deutete das Geschehen theologisch und philosophisch. Interpretationen, nach denen er das Leid des Krieges, wenn auch nicht des Vernichtungskrieges, gesehen habe, und es daraufhin zu einer Radikalisierung gekommen sei, greifen zu kurz. Scholls Verhältnis zum Krieg war vielmehr ambivalent.

Seine Briefe und Aufzeichnungen zeigen eine ausdrückliche Ablehnung des Kriegs und den politischen Willen zur Verkürzung der Kampfhandlungen. Scholl sah, wie die Menschen starben, Deutsche wie Russen, eine Differenzierung war dabei nicht zentral. In seinem Tagebuch ist, kurz vor der Schilderung, wie er mit Schmorell einen russischen Soldaten beigesetzt hat, über das sinnlose Leid des Krieges zu lesen: „Hier sterben täglich zehn, das ist noch nicht viel, und es wird kein Aufhebens davon gemacht. Wieviel Blumen werden achtlos zertreten? Wird nicht Christus stündlich hundertfach gekreuzigt?"[349] Die Ablehnung des Leids zeigt sich hier ebenso wie das humane Denken und Handeln von Scholl und Schmorell. In diesem Zusammenhang ist auch eine Begebenheit von Bedeutung, die der damalige Medizinstudent Fridtjov Schaeffer rückblickend schilderte: Hiernach trieben einige Wehrmachtssoldaten russische Gefangene „relativ brutal mit Stößen von Gewehrkolben vor sich her." Scholl und Schmorell ermahnten daraufhin die deutschen Soldaten, die Russen humaner zu behandeln und steckten diesen zudem Brot zu.[350]

Für Scholl selbst stand die Kritik am Krieg neben dem Gedanken, den Kampfhandlungen einen Sinn zuzuweisen. So finden sich Anfang September 1942 in seinem Tagebuch die Sätze: „Endlich ist der Krieg wieder da. Die ganze Welt steht in Flammen."[351] Hier schrieb nicht jemand, der den Krieg vollständig ablehnte, sondern jemand, der trotz der – unbestrittenen – Ablehnung des Krieges, in diesem doch das Sinnhafte zu erkennen glaubte und ihn sogar bis zu einem gewissen Grade herbeisehnte. Das Wort „endlich" zeigt dies. Hintergrund ist das schon zuvor bei Scholl entwickelte Bild vom Sinn des Leids und der christlichen Katharsis, die er hierin suchte – diese Vorstellungen waren gerade im Ersten Weltkrieg weit verbreitet.

Scholl litt mit den Opfern dieses Krieges, hörte „Tag und Nacht das Stöhnen der Gequälten" und wenn er träumte, „die Seufzer der Verlassenen".[352] Christus zeigte ihm, dass all dies Leiden nicht umsonst war. So schrieb er in Russland in sein Tagebuch: „Wenn Christus nicht gelebt hätte und nicht gestorben wäre, gäbe es wirklich keinen Ausweg. Dann müßte alles Weinen grauenhaft sinnlos sein. Dann müßte man mit dem Kopf gegen die nächste Mauer rennen und sich den Schädel zertrümmern. So aber nicht."[353]

Jesus, der Christus, ist hier nicht nur die göttliche Instanz, die Hoffnung gibt, sondern auch die Person, die dem Leiden Sinn verleiht. So sah er, als sein Vater im Sommer 1942 inhaftiert wurde und er es vorerst ablehnte, ein Gnadengesuch zu schreiben, die positive Kraft des Leides:

> „Ich glaube an die unermessliche Kraft des Leides. Das echte Leid ist wie ein Bad, aus dem der Mensch neu geboren hervorgeht. Alles Große muß erst geläutert werden, ehe es die enge Brust eines Menschen verlassen und in die größere Welt hinaustreten darf. Wir wollen ihm nicht entrinnen, nicht bis an unser Ende."[354]

Über den Krieg heißt es in einem Brief an Kurt Huber entsprechend: „Der Krieg geht über das Land dahin wie ein Gewitterregen. Aber nach dem Regen scheint wieder die Sonne. Das Leid ergreift die Menschen ganz und gar, reinigt sie – aber dann lachen sie wieder."[355]

In der russischen Bevölkerung erkannte Scholl eine Instanz, die das Wesentliche – und dies bedeutete für ihn das Christlich-Religiöse – bewahrt hatte, die nicht wie große Teile Europas dem Nihilismus verfallen war. So heißt es in seinem Russland-Tagebuch:

> „Der geistige Nihilismus war für die europäische Kultur eine große Gefahr. Sobald er aber seine letzte Auswirkung erfahren hat, also im totalen Kriege, dem wir jetzt endlich erlegen sind, sobald er gleich einem grauen Wol-

kenmeer den großen Himmel bedeckt hat, ist er schon überwunden. Nach dem Nichts kommt nichts mehr. Es muß aber etwas kommen, weil niemals alle Werte bei allen Menschen zerstört werden können, sind immer noch Hüter da, die das Feuer entfachen und es von Hand zu Hand weitergeben, bis eine neue Welle der Wiedergeburt das Land überschwemmt. Der Wolkenschleier wurde gleichsam zerrissen von der Sonne eines neuen religiösen Erwachens."[356]

Das Feuer „von Hand zu Hand weitergeben", dazu gehörte nach Scholls Selbstverständnis vor und nach dem Russlandaufenthalt das Verbreiten der Flugblätter. Aber auch die ‚einfache' russische Bevölkerung, die er kennen lernte, zählte mit ihrer Gläubigkeit für ihn zum Kreis der „Hüter".

Mit den russischen Menschen sah sich Scholl, der sich als „Epigone" und als „Hüter des heiligen Erbes"[357] verstand, vereint, in gewisser Weise in Handlungsunion. Wenn er in der Kirche Frauen in einer dämmerigen Ecke auf dem Boden beim Stillen ihrer Kinder sah, dann hatte dies für ihn eine mehrfache Bedeutung: Der christliche Gedanke war verbannt, gleichwohl aber noch existent, unbesiegbar und die Hoffnung für die Zukunft: „Hier sehe ich ein Symbol für die nie versiegende Kraft der Liebe."[358] Die Dialektik seines Weltbildes wurde offenbar, als er bewegt aus der Kirche heraustrat und „die Einschläge der Artillerie"[359] hörte. Wenige Wochen später formulierte er prägnant in einem Brief an seine Eltern, dass der Widerspruch zwischen der „Welt in ihrer zauberhaften Schönheit" und dem Schlechten „dermaßen potenziert" im Krieg sei, dass er es kaum ertragen könne.[360]

Anfang September schrieb er an seine Familie: „Wenn Ihr mich sehen würdet, müßtet Ihr Euch wundern, welch geringen Eindruck auf mich das ganze Geschehen hier an der Front macht."[361] Diese Teilnahmslosigkeit gegenüber dem Kriegsgeschehen lässt sich wohl vor allem dadurch erklären, dass Scholl meinte, den metaphysischen, den geistigen Hintergrund des Kriegs erkannt zu haben. Dies ermöglichte ihm zeitweise eine innerliche Abkehr von den Kriegshandlungen.

Hinsichtlich der ‚einfachen' Zivilbevölkerung bleibt ein Aspekt bedeutend, auf den noch einzugehen sein wird: Scholl stellte ihr den deutschen Intellektuellen als Negativfolie gegenüber und bewarf ihn mit Schimpfwörtern.[362]

Willi Grafs Russlandrezeption

Für Willi Graf war die Russlanderfahrung anders als für Scholl und Schmorell. Erst diese Monate haben ihn wohl in eine Gegnerschaft zum Regime gebracht, die so intensiv war, dass sie ihn aktiv werden ließ. Dabei waren nicht primär die Erfahrungen vom Grauen des Krieges bedeutend. Dies hatte er – vor allem was den Umgang der Deutschen mit der Zivilbevölkerung betrifft – bei seinem ersten Aufenthalt 1941/42 deutlich stärker erlebt. Das zeigt allein schon ein Vergleich seiner Tagebücher von den jeweiligen Monaten in Russland. Eine Widerstandstat hatten die Erfahrungen von 1941/42 jedoch nicht zur Folge gehabt.

Bedeutender waren für Graf neben Schmorells Russlandenthusiasmus auch Scholls intellektueller Einfluss. Trotz einiger Besuche und fernmündlicher oder schriftlicher Kontakte blieb das Zusammensein im Grunde auf die Zeit bis Anfang September 1942 beschränkt. Diese Wochen müssen gleichwohl sehr intensiv und prägend für ihn gewesen sein. Zum ersten Mal hatte Graf über einen längeren Zeitraum Kontakt zu entschlossenen Gegnern des Nationalsozialismus: Hans Scholl und Alexander Schmorell. Graf spürte dabei das Neue an dem Kontakt zu Scholl und Schmorell schon Ende August 1942, wenn er schrieb, dieser habe „für die nächste Zeit seine Bedeutung“.[363] An anderer Stelle heißt es:

> „Oft gelang es, ein vernünftiges Gespräch zu führen, und manche Nacht verging wohl bei solchem Reden. Wir lasen zusammen, wir sangen, wir teilten das Essen. So kann ich Dir nur andeuten, was im letzten Vierteljahr geschehen ist, die Zeit war äußerst anregend, und es wird sich wohl erst zeigen, welchen Sinn dieses Zusammenleben hatte.“[364]

In seinem Tagebuch sind mehrfach positive Bemerkungen über die Zivilbevölkerung zu finden. Zunächst wirkte Schmorell vermittelnd, später suchte Graf auch allein den Kontakt zu den Zivilisten. Er ging in ein Bauernhaus zu einem Treffen Jugendlicher „als einziger Deutscher zu den Russen.“[365] Auf russischer Seite muss der die Nähe suchende Deutsche Skepsis hervorgerufen haben, die sich in diesem Fall aber zu lösen schien. Diese Treffen der Jugend waren illegal, denn sie fanden außerhalb der Ausgangssperre statt. Als die russischen Jugendlichen am nächsten Tag leugneten, dort anwesend gewesen zu sein, gefiel Graf ihr Zusammenhalt, den er mit einem prägnanten „Prima“[366] kommentierte.

Dies ereignete sich Mitte Oktober 1942, also kurz vor dem Ende des Russlandaufenthaltes der Studenten. In Grafs Tagebuch ist ein weiteres Indiz zu finden, dass in ihrem Einsatzgebiet und zur Zeit ihres Aufenthaltes kein Vernichtungskrieg geführt wurde bzw. ein solcher für sie nicht sichtbar war. Wäre es anders gewesen, müsste eine Bemerkung aus dem Tagebuch vom 20. Oktober 1942 noch viel größere Verwunderung hervorrufen. Nach einem Besuch bei russischen Zivilisten schrieb Graf: „Ich staune, wie groß die Wut auf die Deutschen ist, eine richtige Abneigung.“[367] Hätte er den Vernichtungskrieg miterlebt, dann wäre ein solcher Ausspruch wohl kaum denkbar. Darüber hinaus entsprach die Unrechtmäßigkeit dieses Krieges und die daraus resultierende Empörung der – überfallenen – russischen Bevölkerung anscheinend auch am Ende dieser drei Monate nicht der Sichtweise Willi Grafs.

Insgesamt kann es als gesichert gelten, dass der Russlandaufenthalt und der dortige Krieg den Widerstand von Scholl und Schmorell radikalisiert hat. Ihre Ideenwelt blieb in ihrem Fundament weitgehend unverändert, nur in einem Punkt hatte sie sich zumindest bei Scholl verändert: Er distanzierte sich vom deutschen Intellektuellen und sah in der ‚einfachen‘ russischen Bevölkerung die Zukunft der Welt.

5. Mittelbare ‚Fronterlebnisse‘ und der Alleingang von Sophie Scholl

Mit dem Ende des Sommersemesters 1942 begann nicht nur für Hans Scholl, Alexander Schmorell und Willi Graf der Einsatz in Russland, sondern auch Sophie Scholl wurde aus ihrem zivilen Studentenleben herausgerissen: Sie musste in einem Ulmer Rüstungsbetrieb Kriegshilfsdienst leisten. Die Briefe zwischen Sophie Scholl und ihrem Freund Fritz Hartnagel, der sich in Russland befand, geben Aufschluss darüber, dass die Studentin durch ihn zumindest einen Einblick in den Kriegsalltag eines Soldaten erhielt. So berichtete er ihr auch von der Grausamkeit des Krieges, wenn er im August 1942 an sie schrieb:

> „Die ganze Nacht flackerten die Leuchtkugeln am Horizont auf und knatterten die Maschinengewehre in der Ferne. […] Es ist so viel Grauenhaf-

tes, daß Stunde für Stunde Millionen von Soldaten auf beiden Seiten in ständiger Gefahr stehen, nur damit beschäftigt sich gegenseitig zu töten, und nur für diesen Zweck denken und arbeiten wieder Millionen, werden Familien getrennt und in tiefes Leid gestürzt. Die Not der Bevölkerung in dieser unfruchtbaren Gegend ist furchtbar. Fast der ganze Viehbestand ist schon abgeschlachtet, die wenigen Gemüsegärten sind ausgeplündert, zur Ernährung der Soldaten. Wohl das größte Elend müssen die Gefangenen durchmachen. Vor einigen Tagen sah ich auf einer Strecke von etwa 3 km 15-20 tote Russen neben der Straße liegen, die einige Tage früher noch nicht dalagen, als ich dieselbe Strecke fuhr. Es kann sich also nur um Gefangene handeln, die, vor Erschöpfung und Hunger zusammengebrochen, von den Wachmannschaften vollends erschossen wurden.“[368]

Hartnagel berichtete jedoch nicht nur von einem opferreichen Krieg, sondern auch vom systematischen Mord an den russischen Juden. Dies zeigt ein Brief vom 26. Juni 1942, der Sophie Scholl vermutlich erst mehrere Wochen später erreichte, also nach den Flugblattaktionen vom Sommer 1942. Hartnagel schrieb:

„Es ist erschreckend mit welcher zynischen Kaltschnäuzigkeit mein Kommandeur von der Abschlachtung *sämtlicher* Juden des besetzten Rußland erzählt hat und dabei von der Gerechtigkeit dieser Handlungsweise vollkommen überzeugt ist. Ich saß mit klopfendem Herzen dabei. Oh wie froh war ich, als ich wieder allein auf meinem Feldbett lag und zu Dir und meinem Gebet flüchten konnte.“[369]

Der Kriegshilfsdienst war für Sophie Scholl eine große Belastung. Kaum war ihr erstes Studiensemester jenseits der staatlichen Zwangsdienste vergangen, musste sie wieder im Dienste der „Volksgemeinschaft“ tätig sein. Welche Qual die Fabrikarbeit für die Studentin bedeutete, zeigen ihre Briefe. Auch wenn die Tätigkeit, zumindest in den überlieferten Briefen, nicht politisch gedeutet wird, ist die Abneigung, die sie gegen den Einsatz empfand, unübersehbar. Es sei „eine schrecklich seelen- und lieblose Beschäftigung“,[370] sie empfand sie als „entsetzlich“[371]. Ein Kommentar von Fritz Hartnagel hierzu trifft dabei ihr Befinden während dieser Zeit: „[W]ie viel Schlimmes musst Du noch über Dich ergehen lassen?“[372]

Zwei weitere Ereignisse waren für Sophie Scholl in diesen Sommermonaten von maßgeblicher Bedeutung: Die Inhaftierung ihres Vaters und der Tod von Ernst Reden, der einstige Wegbegleiter Hans Scholls in der HJ. Hintergrund des Verfahrens gegen Robert Scholl war die Denunziation durch seine Angestellte Inge W. Robert Scholl hatte in ihrem Beisein Hitler eine „große Gottesgeißel" genannt und soll den Satz ausgesprochen haben: „Wenn er nicht bald Schluß mit dem Krieg macht, werden in zwei Jahren die Russen in Berlin stehen."[373]

Allem Anschein nach kam die ehemalige Begeisterung der Scholl-Kinder und vor allem Inge Scholls für den NS-Staat nun wie ein Bumerang auf die Familie zurück. Denn nach der retrospektiven Darstellung von Inge W. war es auf Inge Scholl zurückzuführen, dass auch sie sich in den NS-Gliederungen engagierte: „Durch Inge Scholl wurde ich animiert mich als Jungmädelführerin zu betätigen."[374] Der Fall zeigt, wie politisch dominiert der Alltag in der NS-Zeit war, wie die herrschende Politik persönliche Bindungen zerstören konnte. Denn Inge W. sagte rückblickend über die Zeit als Angestellte im Hause Scholl, dass sie sich dort „wohlgefühlt" habe.[375]

Robert Scholl wurde schließlich von einem Sondergericht wegen „Heimtücke" zu vier Monaten Haft verurteilt.[376] Am 19. November 1942 erhielt er die Nachricht, dass er seinen Beruf nicht weiter ausüben dürfe. Diesmal war es aber kein Gericht, das hinter dem Verbot stand, sondern der NS-Rechtswahrerbund, der auf Veranlassung der Partei gehandelt hatte. Da war es auch wirkungslos, dass insgesamt 30 der wichtigsten Mandanten Scholls, darunter auch lokale NS-Größen, sich für ihn eingesetzt hatten. Scholl blieb lediglich die Möglichkeit, als Buchhalter tätig zu sein, was erhebliche finanzielle Einbußen für die Familie bedeutete. Für Sophie Scholl schien es fraglich, ob sie ihr Studium fortsetzen konnte.[377]

Die gegen Robert Scholl verhängte Strafe empfand sie nach dem Vorgehen gegen ihre Brüder 1937/38 abermals als vollkommen ungerechtfertigt. So sprach sie in einem Brief an ihren Vater nur von einer „sogenannte[n] Strafe".[378] Dabei kündigte sie an, „nicht das kleinste Wort derer" zu vergessen, „die es soweit gebracht haben."[379] Der Hass auf das Regime steigerte sich in dieser Zeit durch das Vorgehen gegen ihre Familie. Dennoch blieb ihre Sicht auf die Haftzeit des Vaters nicht frei von Ambivalenzen. So schrieb sie an eine Freundin:

> „Ich habe eigentlich keine Sorge um ihn, wenn es mir auch oft weh tut, ihn dort zu wissen, aber daß dies zu seinem allerbesten dient, und wie glück-

lich dieses Wissen macht, wenn man diesen Satz so recht bedenkt: zu seinem besten! Da hätte ihm gar nichts besseres widerfahren können."[380]

Diese Sichtweise erklärt sich vor allem aus der Erwartung, dass das erfahrene Leid ihn in seiner Gesinnung und dem Bewusstsein, das ‚Richtige' zu tun, bestärken würde. Es war die Zeit der Bewährung. Der Einzelne sollte sich selbst erhalten und so verwundert es auch nicht, dass einer der Leitgedanken seiner Lebensphilosophie und zumindest auch der Kinder Hans und Sophie Scholl der Goethesche Gedanke „Allen Gewalten zum Trutz sich erhalten" war. Als Robert Scholl im Oktober 1942 wieder entlassen wurde, sagte er häufig vor sich hin: „Allen".[381] Damit war den anderen Scholls bewusst, was er meinte.[382]

Fast zeitgleich mit der Inhaftierung Robert Scholls erreichte die Familie die Nachricht vom Tode Ernst Redens, der im Krieg sein Leben ließ. Als die Mutter die Botschaft Sophie Scholl überbrachte, verließ diese wortlos den Raum. Nach einiger Zeit sei eine Freundin zu der am Fenster stehenden Studentin gegangen. Nach dem retrospektiven und vermutlich dramaturgisch etwas ausgeweiteten Bericht von Inge Scholl heißt es hierzu: „Eine Träne rollt über ihr Gesicht, und sie sagt zornig, in einer fast feierlichen Entschlossenheit: ‚Schluß. Jetzt werde ich etwas tun.'"[383] Dabei war gleichgültig, dass es sich bei Ernst Reden um einen führertreuen Nationalsozialisten handelte.

Diese Schicksalsschläge – Fabrikdienst, Haft des Vaters, Tod Ernst Redens – wurden noch verstärkt durch die Berichte Hartnagels vom Kriegsgeschehen und die Angst um ihn, ihre beiden Brüder und ihre Freunde, die sich zu dieser Zeit ebenfalls in Russland befanden. Dieses Zusammentreffen von negativen Erlebnissen führte dazu, dass sich die Haltung Sophie Scholls in diesen Monaten abermals radikalisierte.

Nun wurde sie, ganz ohne Absprache mit dem Bruder, aktiv. Sie ging in den Mittagspausen immer zum Essen zur Familie Hirzel,[384] wodurch der Kontakt zu dem Ulmer Schüler Hans Hirzel enger wurde. In diesem Sommer gab Sophie Scholl Hirzel schließlich 80 Reichsmark, mit denen er einen Vervielfältigungsapparat kaufen sollte, damit er, so Hirzel gegenüber der Gestapo, „bei entsprechender Gelegenheit die Möglichkeit hätte, damit Flugblätter herzustellen."[385] Damit hatte Sophie Scholl zumindest in Ulm dafür gesorgt, dass im Falle einer Flugblattaktion ein dezentraler Produktionsstandort vorhanden war.

Hans Hirzel selbst war unentschlossen. Dies belegt folgende Begebenheit: Im Herbst 1942 warf er das von Sophie Scholl investierte Kapital in Form des Vervielfältigungsapparates von der Schillerbrücke in die Donau. Als er dies seinen Freunden Walter Hetzel, Heinrich Guter und Franz Müller berichtete, erklärten ihn diese „für verrückt".[386]

IV. NOVEMBER 1942 BIS FEBRUAR 1943: RADIKALISIERUNG

1. Personelle Ausweitung des Widerstands

Sophie Scholl und Willi Graf

Anfang November 1942 kamen die Studenten zurück nach München. Nun wurde die Widerstandsarbeit ausgeweitet. Mehrere Personen wurden eingeweiht und in die Arbeit integriert. Im Januar und Februar 1943 produzierten und verbreiteten sie das fünfte und sechste Flugblatt.

Sophie Scholl wird ihrem Bruder von ihren zwischenzeitlichen Aktivitäten berichtet haben. Dies war möglicherweise auch der Grund, warum er sich entschloss, seine Schwester in die Pläne einzubeziehen. Willi Graf wurde ebenfalls eingeweiht. Wann dies genau geschah, ist nicht mehr zu klären. Am 23. und 24. Oktober 1942 sprach er von „interessanten Gesprächen“[387], die bis in die Nacht gedauert und ein „interessante[s] Ergebnis“[388] gebracht hätten. Eine gesicherte Erkenntnis liegt allerdings erst für den 2. Dezember 1942 vor.[389]

Der Ausdehnung der oppositionellen Tätigkeit lag vermutlich eine Sicherheitsstrategie zugrunde: Hatten Scholl und Schmorell im Sommer 1942 das Zentrum gebildet, verschob sich in den folgenden Monaten der Schwerpunkt jedoch zunehmend zu Hans Scholl. Beide – bzw. Scholl allein – zogen punktuell andere in ihr Vertrauen und zumindest im Falle von Willi Graf erhielt dieser dann mehr oder minder freie Hand, Kontakte zu weiteren potentiellen Mitstreitern zu knüpfen. Hierdurch wurde die Gefahr bei der Verhaftung eines Beteiligten für die anderen erheblich reduziert.

Auch in dieser Phase bildete der Scholl-Schmorell-Kreis keinen abgeschlossenen Zirkel. So standen die um das Zentrum Hans Scholl gruppierten Personen nicht unbedingt in engem Kontakt. Hier sei exemplarisch darauf verwiesen, dass sich Willi Graf und Christoph Probst nur viermal getroffen haben, sich also kaum kannten.[390]

Christoph Probst und Kurt Huber

Neben Willi Graf und Sophie Scholl wurden noch weitere Personen eingeweiht. Hierzu zählt Christoph Probst. Etwa Mitte November

1942 kam er in die Schollsche Wohnung nach München. Hier bat Hans Scholl ihn um einen Flugblattentwurf. Gegenüber der Gestapo sagte Probst: „Scholl ersuchte mich um ein Manuskript, dessen Inhalt geeignet ist, dem deutschen Volk dahingehend die Augen zu öffnen, daß uns von dem Verlust des Krieges nur eine Annäherung an die angloamerikanischen Staaten und England retten kann."[391]

Nach der Niederlage von Stalingrad Ende Januar 1943 war Christoph Probst vollkommen außer sich. So berichtet seine Frau Herta Siebler rückblickend, dass sie ihren sonst so ruhigen und bedachten Mann „geradezu ohnmächtig" gesehen habe. Die Niederlage von Stalingrad hatte ihm, so die Erinnerung seiner Frau, „fürchterlich zugesetzt"[392]. Dies deckt sich mit Probsts eigener Darstellung gegenüber der Gestapo. Insofern scheinen die „Depressionen", von denen er dort sprach,[393] zumindest nicht ganz erfunden zu sein.

Probst verfasste Ende Januar 1943, als er durch das Abhören englischer Sender schon vor der offiziellen Bekanntmachung von der Niederlage erfahren hatte,[394] einen Flugblattentwurf. Wie distanziert er jedoch den Widerstandsaktionen gegenüberstand, zeigt sich schon daran, dass nach der Bitte Scholls rund zweieinhalb Monate vergehen mussten. Erst die Niederlage in Stalingrad bewog ihn dazu, den Schritt zu wagen.

Er übergab Scholl, so die späteren Aussagen bei der Gestapo, das Manuskript am 31. Januar 1943 in dessen Wohnung mit den Worten: „Da schau das mal an." Scholl gab nach Probsts Angaben daraufhin eine belanglose Antwort wie etwa „Mal sehen".[395] Sein Interesse an dem Text war offensichtlich begrenzt.

Hans Scholl hatte bei der Einbeziehung Probsts eigenständig, ohne Rücksprache mit Schmorell gehandelt, denn Schmorell sagte gegenüber der Gestapo, dass er um Weihnachten 1942 Probst in München getroffen und ihm gesagt habe, Scholl und Schmorell seien die Verfasser der Flugblätter der „Weissen Rose". Schmorell gab an,

> „dass Probst dies längst vermutet hatte und ich ihm also keine Neuigkeit sagen konnte. Probst wusste aber auch, dass wir uns mit der Herstellung des Flugblattes ‚Weisse Rose' nicht begnügten, sondern uns [...] mit der Herstellung weiterer Flugblätter befassen würden. Ich selbst habe keine Anhaltspunkte dafür, dass Hans Scholl bei der Abfassung des letzten Flugblattes etwa von Christoph Probst unterstützt worden wäre. Von Hans Scholl habe ich kürzlich erfahren, dass ihm Christoph Probst wohl einmal

zur Herstellung eines Flugblattes behilflich sein wollte und irgendwelche Unterlagen geliefert habe. Näheres hat mir in dieser Beziehung Hans Scholl nicht mitgeteilt."[396]

Es kann somit konstatiert werden, dass sich der schon in der ersten Phase im Sommer 1942 aktivere Part Scholl zunehmend zur eigentlichen Entscheidungsinstanz des Kreises entwickelte.

Professor Kurt Huber war vor der Abfahrt der Studenten nach Russland zwar noch nicht eingeweiht, gehörte aber zu den Empfängern der Flugblätter der „Weissen Rose".[397] Im Wintersemester 1942/43 kam Hans Scholl „gelegentlich"[398] in seine Vorlesungen; also anscheinend nicht regelmäßig. Im Anschluss an eine Lehrveranstaltung berichtete Scholl dem Philosophieprofessor von seinen Erfahrungen in Russland. Wenig später erzählte er Huber, dass er hinter den „Flugblättern der Weissen Rose" stehe.[399] Ungefähr zur gleichen Zeit, am 17. Dezember 1942, kam es zu einem Treffen in der Wohnung Scholls. In Grafs Tagebuch ist zu lesen: „Sehr interessantes Gespräch mit Huber. Nachher sitzen wir noch lange zusammen."[400] In der ersten Januarhälfte 1943 besuchten dann Scholl und Graf Kurt Huber in Gräfelfing bei München. Auch diesmal handelte Scholl ganz offensichtlich ohne Absprache mit Schmorell.

Es wurde vor allem über die Zweckmäßigkeit von Flugblättern gesprochen. Scholl erzählte dabei, dass noch weitere Schriften geplant seien, die auch in Norddeutschland verbreitet werden sollten.[401] Ziel sei es, so Scholl, die breite Masse über die wirtschaftliche, militärische und politische Lage aufzuklären.[402] Huber warnte vor der Gefahr einer solchen Aktion, machte auf technische Schwierigkeiten aufmerksam und sagte, Flugblätter hätten infolge früheren Missbrauchs an politischem Propagandawert eingebüßt. So verblieb man, dass Huber noch einmal über die ganze Sache nachdenken wolle.[403] Der entscheidende Schritt Hubers ließ also noch auf sich warten.

Kontakte zu anderen

Es wurde auch über München hinaus versucht, Kontakte zu knüpfen. Willi Graf versuchte einige seiner Freunde und Bekannten – vor allem aus dem Rheinland – zur Mitarbeit zu bewegen, so auch die Brüder Heinz und Willi Bollinger. Betrachtet man insgesamt die zahlreichen Versuche Grafs, Unterstützer für die Flugblattaktionen zu gewinnen, so waren sie nicht sehr erfolgreich. Häufig stießen seine Pläne auf Ablehnung.

Hans Scholl und Alexander Schmorell suchten Falk Harnack in Chemnitz auf. Dessen Bruder war im Rahmen von Ermittlungen gegen die kommunistische Widerstandsgruppe „Rote Kapelle" verhaftet worden. Der Kontakt ergab sich eher zufällig, da eine Freundin Schmorells mit Harnack befreundet war. Der Bitte der beiden Studenten, ihnen Namen von Personen aus anderen Widerstandsgruppen zu nennen, kam Falk Harnack nicht nach.[404] Den Hintergrund bildeten wohl in erster Linie Sicherheitsgründe: Die entsprechenden Gruppen sollten nicht gefährdet werden.[405] Folglich endete das Zusammentreffen ohne Ergebnis. Sie vereinbarten lediglich, dass sie sich vielleicht einmal in München treffen könnten. Etwas Konkretes machte man jedoch nicht aus, vielmehr wurde ein Wiedersehen– hier ist die Formulierung Harnacks bei der Gestapo treffend– „dem Zufall überlassen"[406]. Für Scholl und Schmorell war die Fahrt nach Chemnitz enttäuschend. Kontakt zu anderen Widerstandskämpfern erhielten sie nicht und Harnack selbst verweigerte auch die Zusammenarbeit. So ist es sicher kein Zufall, dass sie, obwohl sie eigentlich in Chemnitz nächtigen wollten, allem Anschein nach noch am selben Tag die Heimreise antraten.[407]

Die Bedeutung des Studenten Jürgen Wittenstein für den Widerstand, der sich nach dem Krieg immer wieder selbst zum Widerstandskreis zählte und bei den ersten Flugblättern redaktionell mitgearbeitet haben will, ist schwierig zu bewerten. Angeblich agierte er als Verbindungsmann zu Hellmut Hartert, der mit Hans Scholl einige Zeit eng befreundet war und in Berlin einen Widerstandskreis aufbauen sollte.

Zumindest für den Mai 1941 lässt sich nunmehr nachweisen, dass Hans Scholl nicht sehr positiv über Wittenstein dachte. Hierüber gibt vor allem ein Brief aus dieser Zeit von Hellmut Hartert an Hans Scholl Auskunft. Dort heißt es: „Deine Wut auf Wittenstein freut mich, wirklich! Er erfreut sich bei mir ebenso wenig einer Sympathie. Er hält nur mit gewissen Dingen mein Interesse wach und verdient sich so eine gewisse Anteilnahme."[408] Zwar kann nicht mehr geklärt werden, was Hartert mit „gewissen Dingen" meinte, gleichwohl verwundert es, dass Hans Scholl eine Person, über die er derart negativ dachte, nur ein Jahr später in ein Unternehmen eingeweiht haben soll, von dem sonst nur Schmorell wusste. Es muss bedacht werden, dass Wittenstein von keinem der Beteiligten in den Vernehmungen der Gestapo, zumindest soweit die Protokolle überliefert sind, im Kontext der Aktionen erwähnt wird. Ebenso kann gegen die Glaubwürdigkeit der Zeitzeugen Hellmut Hartert und Jürgen Wittenstein sprechen, dass sie kurz nach dem Beginn des Zweiten Weltkriegs in die NSDAP eingetreten waren.[409] Dennoch: Beide sagten nach dem Krieg übereinstimmend aus, dass Scholl Pläne hatte, eine Widerstandsgruppe in Berlin um Hartert aufzubauen.[410] Das spricht jedenfalls dafür, dass sie eine gewisse Rolle in den Widerstandsplänen von Hans Scholl spielten.

Wichtiger war für Scholl und Schmorell sicher die Verbindung zum Buchprüfer Eugen Grimminger, einem Freund von Hans Scholls Vater. Scholl und Schmorell suchten ihn noch im November 1942 in seiner Heimatstadt Stuttgart auf. Er unterstützte die kommenden Widerstandsaktionen finanziell. Die Studenten wurden jedoch erst einmal vertröstet, da Grimminger nicht liquide war. Erst bei einer erneuten Fahrt Scholls nach Stuttgart überreichte ihm der Buchprüfer 500 Reichsmark.

Damit hatten Scholl und Schmorell rund die Hälfte des Geldes zusammen, das sie bis zum Ende der Widerstandsaktionen benötigten. Weitere Gelder stammten aus dem eigenen Privatvermögen. Auch Fritz Hartnagel hat Sophie Scholl mit einem größeren Betrag unterstützt. Sehr wahrscheinlich haben diese Gelder auch zum Gelingen der Widerstandsaktionen beigetragen.[411] Hartnagel ahnte jedoch höchstens den Zweck der Verwendung, genaue Kenntnisse hatte er sicher nicht.

2. Das fünfte Flugblatt: Kurswechsel zur Demokratie

Entstehung der Flugschrift

Vor der Erstellung des fünften Flugblattes stellte sich die Situation des Kreises derart dar, dass zumindest erste Kontakte für eine größer angelegte Flugblattaktion geknüpft waren und ein Netz von kleinen oppositionellen Gruppen entstehen sollte. Nun wurde mit der konkreten politischen Arbeit begonnen, und das hieß in erster Linie, Flugblätter zu produzieren.

In der folgenden Zeit verlagerte sich das räumliche Zentrum der Produktion der Schriften vom Hause der Familie Schmorell, wo die „Flugblätter der Weissen Rose" entstanden waren, hin zu der Wohnung der Geschwister Scholl, die seit diesem Semester in der Franz-Joseph-Straße 13 in München-Schwabing zusammenwohnten. Dies war kein belangloser Vorgang, sondern er verdeutlicht abermals, dass das Entscheidungszentrums sich zunehmend zu Hans Scholl verlagerte.

Mitte Januar 1943 kamen Graf und Schmorell zu einem Treffen in die Wohnung Scholls, zu dem dieser auch Kurt Huber eingeladen hatte. Kurz zuvor hatten sich Scholl und Huber in der Universität verabredet, um „die grundsätzlichen Fragen unserer Stellungnahme zu einer positiven Staatsform zu erörtern".[412] Während die Männer Planungsgespräche führten, nahm Sophie Scholl keinen Einfluss auf die Diskussion.[413]

Hans Scholl und Alexander Schmorell präsentierten ihre Flugblattentwürfe. Der Text Schmorells stieß auf Widerspruch. Vor allem Huber lehnte den Entwurf „rundweg ab", er enthielt nach seiner Meinung zu „kommunistisch klingende Aufforderungen".[414] Ausführlich wurde über den Text offenbar nicht diskutiert, denn Schmorell verließ die Wohnung vorzeitig, da er noch in ein Konzert gehen wollte. Die Tatsache, dass Schmorell für dieses Treffen das Konzert nicht ausfallen ließ – auch zu dieser Zeit konnte man jeden Abend in München ein Konzert besuchen[415] – zeigt, dass eine solche Besprechung für ihn nicht so bedeutend war wie für Scholl.

Zum Entwurf von Scholl machte Huber einige Änderungsvorschläge. Gerade die von dem Professor beanstandeten Stellen weisen auf politische Differenzen hin. Die Passagen zeigten abermals für ihn zu kommunistische Anklänge und stellten das Gegenteil von dem dar, was er eigentlich bezwecken wollte. Beispielsweise strebte Kurt Huber eine Kooperation mit dem „konservativen Teil der nat.soz. Partei" an.[416] Hier gab es einen deutlichen politischen Dissens zu Scholl, der grundsätzlich alle führenden Nationalsozialisten ausschließen wollte. Ansonsten herrschte bezüglich der Grundskizze Scholls weitgehend Einigkeit.[417] Der Philosophieprofessor machte noch einige inhaltliche Ergänzungen und stilistische Verbesserungsvorschläge, die Scholl einarbeitete.[418]

Graf wurde nicht um eine Stellungnahme gebeten, er war „lediglich stiller Zuhörer"[419]. An diesem Tag schrieb er in sein Tagebuch: „Besuch bei Hans, auch am Abend bin ich noch dort, wir beginnen wirklich mit der Arbeit, der Stein kommt ins Rollen."[420] Eine ähnliche

Rolle wie Graf spielte Sophie Scholl. Nach den Aussagen von Kurt Huber war sie teilweise anwesend, beteiligte sich jedoch nicht an der Diskussion.[421]

Als Schmorell einige Tage später wieder zu Scholl kam, um mit ihm die Flugblätter zu vervielfältigen, musste er feststellen, „daß das Flugblatt inhaltlich mit meinem Entwurf gar nichts zu tun hatte".[422] Die Entstehung des fünften Flugblattes verdeutlicht eine sich schon vorher abzeichnende Tendenz: Hans Scholl entschied nicht nur darüber weitgehend alleine, wer als direkter Mitwisser einbezogen wurde, sondern anscheinend auch darüber, wie das Flugblatt auszusehen hatte. Lediglich Kurt Huber stand ihm mit Ratschlägen zur Seite.

Huber war sich zwar bewusst, dass die beim zweiten Treffen vorgelegten Entwürfe für ein Flugblatt bestimmt waren, trotzdem fühlte er sich dem Scholl-Schmorell-Kreis nicht zugehörig. So bemühte er sich nicht darum zu erfahren, was aus dem Entwurf geworden war. „Sehr viel später" berichtete Scholl Kurt Huber von einem neu herausgegebenen Flugblatt, sagte aber nichts dazu, ob der von ihnen besprochene Text die Grundlage bildete. Huber sah das fertige Flugblatt auch nie und wusste zunächst nicht einmal, ob überhaupt eines produziert wurde.[423] Erkennbar wird hier, dass Huber keine zentrale Bedeutung für den Kreis hatte; man schickte ihm noch nicht einmal das Flugblatt zu. Er sollte lediglich als „Ideengeber" fungieren und stilistische Anmerkungen machen. Er hatte sicher nicht die Stellung, ein Veto einzulegen, wenn ihm der Entwurf missfiel. Wie weit er vom Entscheidungszentrum entfernt war, zeigt sich auch daran, dass er über die technische Durchführung der Flugblattaktion von Scholl nicht informiert wurde.[424]

Hans Scholl las Willi Graf kurz vor der Produktion des Flugblattes – möglicherweise bei einem kurzen Besuch in der Wohnung Scholls am 18. Januar 1943[425] – den fertigen Entwurf vor. Graf sagte lediglich, dass er gegen einen föderalistischen Staat sei.[426] Eingearbeitet wurde die Kritik jedoch nicht, was die untergeordnete Rolle Willi Grafs innerhalb des Scholl-Schmorell-Kreises belegt. Der Weg ins Entscheidungszentrum, zumindest in Hinblick auf die Gestaltung der Flugblätter, blieb ihm verwehrt.

Ähnlich sieht es mit Sophie Scholl aus. Obwohl sie zeitweise beim ersten Treffen anwesend war, beteiligte sie sich nicht an der politischen Auseinandersetzung. Es ist möglich, dass sie im Vier-Augen-Gespräch mit ihrem Bruder entsprechende Ideen einbrachte, nachweisen lässt sich dies allerdings nicht. Für die anderen Studenten war sie sicher keine zentrale und bestimmende Person.

Die politisch-inhaltlichen Kompetenzen lagen in dieser Phase eindeutig bei Hans Scholl. Er war jemand – und dies unterschied ihn mindestens graduell von Schmorell –, der organisierte und die Fäden in seiner Hand zusammenführte, eine Fähigkeit, die er schon in der Ulmer Zeit unter Beweis gestellt hatte. Hubert Furtwängler nennt ihn daher retrospektiv – trotz Bedenken gegen den Begriff – zu Recht den „Leitwolf".[427]

Der Skandal im Deutschen Museum

Mitten in die Vorbereitungen des Flugblattes platzte die Nachricht von einem Protest Münchner Studentinnen im Deutschen Museum. Willi Graf schrieb am 13. Januar in sein Tagebuch: „Ich erkenne Anneliese kaum wieder, da sie am Abend aus der Studentenkundgebung im Deutschen Museum wiederkommt."[428]

Was war geschehen? Die Universität wollte ihr 470-jähriges Bestehen feiern. Eigentlich war das ein recht ungewöhnlicher Jahrestag für eine größere Festivität, aber die Hochschule wollte offensichtlich auf ihre gesellschaftliche Bedeutung hinweisen, da man ihr seit längerem mit der Schließung gedroht hatte.

Bei der Veranstaltung bestand gewissermaßen Anwesenheitspflicht.[429] Jeder musste sich am Eingang des Deutschen Museums ‚abstempeln lassen', sich also die Anwesenheit bestätigen lassen.[430] Wer fernblieb, lief Gefahr, im folgenden Semester nicht mehr an einer deutschen Universität studieren zu dürfen.[431] Den Studierenden wurde jedoch nicht nur gedroht, ihnen wurden bei Teilnahme an der Veranstaltung auch Konzertkarten versprochen. Später widerrief man jedoch diese Zusage.[432]

Zumindest ein Teil der Studierenden war schon vor der Veranstaltung entsprechend schlecht gelaunt. Sie unter Strafandrohung zu einer Feierstunde zu beordern und gleichzeitige Versprechen nicht einzuhalten, rief Unmut hervor. Philomena Sauermann berichtet, dass sie und einige Freundinnen schon in der Straßenbahn „ziemlich laut [...] über den Zwang geschimpft" hätten.[433] Eine andere Studentin schreibt in einem nun erstmals vorliegenden zeitgenössischen Bericht, dass „wir schon in der rechten Stimmung [waren] ehe die Reden anfingen."[434]

Die erste Rede hielt der Gaustudentenführer Julius Doerfler, der nur wenige Tage später das goldene Parteiabzeichen erhielt.[435] Ein Teil der Studentinnen,[436] die im Gegensatz zu den unten im Saal sitzenden Studenten auf der Empore untergebracht waren, drückte ihren Unmut über die Organisation der Veranstaltung schon zu Beginn der Rede mit entsprechenden Kommentaren aus. Es wurde an den ‚falschen' Stellen Beifall gespendet. Doerfler wird gespürt haben, dass die Veranstaltung nicht den geplanten Verlauf nahm. Er musste reagieren und tat dies mit verbalen Angriffen gegen die Studentinnen: Sie würden die Hörsaale bevölkern und den Erwartungen der Studenten nicht entsprechen. Sie seien „geistige Wühlmäuse" oder hofften, durch das Studium der allgemeinen Erfassung zum Kriegseinsatz zu entgehen. Daher sollten sie die an sie gestellten Forderungen nicht als Zumutungen empfinden, sondern den Fabrikdienst ruhig auf sich nehmen. Die Studentinnen ließen sich von diesen Verbalattacken nicht zur Raison bringen, sie reagierten vielmehr empört.[437]

Nach einer kurzen musikalischen Unterbrechung begann Gauleiter Paul Giesler seine Rede. Ironisch verhöhnte er die Eltern der Studentinnen, die „überraschend die Begabung ihrer Töchter" entdeckt hätten, um sie dem Studium zuzuführen. Die anderen Studentinnen würden „ihr Glück im Hörsaal suchen" und Giesler wünschte ihnen, „dass sie es möglichst bald ‚in Gestalt eines Mannes mit Kraft und Saft' finden sollten."[438]

Die Lage eskalierte. Ein Teil der Studentinnen wurde festgehalten, während die Studenten inzwischen den Saal verlassen hatten. Sie forderten die Freilassung ihrer Kommilitoninnen. Es ertönten Rufe wie: „Wir wollen unsere Frauen wieder, wir wollen unsere Frauen wieder!" Dabei kam es auch zu Schlägereien zwischen den Studenten und den mittlerweile eingetroffenen Sicherheitsdiensten – ein Skandal mitten im NS-Staat. Drinnen stellte Studentenführer Doerfler die jungen Frauen zur Rede. Diejenigen, die protestiert hatten, sollten sich melden. Die Studentinnen gaben schließlich nach und wurden daraufhin mit Kraftwagen in das Dienstgebäude der Gestapo zur Feststellung ihrer Personalien und zu kurzen Verhören gebracht. Noch in derselben Nacht wurden sie jedoch wieder entlassen.

Von den Studenten des Scholl-Schmorell-Kreises war keiner im Deutschen Museum. Sie bereiteten währenddessen die Flugblattverbreitung vor. Vor allem die Scholls fühlten sich vom NS-Staat zu dieser Zeit bereits beobachtet. Hans Scholl meinte, so Wilhelm Geyer gegenüber der Gestapo, dass sie „im Fall von Unstimmigkeiten [...] in erster Linie als Urheber bezeichnet werden, da sie innerhalb der Studierendenschaft oder der Studentenkompanie politisch verdächtig seien".[439] Die Scholls hielten einen Protest, wie er sich im Deutschen Museum ereignete, also durchaus für möglich und gingen zumindest von einem gewissen revolutionären Potential innerhalb der Studierendenschaft aus.[440] Aus heutiger Sicht war das eine absolute Fehleinschätzung der Studenten. Aber die tatsächlichen Ereignisse bestätigten auf tragische Weise ihre Vermutung.

Für Kurt Huber war neben der deutschen Niederlage von Stalingrad Anfang Februar 1943 die 470-Jahr-Feier der Universität der entscheidende Auslöser, um nicht nur beratend den Studenten beizustehen, sondern selbst aktiv zu werden und seine Zurückhaltung mehr und mehr aufzugeben. Gerade die Anwesenheitskontrolle der Studierenden empfand Huber „als ein undiskutierbares Vorgehen gegen deutsche Frontstudenten".[441] Gegenüber der Gestapo sagte Huber weiter: „Ich sehe nach wie vor in dieser Massnahme des Gauleiters nicht nur eine ungeheure Verachtung des deutschen Studenten und der deutschen Bildung, sondern einen unmittelbaren Angriff auf die Deutsche Armee."[442] Hinzu kam, dass der Affront Gieslers in der Presse, also den *Münchner Neuesten Nachrichten*, kaum Erwähnung fand und die Geschehnisse verzerrt dargestellt wurden. Für Huber gab es seitdem nur eine Schlussfolgerung: „Ich nahm mir fest vor, jetzt einmal aus der Reserve herauszugehen und auf irgendeine Weise nicht einem Publikum, sondern den massgebenden Stellen der Partei Kunde zu geben, wie man im Volk in der deutschen Studenten- und Professorenschaft über diesen Schritt gegen persönliche Freiheit und Ehre denkt."[443] Im Februar 1943 folgte dann sein Entwurf zum sechsten und letzten Flugblatt des Scholl-Schmorell-Kreises.

Die Studenten waren bereits dabei, das fünfte Flugblatt zu produzieren. Es war zu spät, die jüngsten Geschehnisse noch zu berücksichtigen. Man brauchte Anschriften, an die man die Flugblätter senden konnte. Diese übernahmen Hans und Sophie Scholl, einmal auch Alexander Schmorell, aus einem Münchner Adressbuch. Neben Sophie Scholl erhielt nun auch Willi Graf für den Produktions- und Verbreitungsprozess eine Bedeutung.

Nach der Herstellung wurden die Flugblätter postfertig gemacht. Aus Mangel an finanziellen Möglichkeiten entschlossen sich Scholl und Schmorell, einen Teil der rund 5 bis 6000 Flugblätter auf dem Kurierweg zu verbreiten. So mussten sie die Schriften nicht mit Zwölf-Pfennig-Marken frankieren, sondern lediglich mit acht Pfennig.[444] Zusätzlich spielten auch noch propagandistische Überlegungen eine Rolle, denn durch diese dezentrale Versendung entstand auf der Seite der ermittelnden Instanzen der Eindruck, dass es sich um viele lokale Widerstandsgruppen bzw. eine größere Organisation handeln müsse. „Wir haben uns über diese Irreführung sogar öfters lustig gemacht," sagte Sophie Scholl gegenüber der Gestapo.[445]

Alexander Schmorell unternahm eine der zwei Kurierfahrten. Er fuhr am 26. Januar 1943 mit einem Koffer, in dem sich zahlreiche Flugblätter befanden, von München nach Salzburg. Hier, sowie in Linz, gab Schmorell wieder jeweils 200 Briefe in die Post.[446] In den Abendstunden fuhr er mit dem Schnellzug nach Wien. Dort nahm er sich ein Hotelzimmer und machte sich am folgenden Tag daran, die für Wien bestimmte Post in Briefkästen zu werfen. Diesmal waren es ungefähr 1000 Exemplare. Des Weiteren gab er noch 300 Flugblätter für Frankfurt auf.[447]

Sophie Scholl machte sich mit mindestens 1000 Flugblättern[448] auf den Weg nach Augsburg und versandte sie von dort aus.[449] Anschließend reiste sie nach Ulm, um die zuvor aufgebauten Kontakte zu nutzen: Der Ulmer Schüler Hans Hirzel sollte nun in Aktion treten. Sophie Scholl übergab ihm die Flugblätter. Am nächsten Tag machte er sie – zeitweise mit Hilfe seines Freundes Franz Müller – in der Ulmer Martin-Luther-Kirche versandfertig. Später brachte Hirzel sie von seiner Schwester Susanne unterstützt in Stuttgart in die Post.

Wechsel der Adressaten: „Aufruf an alle Deutsche!"

Was stand nun im Flugblatt, das Scholl verfasst und Huber redigiert hatte? Welche Konzeption, welche Strategie lag ihm zugrunde? Sicher steht es in Kontinuität zu den ersten vier „Flugblättern der Weissen Rose". Die Gerichtsterminologie,[450] der christlich-theologische Hintergrund sowie die Forderung nach der „Freiheit des Bekenntnisses"[451] – dies ist die Gedankenwelt von Scholl, die schon in den ersten vier Schriften zum Ausdruck kam.

Die Brüche sind gleichwohl ebenso deutlich: Der Inhalt dieses Flugblattes war klarer als viele Passagen der ersten Schriften. Der Verfasser schrieb weniger metaphorisch als zuvor, die Forderungen waren konkreter. Zudem war der Text deutlich kürzer als die vorangegangenen. Die Hauptadressaten waren nicht mehr nur die ,Elite', die Scholl und auch Schmorell anfangs ansprechen wollten. Jetzt ging es explizit darum, an *alle* Deutschen zu appellieren. Es war kein Zufall, dass das Flugblatt neben der Adressatenzeile „Flugblätter der Widerstandsbewegung in Deutschland" den Titel „Aufruf an alle Deutsche!" trug. Auch wurden erstmals direkt die Belange der Arbeiterschaft angesprochen und ihr „Zustand niedrigster Sklaverei" kritisiert.[452] Jedem Einzelnen wurde zudem – diese Passage geht auf Kurt Huber zurück – das „Recht auf die Güter der Welt" versprochen. Darüber hinaus forderte Scholl den „Schutz des einzelnen Bürgers vor der Willkür verbrecherischer Gewaltstaaten".[453] Scholl versuchte also ganz bewusst, der breiten Bevölkerung neben der Drohung mit der kommenden Strafe positive Zukunftsaussichten vor Augen zu führen.

Ein neues Konzept, ein neuer politischer Ansatz war entstanden. Dabei war der Wandel der Sprache nur ein äußerliches Zeichen der Veränderung. Scholls Ansatz in diesem Flugblatt war im Vergleich zu den Schriften vom Sommer 1942 demokratischer. Konsequenterweise – und dies stellte ebenso eine Radikalisierung dar –, hatte dieses Flugblatt eine deutlich höhere Auflage als die vorherigen. Es ging eben darum, „alle Deutschen" anzusprechen. Die Perspektive Hans Scholls hatte sich geändert. Er erkannte nun auch die Bedeutung des Einzelnen für die Gestaltung der Politik und sah nicht mehr allein in einer abstrakten ,intellektuellen Elite' die Schaltzentrale des politischen Geschehens. Dass die ,Elite' dennoch für ihn auch im Januar 1943 nicht unwichtig war, sondern eine bedeutende politische Kraft darstellte, versteht sich von selbst. Eine Notiz der Gestapo gibt Scholls Motive wieder: Der Krieg sollte verkürzt werden. „Deshalb sollte die Studentenschaft und die Intelligenz das System des Nationalsozialismus aus dem Volk heraus stürzen."[454]

Scholl war politisch reifer geworden. Auch hatte er erkannt, dass es keinen perfekten Staat geben könne. Er dachte nunmehr an das Machbare. So schrieb Scholl Ende Dezember 1942 an eine Freundin: „Zwar glaube ich überhaupt an kein goldenes Zeitalter, aber der menschliche Geist ruht nicht, bis er ein Wunschbild gefunden hat, welches er möglicherweise erreichen könnte."[455]

Woher rührte dieser Unterschied im Vergleich zu den Flugblättern vom Sommer 1942? Zweifelsfrei aufklären lässt sich der Kurswechsel zum demokratischeren Politikansatz nicht mehr. Die Veränderung der

Abb. 1 Ein Appell der Münchner Studentenkompanie, in der Hans Scholl, Alexander Schmorell und Willi Graf stationiert waren.

Abb. 2 Manfred Eickemeyer. Er stellte Hans Scholl sein Atelier zur Verfügung, in dem mehrere Leseabende und Zusammentreffen der Studenten stattfanden.

Abb. 3 Der Münchner Buchhändler Josef Söhngen. Er stand in engem Kontakt mit Hans Scholl.

Abb. 4 Ernst Reden gehörte zum Freundeskreis der Geschwister Scholl in Ulm. Er fiel 1942.

Abb. 5 Mit Traute Lafrenz (rechts) und Ulla Claudius war Hans Scholl befreundet.

Abb. 6 Josef Furtmeier: politischer Mentor von Hans Scholl.

Abb. 7 Carl Muth beeinflusste Hans Scholl maßgeblich.

Abb. 8
Jakob Schmid, Hausschlosser der Universität München, verhaftete die Geschwister Scholl am 18. Februar 1943.

Abb. 9 von rechts: Hans Scholl, Traute Lafrenz und Wolfgang (Nachname unbekannt) bei einem Spaziergang in Sauerlach, 1941.

Abb. 10 Alexander Schmorell (rechts). Er war neben Hans Scholl der einzige, der „die Flugblätter der Weissen Rose“ produzierte und verbreitete.

Abb. 11
Eugen Grimminger übergab Hans Scholl Geld für die Finanzierung der Flugblattaktionen im Winter 1942/43.

Abb. 12
Falk Harnack, dessen Bruder zur kommunistischen Widerstandsgruppe „Rote Kapelle" gehörte, nahm an Planungsgesprächen für die Zeit nach dem Nationalsozialismus teil.

Abb. 13 Das Atelier von Manfred Eickemeyer

Abb. 14 Hans Scholl (rechts) und unbekannte Person.

Abb. 15 Sophie Scholl. Sie wurde mit ihrem Bruder Hans bei der Flugblattaktion am 18. Februar 1943 in der Münchner Universität verhaftet.

Abb. 16 Christoph Probst. Er übergab Hans Scholl einen Flugblattentwurf.

Abb. 17 Kurt Huber verfasste das sechste und letzte Flugblatt.

Abb. 18 Willi Graf beteiligte sich an den Verbreitungsaktionen der Flugblätter im Januar und Februar 1943.

Abb. 19
Hans Scholl: politischer Kopf des Widerstandskreises.

Flugblätter der Widerstandsbewegung in Deutschland.

A u f r u f a n a l l e D e u t s c h e !

Der Krieg geht seinem sicheren Ende entgegen. Wie im Jahre 1918 versucht die deutsche Regierung alle Aufmerksamkeit auf die wachsende U-Bootgefahr zu lenken, während im Osten die Armeen unaufhörlich zurückströmen, im Westen die Invasion erwartet wird. Die Rüstung Amerikas hat ihren Höhepunkt noch nicht erreicht, aber heute schon übertrifft sie alles in der Geschichte seither Dagewesene. Mit mathematischer Sicherheit führt Hitler das deutsche Volk in den Abgrund. H i t l e r k a n n d e n K r i e g n i c h t g e w i n n e n , n u r n o c h v e r l ä n g e r n ! Seine und seiner Helfer Schuld hat jedes Mass unendlich überschritten. Die gerechte Strafe rückt näher und näher !

Was aber tut das deutsche Volk? Es sieht nicht und es hört nicht. Blindlings folgt es seinen Verführern ins Verderben. Sieg um jeden Preis, haben sie auf ihre Fahne geschrieben. Ich kämpfe bis zum letzten Mann, sagt Hitler - indes ist der Krieg bereits verloren.

Deutsche! Wollt Ihr und Eure Kinder dasselbe Schicksal erleiden, das den Juden widerfahren ist? Wollt Ihr mit dem gleichen Masse gemessen werden ,wie Eure Verführer? Sollen wir auf ewig das von aller Welt gehasste und ausgestossene Volk sein? Nein! Darum trennt Euch von dem nationalsozialistischen Untermenschentum! Beweist durch die Tat, dass Ihr anders denkt! Ein neuer Befreiungskrieg bricht an. Der bessere Teil des Volkes kämpft auf unserer Seite. Zerreisst den Mantel der Gleichgültigkeit, den Ihr um Euer Herz gelegt! Entscheidet Euch, e h ' e s z u s p ä t i s t !

Abb. 20 Das fünfte Flugblatt: „Aufruf an alle Deutsche!“

Glaubt nicht der nationalsozialistischen Propaganda, die Euch den Bolschewistenschreck in die Glieder gejagt hat! Glaubt nicht, dass Deutschlands Heil mit dem Sieg des Nationalsozialismus auf Gedeih und Verderben verbunden sei! Ein Verbrechertum kann keinen deutschen Sieg erringen. Trennt Euch r e c h t z e i t i g von allem, was mit dem Nationalsozialismus zusammenhängt! Nachher wird ein schrecklichos, aber gerechtes Gericht kommen über die, so sich feig und unentschlossen verborgen hielten.

Was lehrt uns der Ausgang dieses Krieges, der nie ein nationaler war?

Der imperialistische Machtgedanke muss, von welcher Seite er auch kommen möge, für alle Zeit unschädlich gemacht werden. Ein einseitiger preussischer Militarismus darf nie mehr zur Macht gelangen. Nur in grosszügiger Zusammenarbeit der europäischen Völker kann der Boden geschaffen werden, auf welchem ein neuer Aufbau möglich sein wird. Jede zentralistische Gewalt, wie sie der preussische Staat in Deutschland und Europa auszuüben versucht hat, muss im Keime erstickt werden. Das kommende Deutschland kann nur föderalistisch sein. Nur eine gesunde föderalistische Staatenordnung vermag heute noch das geschwächte Europa mit neuem Leben zu erfüllen. Die Arbeiterschaft muss durch einen vernünftigen Sozialismus aus ihrem Zustand niedrigster Sklaverei befreit werden. Das Truggebilde der autarken Wirtschaft muss in Europa verschwinden. Jedes Volk, jeder Einzelne hat ein Recht auf die Güter der Welt!

Freiheit der Rede, Freiheit des Bekenntnisses, Schutz des einzelnen Bürgers vor der Willkür verbrecherischer Gewaltstaaten, das sind die Grundlagen des neuen Europa.

Unterstützt die Widerstandsbewegung, verbreitet die Flugblätter!

politischen Haltung muss zwischen der Verbreitung des vierten und dem Verfassen des fünften Flugblattes eingetreten sein. Dabei ist zu vermuten, dass ein tiefgreifender Wandel während des Einsatzes in Russland stattgefunden hat. Hier hatte Scholl Kontakt zur ‚einfachen' Bevölkerung. In seinem Tagebuch stellte er dem russischen Bauern, der Waschfrau oder dem Briefträger den deutschen Akademiker gegenüber und empörte sich voller Ironie über dessen Hochnäsigkeit, nannte ihn sogar einen „Fettwanst", einen „Kleiderständer" und „Reisbeutel".[456] Vermutlich waren es diese Erfahrungen, gepaart mit den enttäuschenden Reaktionen auf die ersten vier Flugblätter, die seinen Glauben an die ‚geistige Elite' schwinden ließen oder zumindest einschränkten.

Möglicherweise spielte auch der Einfluss von Sophie Scholl eine Rolle. Sie hatte schon im Sommer 1942 mit ihrem Bruder über die Möglichkeit gesprochen, Flugblätter zu verbreiten. Der Gedanke war, so Sophie Scholl gegenüber der Gestapo, auf „die breite Volksmasse" in ihrem Sinne einzuwirken.[457] Zu dieser Zeit war das jedoch noch nicht der Ansatz ihres Bruders.

Auffällig ist auch die Radikalisierung des Widerstands im Vergleich zu den vorherigen Flugblattaktionen. Dies signalisiert bereits der explizit verwendete Begriff des Widerstands. Während in den „Flugblättern der Weissen Rose" zum „passiven Widerstand" aufgerufen wurde, ist das Adjektiv „passiv" im fünften Flugblatt nicht mehr zu finden. Vielmehr ging der Autor noch darüber hinaus: Es ist überschrieben mit „Flugblätter der Widerstandsbewegung in Deutschland" und schließt mit der Aufforderung, die „Widerstandsbewegung" zu unterstützen. Dies deutet bereits daraufhin, dass sich das potentielle Handlungsarsenal erweitert hatte. Man versuchte zudem den Eindruck zu vermitteln, als sei hier eine Bewegung aktiv, die repräsentativ für die Opposition gegen den Nationalsozialismus sei.

Auch inhaltlich nahm Scholl anscheinend zunehmend Abstand vom Konzept des „passiven Widerstands" der „Weissen Rose". Deutlich wird dies daran, dass Scholl bei den folgenden nächtlichen Aktionen eine Waffe trug und auch bereit war, diese einzusetzen. So gab Alexander Schmorell bei der Gestapo an: „Soviel ich weiß, hat bei den Schmierereigängen nur Hans Scholl eine Schusswaffe bei sich geführt, von der [er] auch Gebrauch gemacht haben würde, wenn wir ertappt worden wären."[458] Die Bereitschaft zu einer solchen Gewaltanwendung war im Sommer 1942 noch nicht vorhanden gewesen.

Das fünfte Flugblatt gliedert sich in zwei Teile. Der erste umfasst knapp zwei Drittel des Textes und stellt vor allem eine Bestandsaufnahme des Kriegsverlaufs dar. Dabei vertrat Scholl die Meinung, dass Deutschland den Krieg verloren habe. Der Rest betrifft die Lehren aus dem Krieg sowie die Zukunft Deutschlands und Europas.

Scholl argumentierte – wie in den Flugblättern zuvor – vom nationalen Standpunkt aus. Deutschland war für den Verfasser ein positiv besetzter Begriff. Gleichzeitig versuchte er, eine Trennung zwischen der nationalsozialistischen Führung und den Deutschen sowie den deutschen Werten herzustellen. So erscheinen die Nationalsozialisten bei ihm nicht als Deutsche, sondern vielmehr als ein Fremdkörper, der sich in das deutsche Wesen eingeschlichen hätte. Die Nationalsozialisten seien „Untermenschen",[459] Verführer und das deutsche Volk die Verführten.[460] Es müsse sich nun endlich auflehnen und den Fremdkörper, der quasi ein Feind von außen sei, beseitigen. Insofern ist es kein Zufall, dass Scholl einen „neue[n] Befreiungskrieg"[461] ausrief und damit Parallelen zu den Freiheitskriegen gegen die napoleonische Herrschaft zog.

Die Leser sollten nicht der nationalsozialistischen Propaganda glauben, die ihnen „den Bolschewistenschreck in die Glieder gejagt" habe.[462] Auch wenn Scholls Erfahrungen in Russland bei dieser Formulierung eine Rolle gespielt haben mögen, ging es hier nicht um eine apologetische Betrachtung des sowjetischen Kommunismus. Vielmehr sollte aufgezeigt werden, dass der Sieg über den Bolschewismus nicht zentral sein dürfe. So versuchte der Verfasser darzulegen, dass Deutschlands Heil eben nicht mit dem Sieg des Nationalsozialismus zusammenhänge. Im Gegenteil: „Ein Verbrechertum kann keinen deutschen Sieg erringen."[463] Wieder zeigt sich: Deutschland war ein positiv besetzter Begriff und zu Deutschland gehörte nicht der Nationalsozialismus. Ein nationalsozialistischer Sieg wäre folglich kein deutscher Sieg gewesen, denn dieser würde den Macht- und Gewaltstaat bedeuten, der jegliche Freiheitsrechte missachtete. Dies entsprach für Scholl nicht dem deutschen Wesen.

Der im fünften Flugblatt niedergelegte politische Forderungskatalog war der erste und einzige Versuch des Scholl-Schmorell-Kreises, seine Zukunftsvorstellungen nach außen zu bringen. Jetzt war es nicht mehr nur ein *Dagegen*, sondern es ist schemenhaft auch ein *Wofür* zu erkennen. Beides hängt jedoch eng zusammen. Die Ablehnung des Nationalsozialismus als Ausdruck des preußischen Militarismus hatte zur Folge, dass eine zentralistische Gewalt in Deutschland abgelehnt wurde. Der zukünftige Staat könne daher nur föderalistisch verfasst sein.[464] Der Föderalismusgedanke wurde nicht nur innenpolitisch verstanden, sondern auch mit Blick auf ganz Europa. So heißt es in der von Huber formulierten und von Scholl übernommenen Passage: „Nur eine gesunde föderalistische Staatenordnung vermag heute noch das geschwächte Europa mit neuem Leben zu erfüllen.“[465] Anhand anderer Quellen lässt sich gar aufzeigen, dass Scholl sogar einen Präsidenten für Europa forderte.[466] Es zeigt sich, wie konstruktiv-zukunftsweisend er mittlerweile dachte.

Über die künftige Wirtschaftsordnung gibt lediglich ein von Scholl verfasster Satz vage Auskunft: „Die Arbeiterschaft muss durch einen vernünftigen Sozialismus aus ihrem Zustand niedrigster Sklaverei befreit werden.“[467] Hier mag sich der Einfluss von Josef Furtmeier niederschlagen, der der Arbeiterschaft spätestens seit dem Ende des Ersten Weltkriegs nahe stand.[468] Dessen ungeachtet meinte Scholl schon vor dem Kontakt zu Furtmeier, er sei „Sozialist bis auf die Knochen“.[469] Bei der Forderung nach einem „vernünftigen Sozialismus“ klingen jedenfalls gewisse Gerechtigkeitsvorstellungen an, sie bleiben dennoch, obgleich verständlich bei einem Flugblatt, in dieser Form holzschnittartig, ja floskelhaft.

Das Flugblatt endet mit der Forderung nach den klassischen bürgerlichen Freiheitsrechten: „Freiheit der Rede, Freiheit des Bekenntnisses, Schutz des einzelnen Bürgers vor der Willkür verbrecherischer Gewaltstaaten, das sind die Grundlagen des neuen Europa.“[470] Hier zeigt sich der grundsätzlich liberale Charakter von Hans Scholl, in dem das religiöse Denken tief verankert war. Freilich wird nicht eine allgemeine Glaubensfreiheit aller Religionen gemeint gewesen sein, eine solche Perspektive lässt sich bei Scholl nicht nachweisen. Es ging vielmehr in erster Linie um die Freiheit des *christlichen* Bekenntnisses, das im Nationalsozialismus bedroht war und dessen Recht er wieder erkämpfen wollte. Offen bleibt die Frage, wer für Scholl unter den Begriff des Bürgers fiel. Die Kontextualisierung mit Europa legt einen weiten Bürgerbegriff nahe. Sicherheit, ob beispielsweise auch die Juden dazu zählten, hat man gleichwohl nicht.

3. „Die Nacht ist des Freien Freund"

Neben der Versendung von Flugblättern wurde ab Januar 1943 ein neuer Weg beschritten: Die Studenten begannen mit nächtlichen Aktionen, bei denen u.a. die Flugblätter ausgestreut und Parolen an Hauswände geschrieben wurden. Zurückzuführen sind diese neuen Methoden einerseits darauf, dass man zu wenig Briefumschläge hatte,[471] andererseits versuchten die Studenten – ganz im Sinne der neuen Strategie – auf diese Weise das ganze Volk anzusprechen.[472]

Erstmals machten sich Hans Scholl, Alexander Schmorell und Willi Graf in der Nacht vom 28. auf den 29. Januar 1943 auf den Weg in verschiedene Münchner Stadtteile. Die Studenten hatten insgesamt rund 1500 Flugblätter bei sich.[473] Willi Graf bekam von Hans Scholl die Anweisung, in welchem Stadtgebiet er die Flugblätter zu verteilen hatte.[474] Sie gingen dann einzeln durch die Straßen und legten unterwegs immer wieder Flugblätter ab. Die Streuaktion dauerte von 23 bis 1 Uhr. Dann traf man sich in der Wohnung der Scholls wieder. Insgesamt hatten Scholl, Schmorell und Graf eine Strecke von 15 bis 18 km zurückgelegt.[475]

Hans Scholl wollte seine Schwester zu dieser nächtlichen Aktion nicht mitnehmen. Sophie Scholl hatte dennoch den Wunsch, aus der ihr zugewiesenen Rolle der Frau auszubrechen, die Schranken, die ihr der Bruder setzte, zu überwinden. Dies war ein kontinuierlicher Prozess, der zum einen beinhaltete, ihn von ihrem Angebot der Unterstützung bei den nächtlichen Tätigkeiten zu überzeugen, zum anderen ergriff sie auch ohne Absprache die Initiative. So legte sie in der Zeit vom 30. Januar bis zum 6. Februar 1943 in vier bis sechs Fällen das fünfte Flugblatt in Telefonkabinen, an parkenden Autos usw. ab. Sie führte für solche Aktionen immer einige Flugblätter bei sich, so ihre spätere Angabe bei der Gestapo, „um gegebenenfalls bei günstigen Gelegenheiten davon Gebrauch machen zu können".[476]

Mit diesen Aktionen sind die drei Studenten und auch Sophie Scholl eine zusätzliche Stufe auf der Risikoleiter hinaufgestiegen. Nach der Bekanntgabe der Niederlage von Stalingrad kam es zu drei weiteren nächtlichen Widerstandshandlungen. Der handwerklich versierte Schmorell hatte in seiner Wohnung eine Schablone mit dem Schriftzug „Nieder mit Hitler" angefertigt, die gleichzeitig ein durchgestrichenes Hakenkreuz zeigte.[477]

In der Nacht vom 3. auf den 4. Februar 1943 gingen Alexander

Schmorell und Hans Scholl von der Schollschen Wohnung Richtung Universität. Als sie dort ankamen, malte Schmorell mit großen Buchstaben „Nieder mit Hitler" und ein durchgestrichenes Hakenkreuz an die Hausfassade. Währenddessen passte Hans Scholl auf, dass keine unerwünschten Zeugen zuschauten. Von der Universität aus gingen Scholl und Schmorell, ohne eine genaue Route geplant zu haben, weiter in Richtung Innenstadt und brachten die Parolen auch an zahlreichen anderen Fassaden an. Als sie auf dem Rückweg nochmals an der Universität vorbeikamen, so Alexander Schmorell gegenüber der Gestapo, „konnten [wir] es nicht unterlassen, dort auch noch zusätzlich die Aufschrift ‚Freiheit' [...] anzubringen".[478]

Die nächtlichen Aktionen sind wahrscheinlich auf eine Idee von Sophie Scholl zurückzuführen. Sie machte ihrem Bruder, so ihre glaubwürdige Angabe bei der Gestapo, einen entsprechenden Vorschlag.[479] Hierauf deutet u.a. auch der Erinnerungsbericht von Elisabeth Hartnagel hin. Demnach sagte Sophie Scholl zu ihr, dass man mit Teerfarbe Maueranschriften anbringen sollte. Auf den Einwand der Schwester, dass dies sehr gefährlich sei, meinte Sophie Scholl: „Die Nacht ist des freien Freund"[480] – hiermit zitierte sie Ernst Reden, den nationalsozialistischen Freund, der im Sommer 1942 gefallen war.[481] Dieses Gespräch hat nach der Erinnerung von Hartnagel an dem Abend stattgefunden, an dem die ersten Maueranschriften – ohne das Wissen von Sophie Scholl – erfolgten.

Hans Scholl dachte offenbar über den Vorschlag seiner Schwester nach und berichtete Alexander Schmorell davon. Da Scholl in dieser Zeit bereits nach Wegen suchte, wie die Aktionen ausgeweitet werden konnten,[482] kam die Anregung seiner Schwester gerade recht. Die Anschriften sollten die bisherige Arbeit unterstützen, da sie sich damit, so Alexander Schmorell rückblickend gegenüber der Gestapo, „an die Masse des Volkes wenden, was uns bei der Verbreitung von Druckschriften nicht in diesem Sinne möglich war".[483]

Als sich Scholl und Schmorell einige Tage später trafen – die Parolen waren längst entfernt worden – berichtete Scholl von einem neuen Plan. Schmorell gab hierzu bei der Gestapo an: „Als ich gegen Abend wegging, hat mir Hans Scholl gesagt, dass er in der folgenden Nacht wiederum schmieren gehen werde. [...] Bei diesen Andeutungen sagte mir Hans Scholl, dass er in der folgenden Nacht seinen Freund Willi Graf mitnehmen werde."[484] Scholl hatte demnach Willi Graf in das neue Vorhaben der ‚Schmieraktionen' eingeweiht, ohne sich mit Schmorell abzusprechen. Interessant ist an dieser Aussage auch, dass Schmorell Willi Graf als den Freund Scholls bezeichnete und nicht als seinen eigenen bzw. einen gemeinsamen. Dies deutet daraufhin, dass Graf eigentlich nur mit Scholl in engerer Verbindung stand; Probst traf er lediglich einige Male und Hinweise auf eine nähere Beziehung zu Sophie Scholl gibt es nicht.

In zwei weiteren Nächten unternahmen die Studenten ähnliche Schmieraktionen. Weiter wurden Parolen wie „Massenmörder Hitler!“[485] oder „Freiheit“ angebracht.

4. Neue Leseabende

Ende Januar 1943 griff Hans Scholl die Idee der Leseabende wieder auf. Hierfür bot sich das Atelier des Architekten Manfred Eickemeyer an. Hans Scholl kannte ihn schon seit dem Frühsommer 1942, in seinen Räumlichkeiten hatte auch der Abend vor der Abfahrt nach Russland stattgefunden. Da Eickemeyer ab dem 12. Januar 1943 für acht Wochen nach Polen ins Generalgouvernement fuhr, um dort als Architekt u.a. bei Rüstungsprojekten für die deutschen Besatzer zu arbeiten,[486] bat Scholl ihn, sein Atelier dem mit ihm befreundeten Kunstmaler Wilhelm Geyer zur Verfügung zu stellen. Das Atelier diente zudem u.a. zur Unterbringung des Vervielfältigungsapparates und der Schablonen.

Insgesamt kam es 1943 zu drei Veranstaltungen, die Hans Scholl organisierte. Bei den Zusammenkünften waren zwischen fünfzehn und fünfunddreißig Personen anwesend, u.a. Willi und Anneliese Graf, die Geschwister Scholl, der Buchhändler Josef Söhngen, Christoph Probst sowie sein Schwiegervater Harald Dohrn.

An einem dieser Gesprächsabende betonte Dohrn die Rolle der Kirche. Scholl fragte, warum die katholische Kirche nicht öffentlich protestiere, worauf Dohrn entgegnete, dass dies nicht die Sache der Kirche, sondern die der einzelnen Gläubigen sei. Der einzelne Christ, so meinte Dohrn, müsse für seine Belange protestieren, selbst wenn es ihn das Leben kosten würde.[487]

Alexander Schmorell verließ die Zusammenkunft früh. Ihm waren diese Treffen ganz offensichtlich nicht besonders wichtig. Hier unterschied er sich grundlegend von Hans Scholl. Dieser sprach an dem zweiten Abend, der kurz nach der Niederlage von Stalingrad stattfand, auch die allgemeine Kriegslage an und meinte, dass der Krieg für Deutschland verloren sei und die zahlreichen Opfer umsonst gewesen seien. Anfang Februar 1943 trug der mit Leseverbot bedachte Theodor Haecker aus „Schöpfer und Schöpfung" vor rund 35 Personen vor.[488] Sophie Scholl sprach von „eindrucksvollen Stunden"[489], Willi Graf schrieb, dass er „manches Besondere verstanden und gehört"[490] habe.

Die Gäste der Abende nahmen an diesen Zusammenkünften überwiegend mit der Erwartung teil, dass es sich um unpolitisch-künstlerische und religionsphilosophische Diskussionen handeln würde. Offensichtlich sollten politische Besprechungen vermieden werden. So gab zumindest Katharina Schüddekopf bei der Gestapo an, dass sie den französischen Lektor Jean Rousset, bei dem sie studierte,[491] eingeladen habe, damit nicht politisiert werde, schließlich sei seine nationalsozialistische Einstellung bekannt gewesen.[492] Damit deutet sich an, dass nur bedingt politische Kriterien für die Auswahl der Teilnehmer ausschlaggebend waren. Anneliese Knoop-Graf berichtete rückblickend, dass es „nicht schwierig" gewesen sei, dorthin eingeladen zu werden: Es habe offensichtlich nicht viel dazu gehört, für politisch einwandfrei, also oppositionell, erklärt zu werden.[493]

Was war das Ziel dieser Leseabende – nur der kulturelle Austausch oder auch die Rekrutierung von neuen Mitverschworenen? Lockte Hans Scholl die betreffenden Personen nur unter dem Vorwand in das Atelier, sich über religiöse und kulturelle Fragen auszutauschen? Auffällig ist jedenfalls, dass er Harald Dohrn – den Schwiegervater von Probst – beauftragte, einen Vortrag zu halten, diesen an dem betreffenden Abend jedoch nicht einmal mehr darauf ansprach.[494] Es muss offen bleiben, ob dies Kalkül war oder ob Scholls Gedanken nicht ganz ‚geordnet' waren.

5. Planungen für das postnationalsozialistische Deutschland

Anfang Februar 1943 kam Falk Harnack nach München. Anlass war jedoch nicht, erneut Kontakt zu Scholl und Schmorell aufzunehmen, sondern ein Treffen mit der von ihm umworbenen Lilo Berndl. Die beiden wollten über ihre Heirat sprechen.[495] Am 8. Februar 1943 trafen Schmorell und Harnack zusammen und gingen zur Wohnung der

Scholls in der Franz-Joseph-Straße 13. Später kam zufällig auch Willi Graf hinzu.[496]

Die Studenten zeigten Harnack das fünfte Flugblatt, was dieser für gut befand. Ebenso berichteten sie von ihren nächtlichen ‚Schmieraktionen' und erzählten, dass sie das Flugblatt an einen größeren Personenkreis gesandt hätten. Einigkeit herrschte in der Ablehnung der nationalsozialistischen Herrschaft, trotzdem wurden keine konkreten Pläne eines gemeinsamen Vorgehens vereinbart. Nach etwa zwei Stunden kam Lilo Berndl, um Harnack abzuholen. Man verabredete sich vermutlich für den 11. Februar.[497]

Zu diesem zweiten Treffen hat Scholl nicht nur Graf in seine Wohnung eingeladen, sondern auch Kurt Huber. Den Beteiligten war bewusst, dass es sich hierbei um eine hochillegale Zusammenkunft handelte, in der es darum ging, sich kritisch mit der nationalsozialistischen Politik auseinander zu setzen. Ob es zu einer gemeinsamen Aktion kommen würde, war hingegen nicht abzusehen.

Im Wesentlichen wurde über wirtschaftspolitische Fragen diskutiert. Die Hauptdebatte erfolgte zwischen Kurt Huber und Falk Harnack. Harnack vertrat national-kommunistische Ideen, sprach sich für eine gänzliche Sozialisierung der Produktion, vor allem der Großbetriebe, aus. So meinte er, dass es sinnvoll sei, die Post, die Reichsbahn, die Banken und die Firma Carl Zeiss Jena zu verstaatlichen. Harnack sprach von einer „totale[n] Sozialisierung und Nationalisierung"[498]. In seiner Argumentation sind auch Denkmuster vorhanden, die auf Übereinstimmungen mit den ursprünglichen nationalsozialistischen Forderungen verweisen. So verlangte Harnack die „Brechung der Zinsknechtschaft", eine Forderung, die auch im 25-Punkte-Programm der NSDAP vorhanden war. Nach seiner Meinung hatten die Nationalsozialisten hier nicht radikal genug durchgegriffen.[499]

Für Harnack, der sich auch in der Kulturarbeit der Wehrmacht betätigte,[500] war die nationale Argumentationslinie äußerst bedeutend. In seinem „politischen Bekenntnis" formulierte er, dass Deutschland Europa zu einem Wirtschaftsblock zusammenschweißen solle, um ein Gegengewicht gegen Ost und West zu schaffen. Die Führung dieser Großeinheit oblag nach Harnacks Vorstellungen selbstverständlich Deutschland und zwar mit folgender Begründung: „Weil Deutschland in jeder Beziehung, sei es geistig, kulturell, wirtschaftlich und sozial, am weitesten entwickelt ist und gleichzeitig die stärksten und kräftigsten Organisationskräfte besitzt." Daher war es nur folgerichtig, dass er sich gegen föderalistische Strukturen in Deutschland aussprach.[501]

Trotz der nationalen Orientierung stießen Harnacks Vorstellungen bei Kurt Huber auf erheblichen Widerspruch. Sie waren ihm zu „kommunistisch", denn die von Harnack geforderten Maßnahmen führten seiner Ansicht nach dazu, das Privateigentum aufzuheben und den Mittelstand zu zerstören. Hans Scholl pflichtete Huber zumindest in Bezug auf die Agrarwirtschaft bei.[502] Ebenso wurde Huber in diesem Punkt von Willi Graf unterstützt. Graf folgte der Diskussion ansonsten lediglich passiv und verließ die Wohnung schon nach knapp der Hälfte der Zeit.[503] Daran wird abermals erkennbar, dass ihm keine politisch prägende Rolle zukam und er diese auch gar nicht anstrebte.

Scholl und Schmorell gaben an, dass sie sich eine demokratische Staatsform wünschten, worüber sich alle einig zu sein schienen. Dabei fällt jedoch auf, dass der Demokratiebegriff für die Diskussionspartner unterschiedlich besetzt war. Scholl und mit ihm wohl auch Schmorell schlugen vor, dass es zwei oder drei Parteien geben sollte, wovon eine die Oppositionspartei bilden müsse.[504a] Huber lehnte dies sicher ab. Gegenüber der Gestapo gab er wohl wahrheitsgetreu an: „Ich bin ein Gegner der Demokratie [...]. Ebenso bin ich ein Gegner der unklaren demokratisch bestimmten Monarchie."[504b]

Da alle bestimmte freiheitliche Elemente in ihren staatskonzeptionellen Vorstellungen vertraten, entstand bei einem Teil der Diskussionsteilnehmern der Eindruck, dass es einen Grundkonsens geben würde. So verwundert es nicht, dass Alexander Schmorell gegenüber der Gestapo sagte: „Schliesslich erweckte diese Aussprache abschließend bei uns den Eindruck, dass beide einer demokratischen Regierungsform den Vorzug gaben."[505]

Trotz unvereinbarer Positionen, die jedoch nicht allen bewusst zu sein schienen, wurde über die Herausgabe eines neuen Flugblattes gesprochen. Darin sollten die Vorfälle im Deutschen Museum behandelt werden.[506] Als Falk Harnack schließlich die Wohnung Scholls verlassen hatte, übergab Kurt Huber Scholl und Schmorell einen Flugblattentwurf.[507] Nicht nur die Tatsache, dass Huber seinen Text erst vorzeigte, als Harnack gegangen war, verdeutlicht, wie sehr er Harnack ablehnte. Er warnte vielmehr explizit davor, mit Harnack zusammenzuarbeiten.[508] Der politische Graben zwischen Huber und Harnack war zu tief und der zu den Studenten brach erst jetzt auf.

6. Das sechste Flugblatt: Appell an die Studierenden

Entstehung und Verbreitung

Unter der Niederlage der Deutschen in Stalingrad litt Huber – wie er selbst sagte – „beispiellos".[509] Seine Vorlesung nach der Bekanntgabe der Niederlage begann er mit den Worten, dass die Zeit der Phrasen vorbei sei.[510]

Hinzu kam die für ihn inakzeptable Entscheidung des Führerhauptquartiers, „dass seit der Übernahme des Oberbefehls durch den Führer und durch die sukzessive Entlassung der fähigsten Generäle die Angriffskraft der Deutschen Wehrmacht in katastrophaler Weise geschwächt wird".[511] Stalingrad war für Huber „wohl der entscheidende Grund, dass ich auf Scholls Aufforderung, ihm einige Gesichtspunkte für ein Flugblatt zu geben, direkt ein Flugblatt verfasste".[512]

Als Huber den Entwurf nach dem Treffen mit Harnack den Medizinstudenten übergab, waren Scholl und Schmorell mit dem Gesamttext jedoch nicht einverstanden. Dabei hatte Huber einige Punkte in den Text eingearbeitet, die Scholl wichtig waren, ihm selbst jedoch nicht.[513]

Huber wollte vor allem die Wehrmacht positiv hervorheben. Ursprünglich war in dem Entwurf der Abschnitt zu lesen:

> „Studenten, Studentinnen, Ihr habt Euch der deutschen Wehrmacht an der Front und in der Etappe, vor dem Feind, in der Verwundeten-Hilfe, aber auch im Laboratorium und am Arbeitstisch restlos zur Verfügung gestellt. Es kann für uns alle kein anderes Ziel geben, als die Vernichtung des russ. Bolschewismus in jeder Form. Stellt Euch auch weiterhin geschlossen in die Reihen unserer herrlichen Wehrmacht."[514]

Dieser Passus stieß bei den beiden Studenten auf erheblichen Widerstand. Wenn Huber davon sprach, dass ihnen „der Entwurf nicht aggressiv genug abgefasst"[515] war, meinte er die nun offen zu Tage liegende Unvereinbarkeit ihrer politischen Vorstellungen. Die Nähe Kurt Hubers zu staatlichen Institutionen bzw. seine Bereitschaft, mit diesen zu kooperieren, war Scholl und Schmorell zu groß. Im Bewusstsein dieser politischen Differenzen verließ Huber die Wohnung Scholls in dem Glauben, „dass der Entwurf nicht benützt würde".[516] Scholl und Schmorell strichen allerdings nur diesen Teil seines Entwurfes.

Am Freitag, dem 12. Februar 1943 begann dann die Produktion des sechsten und letzten Flugblattes durch die Geschwister Scholl, Alexander Schmorell und Willi Graf in der Wohnung Scholls. Aus Sicherheitsgründen brachten Scholl und Schmorell den Vervielfältigungsapparat und die Schreibmaschine nach der verrichteten Arbeit ins Atelier Eickemeyer.[517]

An einem der nächsten Tage, wahrscheinlich am 16. oder am 17. Februar 1943, fuhr Willi Graf noch einmal ins Rheinland. Aus den „paar vernünftige[n] Sätze[n]", die er am 21. Januar mit Karl Bisa wechselte, hoffte er auf eine neue konspirative Verbindung. Wieder einmal blieb Graf jedoch erfolglos.[518]

Der Flugblatttext

Was wurde im sechsten und letzten Flugblatt des Widerstandskreises, das in einer Auflage von rund 3000 Exemplaren produziert wurde, gefordert? Während die ersten vier Flugblätter an eine ‚intellektuelle Elite' gerichtet waren, das fünfte sich an „alle Deutschen" wandte, waren nun die Studierenden die Adressaten. Die Anrede bzw. die Überschrift macht dies deutlich: „Kommilitoninnen! Kommilitonen!" bzw. in einer zweiten Fassung „Deutsche Studentin! Deutscher Student!" Dieser Adressatenwechsel ist auf Kurt Huber zurückzuführen.

Hintergrund waren die Vorfälle im Deutschen Museum. Auf diese Ereignisse spielte der Philosophieprofessor an, wenn er schrieb, dass deutsche Studentinnen „auf die Besudelung ihrer Ehre eine würdige Antwort gegeben" und die Studenten „sich für ihre Kameradinnen eingesetzt und standgehalten" hätten.[519] Waren für Huber der Skandal im Deutschen Museum und die Niederlage von Stalingrad die Gründe, durch einen eigenen Text „einmal aus der Reserve herauszugehen",[520] so waren sie für die Studenten sicher nicht handlungskonstituierend.

Es ist daher nur folgerichtig, dass die Themen Deutsches Museum und Stalingrad das Fundament des Flugblattes bildeten. Gleich zu Beginn wird die Niederlage von Stalingrad mit ihren zahlreichen Opfern in ironischer Weise beklagt: „Dreihundertdreissigtausend deutsche Männer hat die geniale Strategie des Weltkriegsgefreiten sinn- und verantwortungslos in Tod und Verderben getrieben. Führer, wir danken dir!"[521] Dabei ist Hubers nationale Sichtweise, die schon in seinem biographischen Kapitel dargelegt wurde, zu erkennen. Bei den

Ereignissen von Stalingrad ging es ihm nicht primär um die Opfer auf beiden Seiten, sondern eben nur um die deutschen.

Nach diesem Auftakt leitete er direkt dazu über, die persönliche Freiheit einzufordern, was an die Schilderung der Geschehnisse im Deutschen Museum gekoppelt war. Den NS-Staat stellte Huber als ein Gebilde dar, in dem freie Meinungsäußerung nicht möglich war und selbstständiges Denken systematisch unterbunden wurde. Der Nationalsozialismus als das Machwerk von Geistlosen und als Brutstätte für den Ungeist – dies war die Perspektive Hubers. Die jahrelang angestaute Frustration über die nationalsozialistische Einflussnahme auf die Besetzung der Lehrstühle und die Wissenschaft kommt dabei zum Ausdruck.

Huber kritisierte, dass die Führungsschicht im nationalsozialistischen Staat nicht aus Menschen des Geistes bestehe, die eigentlich an der Spitze eines jeden Staatswesens stehen sollten, sondern aus einer kleinen Clique von Verbrechern, die weitere wiederum heranziehe. Dem „Parteibonzen", dem Inbegriff für die skrupellose Selbstbereicherung von NSDAP-Funktionären, setzte Huber den Geistmenschen entgegen, der mit den Protesten im Deutschen Museum einen Anfang gemacht hätte.

Hubers zentrale Forderung, „wahre Wissenschaft und echte Geistesfreiheit"[522], hatte ihren gemeinsamen Nenner in der Freiheit. Diese wiederum koppelte er an den Begriff der Ehre. Gerade diese beiden Termini, Freiheit und Ehre, hätten „Hitler und seine Genossen" „bis zum Ekel ausgequetscht, abgedroschen, verdreht, wie es nur Dilettanten vermögen, die die höchsten Werte einer Nation vor die Säue werfen."[523] Huber setzte dem entgegen: „Unser Volk steht im Aufbruch gegen die Verknechtung Europas durch den Nationalsozialismus, im neuen gläubigen Durchbruch von Freiheit und Ehre!"[524] Er versuchte somit das Begriffspaar „Freiheit und Ehre" – ein nationalsozialistisches Schlagwort, das bereits in der Weimarer Republik verwendet wurde[525] – von der nationalsozialistischen Kontamination zu reinigen.

Huber richtete den Blick auch auf den Krieg: „Auch dem dümmsten Deutschen hat das furchtbare Blutbad die Augen geöffnet, das sie im Namen von Freiheit und Ehre der deutschen Nation in ganz Europa angerichtet haben und täglich neu anrichten." Diese Kritik richtete sich gegen die Verbrechen der Deutschen in den Gebieten außerhalb des „Altreichs". Eine Passage aus seinem ersten Vernehmungsprotokoll hat eine ähnliche Stoßrichtung und zeigt zugleich seine Kritik an der nationalsozialistischen Kriegs- und Besatzungspolitik:

> „Ich hatte jegliches Verständnis für eine starke Politik im Osten, konnte mich jedoch mit den immer zahlreicher werdenden Blutopfern im Osten nicht innerlich abfinden. Ich bin der festen Überzeugung, dass eine mildere und verstehendere Politik nach dem Frankreichfeldzug einen wirklichen Aufbau Gross-Europas ohne Versklavung aller darunter fallenden Völker hätte ermöglichen müssen. Die Reden der obersten Parteistellen und die Massnahmen des vergangenen Jahres haben mir diese letzte Hoffnung genommen."[526]

Hans Scholl war bei diesem Flugblatt nur partieller Ideengeber. In Hubers Vernehmungsprotokoll ist zu lesen, dass er auf Bitten Scholls ein Flugblatt verfasst hatte, „unter Hereinnahme einiger Punkte, die Scholl vorzüglich hervorgehoben haben wollte, die aber mir persönlich nicht am Herzen lagen. Diese Punkte sind die Aufforderung, die Vorlesungen von SS-Angehörigen nicht zu besuchen."[527] So ist davon auszugehen, dass der folgende Satz entweder auf eine Anregung Scholls zurückgeht oder von ihm selbst verfasst worden ist: „Heraus aus den Hörsälen der SS- Unter- oder Oberführer und Parteikriecher!"[528] Da für Scholl und Schmorell der Entwurf Hubers „nicht aggressiv genug" war,[529] könnte auch eine der schärfsten Forderungen des Flugblatts nicht von Huber stammen: „Es gibt für uns nur eine Parole: Kampf gegen die Partei!"[530]

Das Flugblatt zeigte kämpferischen Geist, der einer um die Nation besorgten Seele entsprang. Es fehlte jedoch abermals eine explizite Anklage der Verfolgungen im „Altreich". Der Angriff gegen die Studentinnen im Deutschen Museum als Symbol für den Niedergang des freien Geistes, die toten deutschen Soldaten, aber auch die deutschen Verbrechen im Ausland, das waren Hubers primäre Anklagen gegen den NS-Staat, was auf Grund der ‚Aktualität' der Ereignisse nachvollziehbar ist.

7. Der 18. Februar 1943

Nachdem das sechste Flugblatt verschickt worden war, blieben noch ca. 1500 bis 1800 Exemplare übrig.[531] Da sich dieses Flugblatt an die Studierenden richtete, lag es nahe, es auch in der Universität zu verbreiten. Scholl und Schmorell hatten abgesprochen, so das Vernehmungsprotokoll Schmorells,

> „dass wir den Rest dieser Flugblätter in der Universität kurz vor Beendigung der Vorlesungen vor die Türen der Hörsäle legen werden. Dieser Gedanke ging entweder von mir oder von Scholl aus. Jedenfalls waren wir uns über dieses Vorhaben vorläufig einig. Bei dieser Unterredung war weder die Sofie Scholl noch Graf anwesend."[532]

Diese Absprache wurde ungefähr zwei Tage vor dem 18. Februar getroffen. Näheres vereinbarten sie jedoch nicht.[533] Auch Willi Graf war über den Plan Hans Scholls informiert. Aber in all diesen Gesprächen wurde kein konkretes Datum vereinbart, sondern lediglich die grobe Planung festgehalten. Folglich wussten weder Graf noch Schmorell von der Aktion am Morgen des 18. Februar 1943. Die Idee dazu ging vermutlich auf Sophie Scholl zurück, denn sie war offensichtlich die einzige, die auch schon zuvor Flugblätter in der Universität verbreitet hatte.[534]

Die Aktion

Der 18. Februar 1943 war ein Donnerstag, Kurt Huber hielt ab zehn Uhr seine Vorlesung. Sophie Scholl, die normalerweise an der Veranstaltung teilnahm, blieb ihr an diesem Vormittag fern. Um halb elf Uhr machten sich die Geschwister von ihrer Wohnung in der Franz-Joseph-Straße auf den Weg in Richtung Universität, in der Hand einen Koffer und eine Aktenmappe voller Flugblätter.[535]

Am Eingang der Universität begegneten die beiden Traute Lafrenz und Willi Graf, die zehn Minuten vor Schluss die Huber-Vorlesung verlassen hatten, um noch rechtzeitig zu einer medizinischen Lehrveranstaltung in die Nervenklinik zu kommen.[536] Das Tagebuch von Lafrenz gibt Auskunft über diese Begegnung: „Ein paar belanglose Worte gewechselt – ‚Macht Ihr ein langes Wochenende?' Unvergesslich ernst ruft Sophie mir dann noch nach ‚Und falls ich heute Nachmittag nicht zu hause bin, die Skistiefel stehen gleich neben der Tür.'"[537]

Eigentlich wollte Hans Scholl seine Schwester unten am Eingang warten lassen und die Flugblätter alleine auslegen. Ob er durch das Treffen mit Traute Lafrenz und Willi Graf abgelenkt wurde und daher seine Absicht kurzfristig änderte, bleibt offen. Wohl kurz nach dem

Treffen entschied sich Hans Scholl dafür, die Flugblätter zusammen mit seiner Schwester auszulegen.[538] Dies war das erste und letzte Mal, dass er seine Schwester an einer öffentlichen Aktion beteiligte.

Während die Geschwister in die Universität gingen, wurden Traute Lafrenz und Willi Graf unruhig. Graf fragte seine Kommilitonin, was die beiden Scholls mit einem Koffer in der Universität machten.[539] Nach dem Krieg berichtete Lafrenz ergänzend: „Zwei qualvolle Stunden während Bumkes Vorlesung. Sonst schläft Willi regelmäßig ein. Heute rückt er ruhelos hin und her."[540] Willi Graf wird in diesen Stunden tatsächlich noch viel unruhiger gewesen sein, denn er wusste, dass Hans Scholl den Plan hatte, die Flugblätter während der Vorlesungen im Gebäude der Universität auszulegen. Ebenso wird er geahnt haben, dass die noch nicht verschickten Flugblätter in dem Koffer verwahrt wurden, den die beiden mit sich führten.[541]

Im Universitätsgebäude angelangt, legten sie die Schriften aus. Sophie Scholl berichtete der Gestapo: „Innerhalb des Universitätsgebäudes trug mein Bruder den Koffer, während ich die Flugblätter an den verschiedensten Orten ablegte, oder ausstreute."[542] Hans Scholl achtete darauf, dass sie nicht beobachtet wurden. Als die beiden das Gebäude schon wieder verlassen wollten, legte Hans Scholl am Hintereingang an der Amalienstraße auf der Treppe kurz vor dem Eingang noch eine größere Menge Flugblätter ab. Dann folgte jedoch der fatale Entschluss, noch einmal zurückzukehren. Die Widerstandsaktion wurde fortgesetzt: Im ersten Stock hinterließen die Scholls stoßweise Flugblätter. Dann gingen beide in den zweiten Stock. Nun folgte das dramatische Ende. Sophie Scholl sagte später aus: „In meinem Übermut oder meiner Dummheit habe ich den Fehler begangen, etwa 80 bis 100 solcher Flugblätter vom 2. Stockwerk der Universität in den Lichthof herunterzuwerfen."[543]

Der Lichthof war zu dieser Zeit quasi menschenleer, aber plötzlich tauchte der Hausschlosser der Universität auf: Jakob Schmid. Er sah, wie die Flugblätter in den Lichthof flatterten, konnte die Scholls jedoch ebenso wenig sehen wie sie ihn. Schmid zögerte nicht und ging in Richtung der Abwurfstelle. In diesem Moment warf nicht nur Sophie Scholl Flugblätter in den Lichthof,[544] sondern Hans Scholl schüttete gerade über die Brüstung hinweg „den Rest meiner Flugblätter in den Lichthof"[545] und bemerkte währenddessen den nahenden Schmid. In Hans Scholls Vernehmungsprotokoll ist dazu zu lesen: „Ich war damit noch kaum fertig, als ich die Beobachtung machte, daß der

Hausmeister uns zum zweiten Stock folgen würde. Tatsächlich war ich mit meiner Schwester nur wenige Meter von der Abwurfstelle entfernt, als dieser Mann auf uns zukam, uns die Festnahme ankündigte und uns auf den Kopf zusagte, daß wir soeben Flugblätter in den Lichthof geworfen hätten."[546] Schmid erklärte: „Ich verhafte Sie!"[547] Hans Scholl entgegnete daraufhin: „Lächerlich so etwas, es ist eine Unverschämtheit einen in der Universität herinnen festzunehmen!"[548] Die Geschwister wehrten sich nicht, was die Aussage Sophie Scholls dokumentiert: „Mein Bruder und ich gingen widerspruchslos mit diesem Mann".[549]

Schmid führte das Geschwisterpaar im Lichthof die Treppen hinunter. Im Erdgeschoss befanden sich nun schon mehrere Personen. Schmid brachte die beiden zu dem Hausverwalter Albert Scheithammer. Nachdem ihm der Sachverhalt geschildert worden war, hielt Scheithammer es für das Beste, die Scholls zum Syndikus und „Abwehrbeauftragten der Universität"[550], Karl Ernst Haeffner, zu bringen.

Die Gestapo wurde benachrichtigt und Scheithammer erhielt den Auftrag, umgehend die Türen der Universität zu schließen, damit keine Studenten verschwinden konnten, die vielleicht schon ein Flugblatt in ihren Besitz genommen hatten.[551] Jetzt war es nicht mehr möglich, das Gebäude zu verlassen. Selbst den Dekanen war dies erst nach eingehender Prüfung erlaubt.[552]

Schon nach wenigen Minuten kam ein größeres Aufgebot der Gestapo, und die beiden Scholls wurden abgeführt.[553] Auf dem Weg nach draußen gingen sie durch die Menge der Studenten, die die Universität nicht verlassen konnte. So trafen sie noch Gisela Schertling, die die Vorlesung von Kurt Huber besucht hatte und am Ausgang wartete. Hans Scholl sagte zu seiner Freundin: „Geh' nach Hause und sag' Alex, wenn er da ist, er solle nicht auf mich warten." Er werde an diesem Abend nicht kommen.[554] Huber selbst war über die Aktion des Geschwisterpaares äußerst erbost. Als er seine Doktorandin Katharina Schüddekopf traf, sagte er in Bezug auf die Scholls: „Die bringen uns alle ins Grab."[555]

Der Historiker steht vor einem Rätsel: Warum gingen die beiden kurz vor dem Ende der Vorlesungen in den Lichthof der Universität, um die Flugblätter auszulegen? Das Risiko gesehen zu werden, konnte kaum größer sein. Im Lichthof herrscht noch heute eine besondere Akustik. Entsprechende Warnsignale sind kaum wahrnehmbar.

Während man dies mit ihrem einige Tage zuvor gehegten Plan erklären könnte, muss darüber hinaus bedacht werden: Die Scholls gingen nicht nur ein hohes Risiko ein, sondern sie ließen sich auch mehr oder weniger „widerspruchslos" von einer Person wie Schmid verhaften, der Hans Scholl körperlich weit unterlegen war. Sie flohen nicht, obwohl dies möglich gewesen wäre, schließlich war der Lichthof fast menschenleer – Scholl hatte lediglich auf der anderen Seite flüchtig zwei Mädchen gesehen.[556] Im Verfahren nach dem Krieg gegen Schmid stellte die Spruchkammer dazu fest: „Zu der genannten Zeit waren insbesondere auf der ganzen Flurflucht des II. Stockes nur an dem einen Ende Schmid und am entgegengesetzten Ende die Geschwister Hans und Sophie Scholl."[557] Schmid selbst sagte in diesem Verfahren aus, er habe gesehen wie die Flugblätter hinuntergeworfen wurden. „Auf der anderen Seite des Ganges" hätten die Scholls gestanden, „die mich gesehen haben."[558]

Hans Scholl hätte also handeln können, bevor Schmid direkt vor ihnen stand, nämlich als er die Flugblätter ausschüttete. Zu diesem Zeitpunkt hätten sie flüchten können. Dies geschah aber nicht. Sie ließen sich – trotz des vorübergehenden Leugnens bei den Vernehmungen der Gestapo – ohne Gegenwehr festnehmen. Was war also der Grund für den Verlauf dieses letzten Aktes der Widerstandsaktionen?

Gescheiterte Warnung

Einen Tag vor den tragischen Ereignissen, am 17. Februar, war Hans Hirzel von der Ulmer Gestapo vernommen worden. Ihn hatten zwei HJ-Jungen, denen er fataler Weise von den Widerstandsaktionen berichtet hatte, angezeigt. Hirzel wurde noch am selben Tag entlassen und unternahm danach alles, was in seinen Möglichkeiten stand: Er ging zur Familie Scholl und bat sie, Hans und Sophie Scholl von seinem Verhör zu informieren, um diese zu warnen.[559]

Inge Scholl versuchte daraufhin ihren späteren Mann, Otl Aicher, zu erreichen, der sich gerade in München bei Carl Muth aufhielt. Er sollte die Warnung Hirzels weiterleiten. Am Abend erreichte sie Otl Aicher, der dann auch Scholl anrief. In einem Interview mit dem Journalisten Barry Pree gab Aicher das Gespräch mit Hans Scholl folgendermaßen wieder: „Hans, ich hätte aber unbedingt etwas wichtiges zu sagen, was am Telephon nicht geht, das sollten wir so früh wie möglich machen. Dann sagte er: Ja gut, morgen früh um halb elf."[560]

Aicher, der von den Widerstandsaktionen der Geschwister Scholls nichts wusste,[561] hat folglich die Warnung an diesem Abend nicht weitergegeben. Er erkannte ganz offensichtlich die Dringlichkeit nicht, andernfalls hätte er wohl mit mehr Nachdruck versucht, die Nachricht zu übermitteln.

Am 18. Februar wartete Otl Aicher zur verabredeten Zeit vor dem Haus in der Franz-Joseph-Straße. Da er dort niemanden vorfand, kam er nach einer halben Stunde, um halb zwölf, noch einmal wieder. Jetzt wurde Aicher von der Gestapo ‚empfangen'. Er wurde Zeuge der Wohnungsdurchsuchung und schließlich zusammen mit einigen beschlagnahmten Gegenständen ins Gestapoquartier abgeführt und dort verhört.[562] Auch Gisela Schertling wurde später vor der Wohnung Scholls festgenommen.[563]

Versuch einer Erklärung der Geschehnisse im Lichthof

Seit spätestens Januar 1943 fühlten sich Hans und Sophie Scholl beobachtet. Hierfür gibt es vor allem drei Hinweise: Gegenüber dem Kunstmaler Wilhelm Geyer sollen sie hiervon „wiederholt" gesprochen haben. Sie hatten ihm demnach auch gesagt, dass sie nicht zur Veranstaltung im Deutschen Museum gegangen seien, „da sie", so Geyer gegenüber der Gestapo, „innerhalb der Studentenschaft oder der Studentenkompanie politisch verdächtig seien."[564]

Auch die Freundin Scholls, Gisela Schertling, und der Buchhändler Josef Söhngen berichteten Ähnliches,[565] allerdings erst in der Nachkriegszeit. Nach der Aussage Söhngens habe Scholl ihm am 16. Februar von seinem Plan erzählt, Flugblätter in der Universität auszulegen. Zudem sei er darüber informiert, dass „die Gestapo ihn strengstens verfolge" und seine Verhaftung, so ein Gewährsmann, unmittelbar bevorstehe.[566] Söhngen mag die Schilderungen Hans Scholls etwas dramatisiert haben, fest steht aber, dass sich Hans und wohl auch Sophie Scholl schon längere Zeit, nicht erst kurz vor dem 18. Februar beobachtet fühlten. Da die Scholls bereits seit mindestens Mitte Januar 1943 das Gefühl hatten, beobachtet zu werden, ist mehr als fraglich, dass sie deswegen am 18. Februar ein deutlich höheres Risiko eingingen. Zur Zeit der Veranstaltung im Deutschen Museum hatten sie bereits diesen Verdacht, und dort mahnte es sie eher zur Vorsicht als zum Leichtsinn.

Die Scholls gingen jedenfalls an jenem Tage nicht in den Lichthof, um sich selbst zu opfern. Hierfür sprechen mehrere Gründe: Hans

Scholl führte einen Flugblatt-Entwurf von Christoph Probst in seiner Manteltasche mit sich, der diesem in der Folge zum Verhängnis wurde. Darüber hinaus ist zu bedenken, dass die beiden Scholls in der ersten Phase der Vernehmungen die Tat strikt leugneten.[567] Zudem lässt sich zumindest für Ende Dezember 1942 noch die Hoffnung auf die Zukunft nachweisen. Hier schrieb Hans Scholl: „Uns beseelt nur ein Wunsch, glücklicher aus dem kommenden hervorzugehen, als es uns aus dem alten vergönnt war."[568]

Schließlich sei erwähnt, dass Scholl bei den nächtlichen Aktionen eine Waffe mit sich führte und auch bereit war, von ihr Gebrauch zu machen. Doch nur wenige Tage später ließ er sich dann mit seiner Schwester ohne jede Gegenwehr von einem körperlich Unterlegenen widerspruchslos „verhaften". Dieser Leichtsinn gepaart mit der langsamen Reaktion Hans Scholls, als er Schmid sah, legt eine Vermutung nahe: Die Kontrolle des Verstandes über die eigenen Handlungen war eingeschränkt und zwar durch körperfremde Substanzen, sprich durch Betäubungsmittel.

Nicht nur der merkwürdige Verlauf der Geschehnisse im Lichthof lässt diese These als durchaus plausibel erscheinen, sondern es gibt auch Hinweise auf den Gebrauch von Betäubungsmitteln innerhalb des Scholl-Schmorell-Kreises, vor allem für Hans Scholl. Der erste und bisher einzig bekannte Hinweis wurde im Jahre 1968 von Christian Petry dokumentiert: Er gab einen Bericht von Manfred Eickemeyer aus dem Jahre 1967 wieder. Im Januar 1943 sei hiernach Hans Scholl eines Nachts um zwei Uhr zu Eickemeyer gekommen und auf die Frage, ob er nie schlafe, habe Scholl geantwortet, Sophie und er hätten sich Spritzen gegeben, um wach bleiben zu können. Eickemeyer warnte Scholl daraufhin und appellierte an den Studenten, das zu unterlassen. Sie sollten nüchtern bleiben und einen klaren Kopf bewahren.[569] Auch Wilhelm Geyer, der sich seit Januar 1943 häufig in der Wohnung der Scholls befand, gab nach dem Krieg an, dass sie sich „aufputschende Spritzen" gegeben hätten.[570a] Diese Aussagen könnten für den Gebrauch von Aufputschmitteln, wie z.B. Amphetaminen, sprechen. Andererseits: Auch Opiate, wie z. B. Morphium, können eine entsprechende Wirkung haben. Denn wie ein Mittel genau wirkt, hängt u. a. auch von der psychischen Disposition des Konsumenten und seiner jeweiligen Erwartungshaltung ab. Dies ist vergleichbar mit Alkohol, der auch sehr unterschiedlich wirken kann.[570b]

Das nächtliche Treffen mit Eickemeyer muss in der ersten Januarhälfte stattgefunden haben, da dieser bereits Mitte Januar München in Richtung Krakau verließ.[571] Aus diesen Tagen ist auch ein Brief Hans Scholls überliefert, der ein weiteres Indiz für den Konsum entsprechender Mittel liefern könnte. Am 5. Januar 1943 schrieb Scholl an Rose Nägele: „Mich hat die Münchner Luft sehr angeregt, so sehr, daß ich heute die ganze Nacht wach im Bett gelegen bin. Aber ich liebe diese Übergangszeiten. Sie fördern den Geist, so schwer sie auch zu ertragen sind."[572] Ob es tatsächlich der Konsum von Aufputschmitteln war, der eine derartige Schlafstörung provozierte, lässt sich freilich nicht mehr nachweisen.

Auch im Vernehmungsprotokoll von Gisela Schertling findet sich ein Hinweis, zumindest auf den Umgang mit Betäubungsmitteln. Sie sagte aus, „dass mir Hans Scholl eine Morphiumspritze reichte, was er eigentlich damit bezwecken wollte, weiß ich nicht. Er sagte mir, dass er nur ausprobieren wollte, wie die Spritze auch wirken würde."[573] Es ist unwahrscheinlich, dass diese Schilderung ihrer Phantasie entsprang. Ein etwaiges strategisches Verhalten während der Vernehmungen widerspricht dem Verlauf ihrer Verhöre und ihrer Persönlichkeitsstruktur, da sie vielmehr den Eindruck erweckt, ein ‚unbedarftes Mädchen' gewesen zu sein.[574] Scholl hatte offensichtlich wenig Bedenken, mit Arzneimitteln unabhängig von der medizinischen Notwendigkeit zu hantieren. Hans Hirzel berichtete gegenüber der Gestapo aus dem Dezember 1942: Als Hans und Sophie Scholl, Alexander Schmorell und er über die Flugblattpläne sprechen wollten, war auch Inge Scholl anwesend. Da sie offenbar nichts erfahren sollte, wurde sie „von Hans Scholl mit einem Schlafmittel ins Bett geschickt".[575]

Es gibt zudem einen Hinweis auf den Konsum von Opiaten für die Zeit des Russlandaufenthalts. Ein Kommilitone Hans Scholls, Fridtjov Schaeffer, berichtete davon, dass dort eines Tages der Diebstahl von Schokolade und Opiumtabletten bekannt wurde, wobei der Verdacht auf sechs Medizinstudenten fiel, zu denen Hans Scholl zählte. Interessant ist in diesem Zusammenhang, dass Hubert Furtwängler nach dem Krieg von einem Gespräch der Studenten berichtete, das auf der Rückfahrt von Russland nach Deutschland stattgefunden haben soll. Darin sei erwähnt worden, dass Hans Scholl beinahe vor das Kriegsgericht gekommen sei.[576] Von einem Lebensmitteldiebstahl berichtet rückblickend auch der ebenfalls dort stationierte Jost Pfeiffer. Dass zudem auch Opium entwendet worden sei, erinnert er hingegen nicht.[577]

Der Fall konnte nicht aufgeklärt werden. Schaeffer berichtete, dass ihm auf der Rückfahrt der Studenten nach München aufgefallen sei, dass Hans Scholl weißes Pulver in seine Pfeife gestopft habe.[578] Hierbei ist von Bedeutung, dass das Rauchen eine der schnellsten Formen der Aufnahme von Opium ist.

Hinweise auf den oben genannten Diebstahl fehlen in den Divisionsakten, was bei der nur fragmentarischen Überlieferung nicht verwundert. Aus diesen Quellen ist lediglich ersichtlich, dass im Sanitätsbereich der Wehrmacht Opium und Morphium, das ein Opiat ist, in Tablettenform verabreicht wurde.[579]

Bei der Zeitzeugenaussage Schaeffers ist quellenkritische Vorsicht geboten. Dennoch gibt es Indizien, die für die Glaubhaftigkeit der Aussage sprechen. Beispielsweise ist es unwahrscheinlich, dass Schaeffer den Betäubungsmittelmissbrauch der Literatur über den Widerstandskreis entnommen und entsprechend verfremdet hat. Erstens erwähnt die Literatur lediglich Aufputschmittel und keine Opiate, zweitens reagierte Schaeffer überrascht auf den Hinweis, dass Informationen darüber in der Literatur zu lesen seien.[580]

Interessant ist in diesem Kontext auch ein bereits zitierter Brief Hans Scholls aus Russland, in dem es heißt: „Aber hier wird dieser Widerspruch durch den Krieg dermaßen potenziert, daß ihn ein schwacher Mensch wie ich zuweilen nicht mehr ertragen kann. Dann berauscht man sich."[581] Ob er hierbei auf die Einnahme von Morphium anspielte oder aber nur Alkoholkonsum meinte, kann nicht mehr geklärt werden.[582]

Betrachtet man die Aussagen Schaeffers und Schertlings, dann liegen zwei Vermutungen nahe: Erstens hat Hans Scholl mit Morphium bzw. Opium an Schertling und an sich selbst experimentiert. Zweitens scheint, da Morphium schnell zur physischen ‚Abhängigkeit'[583] führt, eine schon seit längerer Zeit bestehende Gewöhnung von Hans Scholls Körper an das Mittel nicht unwahrscheinlich. Gleichwohl muss der mögliche Grad der ‚Abhängigkeit', wenn man dieser Theorie folgt, als nicht mehr aufklärbar gelten. Hierbei ist zu beachten, dass man trotz der ‚Abhängigkeit' von Opiaten, wie z.B. auch Heroin, über eine lange Zeit ein weitgehend normales, ‚geregeltes' Alltagsleben führen kann. Folglich muss der Konsum bzw. eine mehr oder minder stark ausgeprägte Abhängigkeit für die Personen aus dem Umfeld Scholls nicht unbedingt ersichtlich gewesen sein.[584]

Im Fall einer ‚Abhängigkeit' drängt sich die Frage auf, ob sich nicht

Entzugserscheinungen während der fünf Tage der Vernehmungen, der Haft und des Prozesses bemerkbar machen mussten. Entsprechende Hinweise, die auf die psychische und physische Labilität Hans Scholls oder auch seiner Schwester schließen lassen könnten, existieren zumindest für die Zeit der Gestapo-Haft nicht. Das ist insofern nicht verwunderlich, als in den Verhörprotokollen keine emotionalen Äußerungen der Vernommenen dokumentiert sind, obwohl es sie ohne Zweifel gegeben hat. Allein von der Volksgerichtshofverhandlung sind – wenn auch durch einen Zeitzeugenbericht – physische Ausfallerscheinungen überliefert. So berichtete ein Anwesender rückblickend:

> „Lediglich an körperlichen Reaktionen konnte man das Übermaß an Anspannung erkennen, dem sie standhalten mussten. Hans Scholl, der aufrecht stand, wurde plötzlich bis zur Ohnmacht blaß, ein Schütteln durchlief seinen Körper. Er warf seinen Körper zurück und schloß die Augen. Aber er fiel nicht um, sondern gab seine nächste Antwort mit fester Stimme."[585]

Ob diese physische Reaktion allein durch den psychischen Druck der Situation hervorgerufen wurde, wie der Zeitzeuge vermutet, muss offen bleiben.

Das Auftreten von Entzugserscheinungen[586] hängt von dem Grad der ‚Abhängigkeit' und somit von der in der Zeit zuvor eingenommen Menge sowie der Frequenz der Einnahme ab. Robert Hämmig, Mediziner an der Universität Bern, sagt dazu: „Entzugserscheinungen können [...] auch sehr moderat ablaufen, so dass sie den Schergen nicht in jedem Fall auffallen mussten. Grundsätzlich sieht man nur, was man bereit ist zu sehen. Eine schwere Sucht, wie man sie heute sieht, wäre wohl aufgefallen."[587] Folglich ist eine ‚schwere Sucht' äußerst unwahrscheinlich.

Hinsichtlich der Annahme einer weniger stark ausgeprägten Abhängigkeit ist es durchaus möglich, dass der Angeschuldigte seine ‚Morphiumsucht' während der Gestapovernehmungen, so der Soziologe Theo Baumgärtner, „relativ schnell in den Griff bekommen kann."[588] Bedeutsam ist dabei die Frage, wie groß der Druck auf Scholl war, dass seine Abhängigkeit nicht entdeckt wurde.[589]

Es bleibt zu klären, woher Scholl die Betäubungsmittel erhalten haben könnte. Dies dürfte für ihn als Medizinstudenten nicht unmöglich gewesen sein. Zwar wurde gerade im medizinischen Bereich auf die Ausgabe von Opiaten schon auf Grund der kriegsbedingten Knappheit des Rohstoffs geachtet. Ein Diebstahl von Morphium war für einen Medizinstudenten aber kein unüberbrückbares Hindernis und leichter als für jemanden, der nicht im medizinischen Bereich tätig war. Auf eine mögliche illegale Entwendung deutet auch die Aussage Schaeffers. Zudem berichten mehrere damalige Medizinstudenten unabhängig voneinander, dass der Zugang zu Morphium für angehende Mediziner damals zwar schwierig, aber sehr wohl möglich war.[590]

Ein weiterer Aspekt sei noch angeführt, der auf einen länger andauernden Betäubungsmittelkonsum hindeutet: die Ansätze von Realitätsverlust. Hier ist in erster Linie auf Aussagen zu verweisen, die über die personelle Nachkriegsplanung gemacht wurden. Mehreren Personen versprach Scholl, sie nach dem Ende der NS-Herrschaft mit bestimmten Posten zu versehen. So äußerte sich Grimminger unmittelbar nach dem zweiten Volksgerichtshofprozess enttäuscht – dies zeigen die Erinnerungen von Traute Lafrenz – „über den ganzen Münchener Kreis. Hans habe es ihm so phantastisch geschildert, als sei bereits eine demokratische neue Regierung auf dem Plan, in der er quasi Minister werden sollte."[591] Wilhelm Geyer sollte nach Scholls Planungen angeblich der „Präsident der Akademie" (der Bildenden Künste) werden.[592] Noch bemerkenswerter ist eine Passage aus einem Vernehmungsprotokoll von Hans Hirzel. Hiernach soll Scholl Hirzel gefragt haben, „ob ich auch gut reden könne, so dass ich evtl. in einem Falle einer Übergangszeit als Redner auftreten könnte. Dies bejahte ich dahingehend, dass ich dies tun könnte, wenn ich gut vorbereitet sei".[593] Plante Scholl wirklich, den kurz vor dem Abitur stehenden Hirzel als Redner einzusetzen? Überschätzte er Hirzel, sich selbst und die Möglichkeiten seiner Widerstandsaktionen nicht maßlos, selbst für den Fall, dass ein Sturz der NS-Herrschaft gelingen würde? Auch wenn die Versprechungen Scholls als ‚Werbeaktionen' verstanden werden mögen, um Mitverschworene für den Widerstand zu gewinnen, so hinterlassen sie doch einen merkwürdigen Eindruck – zumal er im Falle Geyer gar nicht um dessen Unterstützung geworben hatte.

In diesem Zusammenhang könnte auch Scholls Vermutung zu sehen sein, er würde überwacht werden. Entsprechende beweiskräftige Quellenhinweise fehlen jedenfalls – selbst die Gestapo-Beamten haben in der Nachkriegszeit nichts derartiges ausgesagt.[594] Resultierte dieses Gefühl vielleicht auch aus einem Realitätsverlust oder möglicherweise nur aus der illegalen Tätigkeit an sich, in der der ‚Delinquent‘ sich verfolgt fühlt? Oder erreichte ein Warnhinweis über Umwege den Studenten doch? Die Antwort muss offen bleiben.

Wenn überhaupt, dann war bei Scholl lediglich ein partieller Realitätsverlust eingetreten. Sehr realistische und klare Gedanken standen bei ihm neben unrealistischen. Diese Ambivalenz widerspricht selbstverständlich nicht einer entsprechenden Wirkung von Betäubungsmitteln. Dies bestätigt auch der Soziologe Theo Baumgärtner: Eine rege intellektuelle Denkfähigkeit und der mögliche Realitätsverlust durch gemäßigten Drogenkonsum bzw. leichter Drogenabhängigkeit widersprechen sich nicht.[595]

Auch in den Briefen Willi Grafs finden sich Hinweise auf den Umgang mit Betäubungsmitteln. Am 7. Mai 1942 schrieb er an seine Schwester Anneliese: „Von diesen mysteriösen Tabletten will ich Dir demnächst einige schicken. Sei aber vorsichtig damit.“[596] Eine knappe Woche später heißt es in einem weiteren Brief:

> „Zugleich schicke ich Dir 15 (fünfzehn) der bewussten Tabletten, bewahre sie aber sorgfältig auf und sage keinem Menschen, woher Du sie hast. Gut ist ja, daß Du selbst den Namen nicht weißt. Eine Tablette hilft nicht viel, Du musst dann schon zwei nehmen, aber gehe sehr sparsam damit um.“[597]

Nach den retrospektiven Aussagen der Schwester Grafs handelte es sich um Aufputschmittel,[598] also nicht um Opiate.

Wie sah es mit Sophie Scholl aus? Sie schien sich spätestens seit Ende 1942 nicht sehr wohl zu fühlen. Inge Scholl sprach rückblickend davon, dass Sophie Scholl in dieser Zeit Züge einer Depression zeigte.[599] Die Quellenlage für die ersten Wochen des Jahres 1943 ist dünn, gleichwohl ist ein Brief überliefert, der zumindest darauf schließen lässt, dass ihre Gedanken nur bedingt klar waren. An Otl Aicher schrieb sie am 19. Januar 1943:

> „Verzeih mir, wenn ich nicht geschrieben habe, und wenn auch dies kein eigentlicher Brief wird. Ich bin gerade nicht beieinander, etwas, das mir bis jetzt vollständig unbekannt war. Meine Gedanken springen hierhin und dahin, ohne daß ich richtig über sie gebieten könnte, ich habe ziemliche Kopfschmerzen, das mag schuld daran tragen, wenigstens einen Teil. Doch wird diese Krankheit bald vorüber sein, ich muß selbst Geduld mit mir haben.“[600]

Handelte es sich um eine Reaktion ihres Körpers auf den Konsum von Betäubungsmitteln oder folgte auf die hier geschilderte körperliche Schwäche erst der Konsum, verabreicht durch den Medizinstudenten Hans Scholl? Oder hat die Reaktion nichts mit einer Einnahme von Betäubungsmitteln zu tun, resultierte sie möglicherweise aus den psychischen Belastungen, die sich aus den Widerstandsaktionen ergaben? Zwar ist die zeitliche Nähe zu den Aussagen Eickemeyers und auch Geyers frappierend, gleichwohl können diese speziellen Fragen nicht mehr geklärt werden.

Zudem stellt sich die Frage, ob die beiden Betäubungsmittelarten, Aufputschmittel und Opiate, zusammenpassen könnten, oder ist ein Konsum beider Mittel von einer Person auszuschließen: ein Betäubungsmittel, welches den Körper tendenziell aufputscht, ein anderes, welches ihn eher zur Ruhe bringt? Berichte aus dem Umgang mit heutigen Drogenabhängigen zeigen, dass der so genannte „Mischkonsum" eher die Regel ist, Monokonsum gibt es hingegen eher selten.[601] Dies spricht dafür, dass sich die Hinweise auf den Konsum beider Mittel nicht widersprechen. Für den 18. Februar 1943 spricht mehr der Konsum eines Sedativums als die Einnahme von Aufputschmitteln, denn die Scholls schienen nicht besonders aufmerksam zu sein, eher das Gegenteil war anscheinend der Fall.[602a] Dabei ist zu bedenken: Opiate reduzieren häufig nicht nur die geistige Wachsamkeit und haben eine euphorisierende Wirkung, sondern sie beseitigen auch Angstgefühle.

Die Hypothese, dass die Geschwister Scholl an diesem 18. Februar unter dem Einfluss von Betäubungsmitteln standen, ist in sich konsistent und schlüssig. Gleichwohl stützt man sich auf Indizien, die eine zweifelsfreie Klärung nicht zulassen. Zu jedem einzelnen Argument, das für diese These spricht, gibt es ein Gegenargument. Vernachlässigt werden sollte jedoch nicht, dass die Gesamtschau der Argumente mehr ist als die Summe aller einzelnen. Abschließend hätte ein ‚externer' Einfluss durch ein Gutachten der Pathologie bewiesen werden können, aber dorthin sind die Leichname nicht gekommen.

Dass Betäubungsmittel einen gewissen Einfluss auf die Aktionen der Studenten gehabt haben, ist an sich keine neue These. Winfried Süß und Michael Schneider schrieben beispielsweise: „Die körperliche und psychische Überanstrengung, wahrscheinlich in Verbindung mit dem Gebrauch von Aufputschmitteln, hat wohl dazu beigetragen, die Hemmschwelle gegenüber risikoreichen Aktionen innerhalb der Gruppe deutlich zu senken."[602b] Einen Quellenbeleg für den Aufputschmittelkonsum bringen die beiden Autoren jedoch nicht. Neu an meiner Darstellung ist, dass mehrere und bisher zum Teil unbekannte Quellenhinweise erfolgen, der Kontext zur Aktion am 18. Februar hergestellt wird und dass nicht nur auf den möglichen Konsum von Aufputschmitteln, sondern auch auf den von Opiaten mit den entsprechenden Wirkungsmöglichkeiten hingewiesen wird.

Wenn das Verhalten der Geschwister Scholl am Vormittag des 18. Februar 1943 tatsächlich auf den Konsum von Betäubungsmitteln zurückzuführen sein sollte, dürfte dies jedoch nicht überbewertet werden. Betrachtet man die gesamte Zeit der Widerstandsaktionen, so ist festzuhalten, dass die durch Quellen bezeugten Gedankengänge von Hans und vor allem auch Sophie Scholl ganz überwiegend klar waren. Man darf auch den Druck nicht unterschätzen, dem die Studenten auf Grund ihrer illegalen Arbeit ausgesetzt waren. Der Griff zu körperfremden Substanzen scheint da durchaus nachvollziehbar. Zudem gab es viele historische Persönlichkeiten, die zu entsprechenden Mitteln gegriffen haben. Wie auch immer, die Hypothese von der Einnahme dieser Stoffe mag das Vorgehen der Geschwister Scholl am 18. Februar erklären können, der Wert ihrer Tat wird dadurch sicher nicht geschmälert.

Fluchtversuch Schmorells

Alexander Schmorell hatte am 18. Februar von dem Medizinstudenten Hans Eichhorn an der Universität erfahren, dass zwei Studenten wegen der Verbreitung von staatsfeindlichen Flugblättern festgenommen worden seien. Auch wenn Eichhorn keine Namen nannte, dachte Schmorell sofort an Hans Scholl. Als seine Versuche, ihn fernmündlich zu erreichen, fehl schlugen, entschloss sich Schmorell zu fliehen; bereits am 21. Februar 1943 fahndete die Gestapo nach ihm. In den „Münchner Neuesten Nachrichten" wurde die Bevölkerung am 24. Februar 1943 zur Mitsuche aufgerufen: Eine Belohnung von 1000 Reichsmark stellte man für die „Ergreifung eines Verbrechers" in Aussicht.[603]

Bei der Flucht halfen ihm Lilo Berndl und der Bulgare Nikolay Hamazaspian, von dem er den Pass sowie Kleidung, etwas Essen und Geld erhielt.[604] Schmorell versuchte, in die Schweiz zu fliehen,[605] irrte jedoch in den nächsten Tagen südlich von München umher. Am 23. Februar 1943 wurde er dort von zwei Polizisten kontrolliert, die ihn trotz ihrer Zweifel an der Echtheit seines Passes nicht festnahmen.

Schmorells spätere Angaben bei der Gestapo zeichnen das Bild einer recht unkoordinierten Flucht, so dass es nicht verwundert, dass er sich entschloss, nach München zurückzukehren. In seinem Vernehmungsprotokoll heißt es dazu: „Zu diesem Entschluß kam ich dadurch, dass mir nach der polizeilichen Kontrolle in der dortigen Gegend der Boden zu heiss wurde und ich mir vorstellte, in München leichter durchkommen zu können."[606] Dies war, wie sich später herausstellte, eine fatale Fehlentscheidung.

Die folgenden Ereignisse lassen sich durch neu aufgefundene Dokumente nachzeichnen. Schmorell kam am 24. Februar gegen 22 Uhr wieder in München-Thalkirchen an und fuhr dann mit der Straßenbahn zum Kurfürstenplatz. Hier erinnerte er sich an seine Bekannte Marie-Luise Upplegger, die er aufsuchen und um eine Übernachtungsmöglichkeit bitten wollte. Kurz bevor er ihre Wohnung am Schönererplatz 2 erreichte, wurde er vom Fliegeralarm überrascht.[607]

Schmorell ging in den Luftschutzkeller des Hauses, um Upplegger dort zu suchen. Als er in der Tür stand, rief er ihr zu, dass sie bitte herauskommen möge. Dann verließ Schmorell den Keller wieder.[608] Für Upplegger muss die Situation ein Schock gewesen sein. Sie war nicht nur hochschwanger, sondern gerade an diesem Tag stand der Fahndungsaufruf nach Schmorell in der Zeitung. Ob Upplegger den anderen im Luftschutzkeller anwesenden Frauen von der Fahndung nach ihm erzählte, oder ob diese ihn selber erkannten, ist nicht mehr zu klären. Sicherer ist hingegen, dass die anderen sie drängten, nicht hinauszugehen.[609] Als der Hilfsarbeiter Georg Hauff, dessen Frau hier Luftschutzwartin war, kurz darauf in den Keller kam, redeten die Frauen auf Hauff ein, er solle Schmorell festnehmen.[610]

Hauff ging daraufhin zu dem Medizinstudenten und erklärte ihn für verhaftet.[611] Was jetzt geschah, wirft wieder ein Licht auf das merkwürdige Verhalten der Geschwister Scholl bei ihrer Festnahme. Während das Geschwisterpaar sich nicht wehrte, sah es bei Schmorell anders aus, was abermals auf die ‚Besonderheit' der Tatsache hinweist, dass die Scholls nicht reagierten.

Hauff hielt Schmorell fest und befahl ihm, auf einem Stuhl Platz zu nehmen. Der Hilfsarbeiter wollte Soldaten, die er zuvor auf der Straße bemerkt hatte, zur Hilfe holen. Der ebenfalls anwesende Anton Schöttl sollte auf Schmorell aufpassen. Nun versuchte Schmorell zu flüchten, Schöttl hielt ihn jedoch zurück, es kam zu Handgreiflichkeiten.[612] Upplegger, die die Auseinandersetzung nicht sehen konnte, da sie sich im Nebenraum befand, gab nach dem Krieg an: „Wir haben einen furchtbaren Kampf gehört."[613] Später berichtete Hauff sogar einem Zeugen, er habe Schmorell erkannt und ihn ordentlich verprügelt.[614] Schließlich übergaben Hauff und zwei Soldaten Schmorell der Polizei.[615]

Der Aufruf der Gestapo in der Zeitung hatte damit zum Erfolg geführt. Entsprechend wurde in einem Aktenvermerk festgestellt: „Alexander Schmorell wurde am 24. Februar 1943 gegen 23.30 Uhr [...] auf Grund der öffentlichen Ausschreibung erkannt, seine Festnahme veranlasst und über das zuständige Pol.Revier zur Stapoleitstelle München verbracht."[616]

V. STAATLICHE VERFOLGUNG

Im Folgenden soll nachgezeichnet werden, wie der nationalsozialistische Staat auf die Widerstandsaktionen reagierte und wie sich die Verhafteten in den Fängen der NS-Justiz verhielten.

1. Fahndung

Die im Juni und Juli 1942 verbreiteten Flugblätter der „Weissen Rose“ gelangten schnell in die Hände der Gestapo, denn ein Teil der Adressaten gab sie dort ab. Der Scholl-Schmorell-Kreis war demnach ab Mitte Juli 1942 nach außen hin nicht mehr aktiv, erst im Januar 1943 trat er wieder an die Öffentlichkeit. Das fünfte Flugblatt war für die Gestapo dann Anlass zu erneuten Ermittlungen. Ein Zusammenhang zwischen diesem Flugblatt und den Flugschriften vom Sommer 1942 war den Verfolgern gleichwohl vorerst nicht bekannt. Am 27. Januar 1943 wandte sich der Ermittlungsbeamte Mohr an das Reichssicherheitshauptamt. Nach zwei weiteren Meldungen nach Berlin erfolgte dann am 5. Februar 1943 ein ausführlicher Bericht. Die Münchner Gestapo berichtete darin über die Streuaktion, die in der Nacht vom 28. auf den 29. Januar stattgefunden hatte. Da man die Flugblätter in jeweils gleicher Ausdehnung nördlich und südlich vom Hauptbahnhof gefunden hatte und die gleichen Schriften am 27. Januar in Wien aufgetaucht waren, vermutete die Gestapo, dass der oder die Täter von auswärts kamen und ihre Aktionen in München durchführten.[617]

Die Münchner Gestapo ging also von mobilen Tätern aus. Sie rechnete damit, dass in naher Zukunft auch in anderen Städten die Flugblätter verbreitet werden würden. Am 1. Februar 1943 wandte sie sich an die Kriminalpolizei in München, Stuttgart, Karlsruhe, Nürnberg, Augsburg, Regensburg sowie Würzburg und informierte diese Stellen über die jüngsten Geschehnisse. Zudem bat sie um Mitfahndung, wie z.B. Kontrollen in Zügen.

Am 4. Februar 1943 wurde im Stadtgebiet München eine Großfahndung durchgeführt, bei der die Gestapo nicht nur auf die personellen Kapazitäten der Kriminalpolizei zurückgriff, sondern u.a. auch auf die der Ordnungs- und der Bahnpolizei. Der Großeinsatz blieb jedoch ergebnislos. Ebenso erfolglos war ein am 5. Februar 1943 in München und verschiedenen Orten Oberbayerns veröffentlichtes

Zeitungsinserat, in welchem um die Mithilfe der Bevölkerung gebeten wurde.[618]

In der Zeit zwischen dem 5. und dem 11. Februar 1943 setzte die Münchner Gestapo eine Sonderkommission zur Ergreifung der Täter ein.[619] Zudem wurde die Fahndung weiter ausgedehnt, indem Inhaber von Hotels, Gasthöfen usw. zur Mitfahndung aufgefordert wurden. Diese Maßnahmen blieben abermals ohne Erfolg.[620]

Der Versuch, über das Papier der Flugblätter und die Briefumschläge auf die Verfasser zu schließen, führte ebenfalls nicht weiter. Erst die kriminaltechnische Untersuchung erbrachte neue Hinweise. Es konnte nicht nur festgestellt werden, dass die verschiedenen Fassungen des Flugblattes der „Widerstandsbewegung in Deutschland" auf derselben Schreibmaschine geschrieben wurden, sondern dass die hier verwendeten Matrizen auf derselben Maschine gefertigt wurden wie die Flugblätter der „Weissen Rose" vom Sommer 1942. Hieraus schloss die Gestapo, dass die Verbreiter der Schriften aus München bzw. der Umgebung Münchens stammen mussten.[621]

Einen Tag vor der Verhaftung der Geschwister Scholl beschritt die Gestapo einen neuen Weg. Sie legte das „Flugblatt der Widerstandsbewegung in Deutschland" sowie das Flugblatt mit der Überschrift „Kommilitoninnen und Kommilitonen!" dem Altphilologen Richard Harder vor und bat ihn um eine geisteswissenschaftliche Untersuchung, die Hinweise auf die Verfasser geben könnte. Betrachtet man die Analyse Harders, so findet man hier, abgesehen von den nationalsozialistischen Vorzeichen, die schlüssigste Deutung der Flugblätter, die bisher vorgelegt wurde. Entscheidend waren die Gutachten für die Ergreifung der Täter jedoch nicht, da die Scholls bereits am 18. Februar verhaftet wurden.

2. Die Münchner Gestapo

Es kann davon ausgegangen werden, dass die Fahndung nach den Tätern für die Gestapo München keine alltäglichen Vorfälle waren – das zeigt z.B. die Bildung der Sonderkommission. Dies wird sich noch verstärkt haben, als sich herausstellte, wie jung die Täter waren.

Die Berufsbiographien der ermittelnden Gestapo-Beamten ähneln sich sehr. Sie kamen aus der bayerischen Landespolizei, waren also ursprünglich ‚normale' Polizeibeamte. Dies war nicht ungewöhnlich, denn neuere Forschungen zeigen, dass es nach dem Januar 1933 keine radikale Säuberung der Polizei im nationalsozialistischen Sinne gab, vielmehr bestanden deutliche personelle Kontinuitäten.[622]

Wie verhielten sich diese Beamten nun in den Vernehmungen? Die hier erstmals ausgewerteten Aussagen aus den Nachkriegsverfahren gegen die ehemaligen Mitglieder des NS-Verfolgungsapparates geben darüber Auskunft. In diesen Verfahren trat Robert Scholl, der Vater der Geschwister Scholl, immer wieder als bedeutender Entlastungszeuge auf. Zentral bleibt dabei seine Aussage: „Ich konnte meine Kinder noch im Gefängnis, eine Stunde vor ihrem Tode, besuchen und mit ihnen sprechen. Beide erklärten mir unabhängig voneinander, sie seien von der Münchener Gestapo gut, ja vornehm behandelt worden."[623]

Hans Hirzel bezeugte im Jahre 1947 Ähnliches. Hinsichtlich des Beamten Mahler, der für ihn zuständig war, sagte er, dass „keine körperlichen Mißhandlungen und Folterungen angewandt" worden seien; „bei mir nicht, und meines Wissens auch nicht bei irgend einer der übrigen, beim Unternehmen Scholl mitbeteiligten und deshalb von der Gestapo verhörten Personen."[624] Sein Vater, Ernst Hirzel, berichtete nach dem Krieg Vergleichbares über die Verhöre und bezog sich hierbei auf die Erzählungen seiner Kinder:

> „Ich weiss hinter her von meinem Sohn Hans, dass Herr Mahler ihn oft getröstet, aufgerichtet und zum Durchhalten in seiner ungewissen und vereinsamten Lage ermuntert hat. Es war ihm ein Trost, von einem gerechten und persönlich barmherzigen Beamten verhört zu werden. Besonders nach der Verurteilung zu 5 Jahren Gefängnis hat Mahler meinen Sohn in Stadelheim noch einmal verhört und dabei ihn aus drohender Schwermut aufgerichtet."[625]

Auch der Vater Schmorells, Hugo Schmorell, bestätigte dies. Er und seine Familie seien durch den Beamten Schmauß mehrmals verhört worden. Dessen Verhalten beurteilte er mit den Worten: „durchaus korrekt und menschlich. Er gab uns während dieser Zeit niemals einen Anlaß zur Klage."[626]

Trotz dieses offenbar ‚korrekten' Verhaltens der Beamten standen die Verhörten unter einem enormen Druck, schließlich mussten sie mit hohen Haftstrafen bzw. gar der Todesstrafe rechnen. Subjektiv haben die Beschuldigten die Verhöre selbstverständlich als Belastung empfunden. Trotzdem ist die ‚korrekte' Behandlung durch die Münchner Beamten in zweierlei Hinsicht bedeutsam: Erstens ist hieraus ein hoher Quellenwert der Verhörprotokolle abzuleiten. Zweitens erhält man Hinweise, um das Verhalten der Vernommenen vor der Gestapo darzustellen.

3. Die Gestapo-Vernehmungen: Der „große Wettkampf um das Leben der Freunde"?

Wenden wir uns nun den Verhören zu. Stimmt die Darstellung von Inge Scholl, wonach die Vernehmungen ein „großer Wettkampf um das Leben der Freunde" waren? Zwar bezieht sich diese Aussage nur auf das Verhalten ihrer Geschwister, dennoch ist die Frage zu stellen, wie es dazu kam, dass im Zusammenhang mit dem Scholl-Schmorell-Kreis rund zwanzig Personen vor Gericht gestellt und eine mindestens ebenso große Zahl von der Gestapo verhört wurden. Welchen Spuren folgten die Ermittlungsbehörden? Die Lektüre der Verhörprotokolle verdeutlicht, dass die Spuren kaum auf die Materialien zurückzuführen waren, die die Gestapo bei den Hausdurchsuchungen gefunden hatte – dies spräche auch nicht für die besonders vorsichtig agierenden Aktivisten. Vielmehr zeigen die Protokolle, dass die Vernehmungen die Hauptinformationsquelle für die Gestapo waren.

Die Arbeit der Gestapo glich dabei wie bei einem ‚gewöhnlichen Kriminalfall' einem Puzzle, bei dem sie Stück für Stück zusammensuchen mussten. Es wurden ihr die Namen von Personen genannt, die dann wiederum verhört werden konnten. Eine wichtige Auskunftsperson für die Gestapo war zweifellos Gisela Schertling, die Freundin von Hans Scholl. Bereits am 18. Februar 1943 gab sie zu Protokoll, dass Hans Scholl in der Studentenschaft in erster Linie mit einem „Alex" und mit einem „Willi" befreundet sei. Zudem sei er öfter mit Professor Huber, Professor Muth und dem Buchhändler Söhngen zusammengekommen.[627] Damit hatte die Gestapo die erste Spur zu Mittätern.

Die Verhöre von Hans und Sophie Scholl

Hans und Sophie Scholl leugneten zunächst, etwas mit der Flugblattaktion in der Universität zu tun zu haben, obwohl die Beweislast erdrückend war. Die ersten Versuche der Gestapo, Geständnisse zu erwirken, scheiterten.

Im ersten Vernehmungsprotokoll Hans Scholls findet sich dann jedoch ein Wendepunkt. Nach einer langen Befragung brach Scholl um vier Uhr morgens des 19. Februar ein und kündigte ein umfassendes Geständnis an. Sein erster Satz galt dabei seiner Freundin, Gisela Schertling: Sie habe „mit der ganzen Sache nichts zu tun".[628] Scholl nannte jetzt Namen und beschrieb Umstände, die für die betreffenden Personen weitreichende Folgen haben mussten. So gab er an, dass sich der Vervielfältigungsapparat im Keller des Ateliers seines „Freundes" Manfred Eickemeyer befinde. Dieses Atelier gehöre zurzeit Wilhelm Geyer. Scholl sagte zwar aus, dass Geyer mit der Tat nichts zu tun habe, gleichwohl waren damit der Gestapo zwei neue Namen und zwei neue Spuren bekannt.

Schwerwiegender war jedoch eine andere Aussage von Hans Scholl: „Der von mir heute morgen nach meiner Festnahme zerrissene Zettel stammt von Christoph Probst".[629] Den Flugblattentwurf hatte man bei Scholl gefunden, aber bis zum Wendepunkt in seinem Verhör gab er keine Hinweise auf Probst. Scholl hatte zuerst angegeben, er habe den Text an diesem Tage zugeschickt bekommen. Die Gestapo wollte dieser Schilderung zwar nicht recht Glauben schenken, war sich jedoch auch nicht sicher, dass Scholl log. Sie befragte sowohl Hans als auch Sophie Scholl ausführlich zur täglichen Postlieferung, wo sich der Briefkasten befinde usw.[630] All dies blieb jedoch bis zum Wendepunkt im Verhör Hans Scholls ohne Erfolg.

In der Literatur über den Scholl-Schmorell-Kreis findet sich vor allem die These, dass die Gestapo durch einen Schriftvergleich auf Probst als den Verfasser des Textentwurfes gestoßen sei. Dies ist jedoch eine Legende. Nach einer Notiz der Gestapo wurde der Flugblattentwurf lediglich mit der Handschrift Hans Scholls verglichen, was nicht weiterführte. Entscheidend war dann Scholls Geständnis. In der Gestapo-Notiz heißt es: „Trotz Ähnlichkeit wurde mit seiner [SZ: Scholls] Handschrift keine Identität festgestellt. Nach längerem Vorhalt gab er zu, diesen Flugblattentwurf [...] von seinem Freund Probst [...] bekommen zu haben."[631]

Hans Scholl belastete mit seinem Geständnis Christoph Probst maßgeblich. Da nutzte es nichts, dass er versuchte, hinsichtlich des mehrfachen Familienvaters Schadensbegrenzung zu betreiben. Probst, so Scholl, habe in politischer Hinsicht unter seinem Einfluss gestanden „und wäre zweifellos ohne diesen nicht zu diesem Entschluß gekommen."[632] Auch bemerkte er „ausdrücklich", „daß ich zu

Probst nichts davon gesagt habe, daß ich seine schriftlichen Aufzeichnungen zur Herstellung von Flugblättern verwenden werde. Demnach nehme ich auch an, daß Probst über die von mir begangene Handlungsweise absolut im Unklaren war."

Nun wusste Probst tatsächlich nicht viel von Scholls Plänen, dies zeigen nicht nur die Verhörprotokolle von Scholl und Probst selbst, sondern auch in den Aussagen der anderen Beteiligten findet man keine entsprechenden Hinweise. Gleichwohl war Probst die ‚Illegalität' und die Zielrichtung der Tätigkeit, wenn auch nicht im Detail, selbstverständlich bewusst. Dementsprechend gab Probst gegenüber der Gestapo nicht korrekt an, er habe nichts davon gewusst, dass Scholl Flugblätter herstellte und verbreitete. Er fügte jedoch hinzu: „Wohl aber ahnte ich, daß irgend etwas im Gange war, weil mich Hans Scholl schon Anfang Dezember einmal gebeten hatte, ihm einmal meine eigenen Gedanken zu unterbreiten."[633] Er wäre sich dabei sehr wohl im Klaren gewesen, dass Scholl mit seinem Text „Propaganda" betreiben konnte.[634]

Auch wenn Scholl fast alle Aktivitäten sich selbst zuschrieb und insofern viel auf sich nahm, belastete er durch seine Aussage dennoch auch Schmorell, Gisela Schertling, seine Schwester und auch Willi Graf, die ihn gleichsam logistisch unterstützt hätten, indem sie ihm Briefumschläge besorgten, und Schmorell zudem eine Schreibmaschine auftrieb. Bei der Herstellung und Versendung der Flugschriften sei ihm hingegen niemand behilflich gewesen.[635] Hans Scholl befand sich durch das Geständnis hinsichtlich Christoph Probsts am Ende des 18. Februar in einer schwierigen Situation. Seine Schilderung der Geschehnisse sah wie folgt aus: Die anderen Beteiligten seien nur einfache Helfer gewesen und lediglich Probst hätte einen Flugblattentwurf geliefert. Einzig Sophie Scholl habe an diesem Tag gesehen, „wie ich die Flugblätter in der Universität abgelegt habe. Alle weiteren Personen außer Probst sind nach meiner Meinung unschuldig."[636]

Nachdem der Damm des Leugnens gebrochen war, wurde Sophie Scholl wieder aus ihrer Zelle herausgeführt und verhört. Das Protokoll beginnt mit den Worten: „Nachdem mir eröffnet wurde, dass mein Bruder Hans Scholl sich entschlossen hat, der Wahrheit die Ehre zu geben [...], will auch ich [...] all das was ich von dieser Sache weiss zum Protokoll geben."[637] Vermutlich war sie nicht genau darüber informiert, was genau ihr Bruder alles gestanden hatte. Fest steht jedoch, dass sie in der Folge die Widerstandsaktionen nicht nur hauptsächlich auf sich und ihren Bruder zurückführte, sondern dass sie nun auch Schmorell belastete. Im Juni 1942 hätten Hans Scholl und sie ihn „ins Vertrauen gezogen“[638] und im Januar 1943 ihm dann den Entwurf des fünften Flugblattes gezeigt. Schmorell habe „den Inhalt [...] ohne irgendwelche Ergänzungs- oder Abänderungsvorschläge zu machen“ hingenommen.[639] Zudem habe er neben ihr und ihrem Bruder auch einmal Anschriften aus einem Adressbuch im Deutschen Museum herausgeschrieben und mit ihrem Bruder eines Nachts zahlreiche Flugblätter ausgestreut. Darüber hinaus, und dies war wohl die schwerwiegendste Belastung Schmorells durch Sophie Scholl, sei er nach Salzburg, Linz und Wien gefahren, um dort Flugblätter per Postversand aufzugeben.[640]

Nach diesem Geständnis folgte noch der Nachtrag, dass Schmorell kein selbstständiger und reflektierter Kopf sei. Er hätte seine Mitwirkung nur angeboten, „weil er politisch nicht nüchtern genug denkt und sehr begeisterungsfähig ist.“[641] Dies ist vergleichbar mit der Art und Weise, wie Hans Scholl Christoph Probst dargestellt und bewertet hatte: Nach der Belastung eines Beteiligten erfolgte die Aussage, dass dieser nicht gewusst habe, was er tat.

Die Gestapo konfrontierte Hans Scholl mit den Aussagen seiner Schwester. Er blieb, auch was die Beteiligung seiner Schwester betraf, zunächst standhaft: „Ich muß auch nach Vorhalt der Angaben meiner Schwester Sophie darauf bestehen bleiben, daß sie lediglich am 18.2.43 gesehen hat, wie ich die Flugblätter in der Universität abgelegt habe.“[642] Aber er schützte nicht nur seine Schwester, sondern auch Schmorell. Erst die Angaben Sophie Scholls zu Schmorell werden ihn bewogen haben, seine Aussagen zu korrigieren: „Nachdem mir nun aber vorgehalten wurde, daß diese Personen [SZ: Sophie Scholl und Alexander Schmorell] an der Verbreitung meiner Flugblätter beteiligt waren, will ich wahrheitsgetreu Angaben machen.“[643] In der Folge bestätigte er im Großen und Ganzen die Aussagen seiner Schwester.

Auch Willi Graf wurde von Sophie Scholl belastet. Zwar sagte sie an diesem 18. Februar aus, dass Graf „an der Herstellung und Verbreitung der Flugblätter in keiner Weise beteiligt“ gewesen sei. Auch habe sie ihn nicht über die Aktionen informiert, gleichwohl, so ist in dem Protokoll zu lesen, habe sie aus seinen Bemerkungen geschlossen, „dass er wissen musste und den Umständen nach angenommen hat, dass wir uns mit der Herstellung und Verbreitung von Flugblättern befassen.“[644]

Am Ende dieses ersten Verhörtages war für den Scholl-Schmorell-Kreis ein katastrophales Ergebnis zu verzeichnen: Die Aussage von Hans Scholl und der Fund des Flugblattentwurfes belasteten den dreifachen Familienvater Christoph Probst schwer. Durch die Aussagen Sophie Scholls wurde die Gestapo hingegen in erster Linie auf Alexander Schmorell aufmerksam.

In den folgenden Verhören zeigte sich ein ähnliches Verhaltensmuster der Geschwister Scholl: Zum einen nannten sie weitere Namen und belasteten Freunde, zum anderen versuchten sie zugleich Personen zu schützen, ihre Beteiligung herunterzuspielen und die Verantwortung für die Aktionen auf die eigenen Schultern zu laden. So betonte etwa Sophie Scholl, dass Graf an den Aktionen „in keiner Weise aktiv" beteiligt war, und auch Schmorells Rolle wollte sie verharmlosen.

Schmorell und Graf

Schmorell war eine der Personen, die in den Verhören am umfangreichsten Informationen preisgab und andere aus dem Widerstandskreis erheblich belastete. Gleich zu Beginn berichtete er über die Entstehung der „Flugblätter der Weissen Rose", also der ersten Schriften vom Sommer 1942. Sie seien das Werk von Scholl und ihm gewesen. Auch im Fall der letzten beiden Flugblätter wies Schmorell die Verantwortung sich selbst und Scholl zu.[645] Wäre Scholl zu diesem Zeitpunkt nicht schon hingerichtet gewesen – was Schmorell nicht bekannt war -, so hätten die Aussagen Schmorells sicher das Todesurteil für ihn zur Folge gehabt.

Für Willi Graf waren Schmorells Aussagen verheerend. Er habe, so Schmorell, in „technischer Hinsicht" mitgearbeitet,[646] gemeinsam mit Scholl und ihm Briefumschläge für den Versand des fünften Flugblattes nach und nach zusammengekauft, beim Abziehen und Versand des sechsten Flugblattes mitgeholfen und auch an den nächtlichen Schmier- und Flugblattverteilungsaktionen sei er beteiligt gewesen.[647]

Bis zu diesem Zeitpunkt hatte Graf in zwei Verhören am 19. Februar seine Unschuld glaubhaft beteuern können. Geschickt manövrierte er im Fragenminenfeld. Als die Gestapo ihm vorwarf, dass er Hans Scholl Briefumschläge besorgt habe – hier griff sie auf Scholls Aussage zurück –, antwortete Graf nicht ohne Raffinesse, dass dies zutreffe, jedoch einen privaten Hintergrund gehabt habe.[648] Man glaubte Graf anscheinend, denn er wurde insgesamt eine Woche lang nicht vernommen.

Erst die Aussage Schmorells wurde für ihn zum Fallstrick. Dies gibt einen gewissen Einblick in die Arbeit der Gestapo; Leugnen machte sehr wohl Sinn, solange keine schweren Belastungen von anderen Beteiligten vorlagen. In der Münchner Gestapo wurden in diesem Fall ganz offensichtlich keine Geständnisse erpresst, vielmehr wurde die Schuld erst als erwiesen erachtet, wenn Geständnisse vorhanden waren bzw. der Verdächtige durch andere Aussagen belastet wurde. So machte Graf erst dann Zugeständnisse, als er mit der Aussage Schmorells konfrontiert wurde. Angesichts der massiven Anschuldigungen blieb ihm kaum eine andere Wahl als die eigene Rolle herunterzuspielen und sich als Mitläufer darzustellen. Graf schonte nun weder Scholl noch Schmorell. Zumindest was Hans Scholl betrifft, ist dies verständlich, denn dessen Tod war ihm wohl bekannt.[649]

Problematischer waren hingegen Grafs Angaben über seinen Freund aus der „Neudeutschland"-Zeit: Willi Bollinger. Wie nun aufgefundene Auszüge aus den Verfahrensakten gegen Bollinger zeigen, wurde Graf nach seiner eigenen Verurteilung abermals verhört: am 31. Mai 1943. Hier gab Graf relativ ausführlich Auskunft über seinen Versuch, Bollinger für die Widerstandsaktionen zu gewinnen.[650] Bollinger wurde zu einer dreimonatigen Gefängnisstrafe verurteilt.[651]

Die Spur zu Kurt Huber

Interessant ist die Frage, wie die Gestapo Kurt Huber auf die Spur kam. Wie erwähnt hatte Schertling den Kontakt Hans Scholls zu Huber bereits am 18. Februar 1943 genannt. Scholl selbst erwähnte, vermutlich auf Nachfrage, am 20. Februar 1943 Kurt Huber, stellte den Kontakt jedoch als rein wissenschaftlich motiviert dar.[652]

Huber wurde durch die Aussagen Hans Hirzels am 22. Februar erheblich belastet, der ihn der Gestapo gegenüber als Gegner des NS-Staates darstellte.[653] Weiterhin wurde Huber durch Alexander Schmorell am 26. Februar belastet. In dem Vernehmungsprotokoll ist zu lesen: „Wenn ich befragt werde, welcher Personenkreis von der Handlungsweise der Geschwister Scholl Kenntnis gehabt hat, so glaube ich Professor Huber [...] nennen zu können."[654] Hans Scholl und er hätten ihn für einen Mann gehalten, der dem Nationalsozialismus feindlich gegenüber stehe. Sie hätten ihm von ihren Plänen berichtet und auch davon, dass sie das Flugblatt mit dem Titel „Aufruf an alle Deutsche“ herausgegeben hätten. Huber habe daraufhin auf die Gefahr der Aktionen hingewiesen, aber zugesagt, sie nicht zu verraten.[655]

Diese Aussage bedeutete zweierlei: Zum einen schützte Schmorell den Philosophieprofessor, denn er verschwieg sowohl Hubers Beteiligung am sechsten Flugblatt als auch die Besprechung mit Harnack. Andererseits bezichtigte er ihn der Mitwisserschaft.

Betrachtet man die hier exemplarisch vorgestellten Vernehmungen zusammenfassend, so fällt auf, dass nur zum Teil versucht wurde, zu leugnen und andere Personen zu schützen. Wirklich standhaft blieb kaum einer der Verhörten, am ehesten noch Traute Lafrenz und Falk Harnack und lange Zeit noch Willi Graf. Im Gegensatz zu Lafrenz versuchte Harnack dabei primär, sich selbst zu schützen.

In den meisten Fällen waren die Verdächtigten mit der Verhörsituation überfordert. Die Belastungen waren höchst verschieden: Wer mehr wusste, für den mussten die Verhöre zwangsläufig auch eine größere Strapaze darstellen. Dies gilt insbesondere für Hans Scholl. Er hatte die Widerstandsarbeit bewusst auf sich zentriert, um den Kreis der Mitwisser möglichst gering zu halten. Das Risiko sollte so minimiert werden. Scholls Verantwortung war dementsprechend größer, wohl zu groß, denn allein die Tatsache, dass er den Namen von Christoph Probst preisgab, hatte für den dreifachen Familienvater fatale Folgen.

Insgesamt muss bei der Bewertung des Verhaltens der Angeschuldigten beachtet werden, dass sie in der Regel nicht vorbereitet in die Vernehmungen gegangen waren, sondern vielmehr von den Verhaftungen überrascht wurden. Insofern ist Hubert Furtwängler Recht zu geben, wenn er rückblickend schreibt: „Ich glaube, man wird sie [die Verhörprotokolle] aus der damaligen spontanen Notsituation, einer gewissen Naivität und der Hoffnung auf ein milderes Urteil (evtl. Strafkompanie?) verstehen und lesen können.“[656] Ebenso sollte zumindest hinsichtlich der Geschwister Scholl bedacht werden, dass sich der mögliche Konsum von Betäubungsmitteln dort entsprechend negativ ausgewirkt haben kann.

Auch wenn sich die Beteiligten gegenseitig zum Teil stark belasteten, darf nicht vergessen werden, dass die eigentliche Schuld an Verhaftung, Prozess, Urteil und Vollstreckung selbstverständlich bei den staatlichen Instanzen und ihren Helfern lag. Zwischen Jakob Schmid und dem Scharfrichter stehen vielerlei Personen in der Verantwortung. Die Münchner Gestapo-Beamten zählen trotz des den Umständen entsprechenden ‚korrekten' Umgangs zweifelsfrei dazu. Zudem sollte bedacht werden, dass die Leistungen der Widerständler durch die vorgekommenen Belastungen nicht geschmälert werden. Vielmehr offenbaren sich damit auch ihre Schwächen, die in der Situation der Gestapohaft nur verständlich sind.

Nachlässige Ermittlungen

Bemerkenswert ist, dass die Gestapo in den Tagen und Wochen nach der Verhaftung der Scholls offenbar nicht mit dem Hochdruck an der Sache arbeitete, wie man es vielleicht erwarten könnte. Beispielsweise versandte sie erst am 21. Februar 1943 den Aufruf, nach Schmorell zu fahnden.[657]

Zur Arbeit der Gestapo ergeben sich einige Fragen: Warum ging sie den schon kurz nach der Verhaftung der Scholls bekannten Hinweisen nicht sofort nach? Über den Kontakt Hans Scholls zu Huber, Muth und Söhngen hatte Gisela Schertling bereits am 18. Februar berichtet.[658] Um Kurt Huber vorzuladen, reichte die Aussage Schertlings anscheinend nicht aus, erst die belastenden Aussagen von Schmorell und Hirzel führten zu seiner Verhaftung am 27. Februar 1943. Einen Erklärungsansatz bietet sicherlich das Verhalten der Geschwister Scholl in den Vernehmungen. Zwar nannten sie Namen und belasteten andere, dessen ungeachtet gelang es ihnen, bei der Gestapo den Eindruck zu erwecken, als seien die Widerstandsaktionen auf sie, Schmorell und Probst begrenzt gewesen. Dass die Gestapo trotzdem nicht sofort allen Hinweisen nachging, bleibt dennoch bemerkenswert.

In München beschränkte sich die Gestapo am Wochenende des 20. und 21. Februars jedenfalls auf das Notwendigste, nämlich darauf, die zu diesem Zeitpunkt Hauptbelasteten – die beiden Scholls und Probst – zu vernehmen. Anscheinend lag es jedoch nicht nur an begrenzten personellen Ressourcen, denn auch in den nächsten Tagen geschah in der Münchner Gestapo-Zentrale kaum etwas. Am 22. Februar fand der Prozess gegen die Scholls und Probst statt, am 24. Februar wurde lediglich noch Gisela Schertling vernommen. Dies erfolgte jedoch nicht, weil die Gestapo sie vorgeladen hatte, sondern die Beamten mussten Schertling mehr oder minder ‚notgedrungen' verhören, da sie sich freiwillig bei der Gestapo eingefunden hatte.[659] Erst am 25. und 26. Februar vernahm man Willi Graf, Alexander Schmorell sowie Traute Lafrenz. Auch sind in diesem Zusammenhang die Hausdurchsuchungen zu erwähnen. Gründlich wurden diese anscheinend nicht durchgeführt, jedenfalls übersahen die Beamten in der Wohnung der Scholls eine Adressenliste.[660]

Es bieten sich zwei Erklärungsmöglichkeiten für die nachlässigen Ermittlungen der Gestapo an, die m.E. in der Zusammenschau gesehen werden müssen: Erstens glaubten die Beamten tatsächlich, den Fall endgültig aufgeklärt zu haben und vertrauten somit den Aussagen der Geschwister Scholl und Christoph Probsts – auch wenn es naiv anmutet. Zweitens kann man anführen, dass die Arbeitsmotivation der Münchner Gestapobeamten, die zumeist im fünften Lebensjahrzehnt standen, nicht besonders groß war. Auffällig bleibt jedenfalls das wenig systematische und nachlässige Vorgehen und dies um so mehr, wenn man bedenkt, dass für die Aufklärung des Falls eine Sonderkommission eingesetzt worden war.

4. Reaktionen der Universität und der Studentenschaft

Die Reaktionen der Ludwig-Maximilians-Universität (LMU) auf die Verhaftung der Studenten stehen in einem engen Zusammenhang mit den Prozessen vor dem Volksgerichtshof (VGH). Universität, VGH und Wehrmacht zogen dabei an einem Strang. Für einen Prozess vor einem zivilen Gericht war problematisch, dass es sich bei den meisten Tatverdächtigen um Wehrmachtsangehörige handelte. Damit unterstanden sie eigentlich der Wehrmachtsgerichtsbarkeit. Gauleiter Giesler meinte, eine schnelle Aburteilung sei „im Hinblick auf die Beteiligung weiblicher Zivilpersonen nur möglich, wenn auch das Verfahren gegen die Wehrmachtsangehörigen am Volksgerichtshof stattfindet".[661] So bat Giesler am 19. Februar 1943 Martin Bormann, Chef der Parteikanzlei, eine Weisung des „Führers" herbeizuführen, „daß das Reichskriegsgericht das Verfahren gegen die 4 Studenten sofort an den Oberreichsanwalt beim Volksgerichtshof abzugeben hat."[662] Generalfeldmarschall Keitel entließ die Soldaten daraufhin noch am selben Tag aus der Wehrmacht und gab sein Einverständnis, dass sie vom Volksgerichtshof abgeurteilt werden könnten. Giesler sprach, obwohl ein gerichtliches Urteil noch ausstand, die Bitte aus, „die Aburteilung in den nächsten Tagen hier und die Vollstreckung alsbald danach vorzunehmen“[663].

Dokumente zeigen, dass die LMU in vorauseilendem Gehorsam handelte. Noch vor einer rechtskräftigen Verurteilung verfügte der Strafausschuss der LMU am 21. Februar 1943 den Ausschluss von Hans und Sophie Scholl aus der Universität.[664] Schmorell wurde am 23. Februar, Graf am 2. März 1943 ausgeschlossen, später folgten die Studentinnen Lafrenz, Schüddekopf und Schertling.[665] So teilte Rektor Walther Wüst dem Reichsminister für Wissenschaft, Erziehung und Volksbildung am 23. Februar 1943 mit, also einen Tag nach der Verurteilung und Hinrichtung der Geschwister Scholl, dass diese in der Hauptverhandlung als ehemalige Studenten bezeichnet werden könnten.[666]

Wie die Sitzung des Senats der LMU, die sich mit dem Fall befasste, ablief, ist nicht mehr zu klären,[667] lediglich über die Dekansitzung vom 8. März 1943 gibt es Berichte aus der unmittelbaren Nachkriegszeit. Nach der Eröffnung gab Rektor Walther Wüst bekannt, dass der Reichswissenschaftsminister die Universität persönlich gebeten habe, dem am 27. Februar verhafteten Kurt Huber den Doktorgrad abzuerkennen. Der Jurist Prof. M. San Nicolò war der einzige Dekan, der darauf hinarbeitete, ein gewisses rechtsstaatliches Prozedere einzuhalten. Er wies daraufhin, dass eine Entziehung des Doktorgrades vor einem rechtskräftigen Urteil einen Vorgriff auf den Ausgang des Gerichtsverfahrens darstelle und auch vom akademischen Standpunkt ein untragbares Vorgehen sei.[668]

Wüst entgegnete, dass der Reichswissenschaftsminister auf die Ausführung seines Antrages dränge, damit Kurt Huber in dem anstehenden Volksgerichtshofverfahren nicht mehr mit einem akademischen Grad erscheine. Weiter meinte Wüst, dass er Huber bereits den Professortitel entzogen habe. Er berichtete ebenso, „daß im Falle von Prof. Huber solche [strafrechtliche] Verurteilung nach den von ihm angestellten Erkundigungen bereits völlig sicher und nur eine Formsache wäre“.[669] Eine förmliche Abstimmung erfolgte nicht.[670] Damit hatte die LMU ihre Loyalität gegenüber der Partei bewiesen, in der späteren Verhandlung wurde dies „lobend erwähnt“.[671] Denn auf Seiten der Partei, und dies hieß auf regionaler Ebene in erster Linie Paul Giesler, wollte man mit aller Härte vorgehen. So soll Giesler angeblich noch vor der Gerichtsverhandlung gesagt haben: „Huberköpfe müssen rollen.“[672]

In vorauseilendem Gehorsam handelte nicht nur die LMU, sondern auch die Universität Innsbruck, an der Christoph Probst immatrikuliert war. Schon vor der Gerichtsverhandlung schloss der dortige Strafausschuss Probst „wegen aktiver kommunistischer Propaganda" „vom Studium an allen deutschen Hochschulen" aus.[673] Auch hier wurde ein zumindest formales rechtsstaatliches Prozedere nicht eingehalten. In dem Beschluss heißt es entsprechend: „Die in der Strafordnung vorgesehene Ladung des Beschuldigten zur mündlichen Verhandlung, sowie die Aufschiebung der Verkündigung um eine Woche konnte bei der Dringlichkeit des Falles nicht eingehalten werden; es erscheint die rasche Aburteilung im Hinblick auf die Schwere des Vergehens gerechtfertigt."

In München waren die Funktionäre der Studentenschaft ebenso wie die LMU bestrebt, sich von den Taten des Scholl-Schmorell-Kreises zu distanzieren. Der Reichsstudentenführer wirkte nicht nur daraufhin, dass die Oppositionellen sofort von allen Hochschulen ausgeschlossen wurden, „damit sie nicht als Studenten hingerichtet" würden, sondern bat auch die Münchner Gestapo, „dass nicht von Studierenden, sondern von ehemaligen Wehrmachtsangehörigen gesprochen wird."[674] Es folgte die „Bitte an Reichsleiter Bormann und Reichsführer SS, die ganze Angelegenheit nicht als eine Frage des Studenten- oder Akademikertums, sondern als Frage asozialer ehemaliger Wehrmachtsangehöriger behandeln zu lassen".[675]

Die Münchner Studentenschaft organisierte darüber hinaus eine Kundgebung im Hauptgebäude der LMU. Dort sollte unverkennbar das Bekenntnis zum NS-Staat zum Ausdruck gebracht werden, analog der Sportpalast-Inszenierung von Joseph Goebbels, in der der Reichspropagandaminister zum „totalen Krieg" aufrief. Ziel der Münchner wie der Deutschen Studentenschaft war es, zu dokumentieren, dass es sich bei den widerständigen Studenten um Einzelgänger handelte.[676]

Der große Hörsaal der LMU war am Abend des 22. Februar 1943, also kurz nach der Hinrichtung der Geschwister Scholl und Christoph Probsts, „gerappelt voll"[677]. Der Andrang war so groß, dass eine Übertragung der Rede des Studentenführers in den Lichthof vonnöten war, wo die Studentenkompanie „in Reih und Glied"[678] antrat. Insgesamt waren wohl zwischen drei- und viertausend Studierende zusammengekommen, obwohl nur kurzfristig hierzu eingeladen worden war.[679]

Der Studentenführer sagte, dass die verhafteten Studenten Hochverräter seien, die man an den nächsten Bäumen aufhängen müsse. Er wurde bei fast jedem Satz mit stürmischem Beifall bedacht. Protest gab es, so zwei Erinnerungsberichte, nicht.[680] Vielmehr berichtet ein Zeitzeuge von der Äußerung eines Kommilitonen: „An dem Strick, mit dem die aufgehängt werden, ziehe ich mit".[681]

Die propagandistische Wirkung wurde noch dadurch verstärkt, dass ein verwundeter Frontstudent, ausgezeichnet mit dem „Deutschen Kreuz in Gold", ebenfalls eine Ansprache hielt.[682] Aber nicht nur dieser versehrte deutsche Frontsoldat sollte das ‚positive' Gegenbeispiel zu den rebellischen Studenten geben, sondern auch Jakob Schmid, der Mann, der dem ‚Treiben' des Kreises ein Ende gesetzt hatte. Schmid wurde als besonders gewissenhafter Mann und als Vorbild eines guten Nationalsozialisten gefeiert. Stehend zeigte er sich den Anwesenden.[683] Dabei hob er unter dem Jubel der Anwesenden den rechten Arm.[684]

Rektor Walther Wüst berichtete dem Reichsminister für Wissenschaft, Erziehung und Volksbildung, dass diese beiden Reden, in „geradezu ergreifender Weise zunächst ihre Verachtung gegen die Machenschaften jener vier Hochverräter, dann aber ihren entschlossenen Kampf- und Siegeswillen, ihre unerschütterliche Treue und Hingabebereitschaft für Führer und Volk zum Ausdruck" brachten.[685] Er betonte auch, dass es sich bei dem Scholl-Schmorell-Kreis „um einen kleinen, in sich geschlossenen Kreis von staatsfeindlich eingestellten Studenten handelt, mit dem das übrige Studententum nicht das Mindeste gemein" habe. Von diesem Kreis, „der nach seiner ganzen geistigen Einstellung abseits stand", könnten „keinesfalls verallgemeinernde Schlüsse gezogen werden."

Die Nachricht von den Münchner Ereignissen erreichte auch andere Universitäten. So berichtet ein Zeitzeuge – damals Student in Tübingen -, dass ein Professor am Beginn der Vorlesung von den „Schandtaten der Geschwister Scholl" und „ihrer gerechten Strafe" sprach, um fortzufahren: „Wir aber bleiben Deutschland und unserem Führer treu! Sieg-Heil!" Die Studenten standen auf, hoben den rechten Arm und riefen „Heil".[686] Scholls ‚Elite' reagierte also nicht so, wie er es sich vorgestellt hatte.

5. Volksgerichtshof, Hinrichtung und „Sippenhaft"

Es gab mehrere Prozesse bzw. Verfahren der nationalsozialistischen Justiz, die mit dem Scholl-Schmorell-Kreis befasst waren. Die beiden wichtigsten Prozesse fanden am 22. Februar und am 19. April 1943 im Münchner Justizpalast unter der Leitung des Präsidenten des VGH, Roland Freisler, statt. Bereits diese Konstellation deutet daraufhin, dass die Verhandlungen kein rechtsstaatlicher Akt waren, sondern dass hier durch eine politisch motivierte Justiz ein Exempel statuiert wurde.

Auf Grund der schlechten Quellenlage ist es kaum möglich, den Verlauf der ersten Verhandlung, bei der die Geschwister Scholl und Probst angeklagt waren, zu rekonstruieren. In der Literatur zum Scholl-Schmorell-Kreis findet sich ein Geflecht von Legenden und Wahrheiten, das nur äußerst schwierig zu entwirren ist. Diese Problematik zeigt z.B. eine Schilderung von Clara Huber, der Witwe Kurt Hubers. Nach dem Krieg berichtete sie, dass sie beim Einkauf in einer Apotheke die Frau des Staatssekretärs und SA-Gruppenführers Köglmaier, der als VGH-Beisitzer fungierte, habe sagen hören, dass diese Sophie Scholl ein so freches Mädchen gewesen sei, die die ganze Zeit geraucht und laut gesagt habe: „Unsere Köpfe rollen heute, aber Ihre rollen auch noch."[687] Nachprüfen lassen sich derartige Angaben leider nicht mehr.

Ähnliches gilt für die Darstellung des Gestapo-Beamten Robert Mohr, der u.a. Sophie Scholl vernahm, aus der Nachkriegszeit. Hiernach soll Hans Scholl in seinem Schlusswort „ungefähr" ausgeführt haben, dass er vorbehaltlos zu seiner Tat stehe und dass der Tag kommen werde, an dem diejenigen auf der Anklagebank sitzen würden, die sich heute als Richter aufspielten. In Mohrs Bericht heißt es dann weiter: „Es hat vielleicht sogar gelautet ‚Heute hängt ihr uns und morgen werdet es ihr sein' oder ähnlich."[688] Zwar ist eine solche Aussage Hans Scholl durchaus zuzutrauen, dennoch muss in diesem Kontext bedacht werden, dass Mohr bei der Niederschrift seines Berichtes durchaus Interesse hatte, sich zu entlasten: Ihm drohte eine Verurteilung durch das Entnazifizierungsgericht. In diesem und anderen Nachkriegsverfahren war ein „Persilschein" aus den Händen der Familie Scholl äußerst wertvoll und die Aussicht darauf wird Mohr möglicherweise dazu bewogen haben, seine Darstellung entsprechend zu gestalten. Noch stärkere Zweifel sind an der Darstellung von Inge Scholl, die selbst nicht der Verhandlung beiwohnte, anzumelden, wonach Sophie Scholl gesagt haben soll: „Was wir sagten und schrieben, denken ja so viele. Nur wagen sie nicht, es auszusprechen."[689]

Kurzzeitig konnte Vater Scholl in den Verhandlungssaal gelangen. Nach dem Krieg berichtete er davon, dass Hans Scholl versucht habe, Christoph Probst zu entlasten, indem er angab, dass der bei ihm aufgefundene Entwurf nicht zur Veröffentlichung bestimmt sei.[690] Diese Entlastung kam jedoch zu spät. Das Strafmaß stand vermutlich schon vor der Verhandlung fest: Todesstrafe.

Das Urteil der Richter für die Angeklagten muss besonders Christoph Probst hart getroffen haben, schließlich war er an den eigentlichen Aktionen nicht beteiligt gewesen, sondern hatte ‚nur' einen Text verfasst, von dem er nicht einmal gewusst hatte, was Scholl letztlich damit anfangen würde. Zu Recht nennt Wilfried Breyvogel die Verstrickung Christoph Probsts „tragisch".[691]

Die von den Familien eingereichten Begnadigungsgesuche wurden abgelehnt. Noch am Abend des 22. Februar wurden die Geschwister Scholl und Christoph Probst hingerichtet. Hans Scholls letzten Worte waren: „Es lebe die Freiheit!" Auch gibt es einen Hinweis darauf, dass Scharfrichter Johann Reichart gesagt haben soll, als Sophie Scholl auf dem Schafott lag, dass sie ihm im Bett lieber wäre, als hier auf dem Schafott.[692] Dies wird jedoch wohl eine Konstruktion aus der Nachkriegszeit sein.

Am Sinn ihrer Tat zweifelten die Scholls sicher nicht. So hat Hans Scholl nach dem glaubhaften Bericht eines Mitgefangenen mit Bleistift an die Gefängnismauer das Goethe-Wort geschrieben: „Allen Gewalten zum Trutz sich erhalten."[693] Sophie Scholl hatte die eigentliche Hauptparole des Scholl-Schmorell-Kreises zuvor auf die Rückseite des Begleitschreibens des Oberreichsanwaltes zur Anklageschrift geschrieben: „Freiheit".[694] Wer das Original einmal in der Hand gehabt hat, der spürt etwas von der Kraft, die diese Studenten zum Handeln trieb.

Kurz vor der Hinrichtung empfing Christoph Probst, vorher konfessionslos, noch die Taufe und die Heilige Kommunion. Den Geschwistern Scholl war die Konfessionsfrage, auch wenn in der Literatur hierzu anderes kolportiert wird,[695] in diesen letzten Stunden nicht bedeutend.

Ein Brief von Werner Scholl vom April 1943, der seine Geschwister noch kurz vor der Hinrichtung sah, gibt Aufschluss über diese letzten Stunden. Hiernach hatte Hans Scholl einen katholischen Geistlichen verlangt, jedoch nur, weil er gemeinsam mit seiner Schwester und Christoph Probst das Abendmahl empfangen wollte. Als er dann erfuhr, dass die gemeinsame Einnahme des Abendmahls nach der Gefängnisordnung nicht erlaubt war, bevorzugte er dann doch den evangelischen Geistlichen. Sophie Scholl schloss sich dem Wunsch ihres Bruders an. Ihre Worte zu der etwas überraschten Mutter beschreiben die Bedeutung der Konfession für die Scholls: „Siehst Du, Mutter, das ist für mich jetzt alles gleich."[696] Es war beiden also zumindest relativ gleichgültig, ob ein evangelischer oder ein katholischer Geistlicher ihnen den letzten Beistand gab.

Dass die Leichname der Hingerichteten nicht Studenten zu Ausbildungszwecken in die Anatomie gegeben wurden, wie es des Öfteren geschah,[697] ist vermutlich der Intervention von Traute Lafrenz und Werner Scholl zu verdanken. In dem Tagebuch von Traute Lafrenz ist dazu zu lesen: „Leichen abgekauft um zu beerdigen."[698]

Während des zweiten VGH-Prozesses am 19. April 1943 – einen Tag vor dem Geburtstag des „Führers" – waren wie beim ersten Prozess wieder zahlreiche Uniformierte anwesend. Einige rückblickende Aussagen von Mitangeklagten geben zumindest Hinweise über die Prozessführung: Roland Freisler habe „nur gebrüllt"[699]. Wie wenig rechtsstaatlich gedacht wurde, brachte der Vorsitzende selbst, so zumindest nach dem Erinnerungsbericht zweier Zeitzeugen, zum Ausdruck: „Wir brauchen kein Gesetzbuch, Recht ist, was dem deutschen Volke nutzt."[700] Es gibt allerdings Hinweise darauf, dass Freisler die Art Verhandlungsführung im Laufe des Prozesses verändert hat: Als der Reichsleiter und Präsident der Reichspressekammer, Max Amann, die Verhandlung verlassen habe, so zumindest die Nachkriegsaussage eines anwesenden Anwaltes, habe Freisler „menschlichere Töne" angeschlagen.[701]

Im Schlusswort, das jedem Angeklagten ermöglicht wurde, hielt Kurt Huber eine viel zitierte Verteidigungsrede. Ihr lagen ausführliche Aufzeichnungen zu Grunde, doch Huber konnte wohl nur einen Teil davon vortragen, da er nur drei bis fünf Minuten sprach.[702] Im Manuskript endete er mit den Worten:

„Ich nehme die Folgen auf mich nach dem schönen Worte Joh. Gottlieb Fichtes:

> Und handeln sollst du so,
> Als hinge von dir und deinem Tun allein
> Das Schicksal ab der deutschen Dinge,
> Und die Verantwortung wär dein.“[703]

Freisler gefiel es nicht, so zumindest ein Erinnerungsbericht der Mitangeklagten Traute Lafrenz, dass Huber Fichte für sich in Anspruch nahm und warf dem Philosophieprofessor entgegen: „Sie sind kein Fichte!“ Der bis dahin ruhige Huber wurde nun aufbrausend und gab lautstark an Freisler zurück: „Sie sind kein Fichte!“[704]

Nun ist das Zitat jedoch kein Zitat Fichtes, sondern es entstammte Albert Matthäis Versen, die die Überschrift hatten: „Fichte an jeden Deutschen“.[705] Zudem besagt es inhaltlich-politisch fast gar nichts. Die Zeilen betonen lediglich die Verantwortung des Einzelnen für Deutschland, so dass es auch jeder Nationalsozialist hätte unterschreiben können. Daher verwundert es nicht, dass der Polizeipräsident von München, Freiherr Friedrich Karl von Eberstein, gerade dieses Zitat in einem Nachkriegsverfahren zu seiner Verteidigung anführte.[706]

Huber präsentierte sich vor der Gestapo und im Prozess als Reformer des NS-Staates. Dies lediglich als Verteidigungsstrategie abzutun, die seinem politischen Denken widersprochen hätte, wäre sicher zu kurz gegriffen. Daher wird es auch kein Zufall gewesen sein, dass sich Huber um den Rechtsanwalt Lorenz Roder bemühte, eben jenen Juristen, der auch Adolf Hitler in seinem Verfahren nach dem Putsch von 1923 verteidigt hatte.

Huber war der einzige der Angeklagten, der es wagte, sich lautstark gegen Freisler zu stellen.[707] Genutzt hatte es ihm nicht. Alexander Schmorell, Willi Graf und Kurt Huber wurden zum Tode verurteilt. Schmorell und Huber wurden am 13. Juli 1943 hingerichtet, Graf am 12. Oktober. Huber arbeitete noch bis zum letzten Tag an seiner Leibniz-Biographie.[708] Freiheitsstrafen wurden gegen Eugen Grimminger, Heinrich Bollinger, Helmut Bauer, die Geschwister Hans und Susanne Hirzel, Franz Müller, Heinrich Guter, Gisela Schertling, Katharina Schüddekopf und Traute Lafrenz verhängt. Freigesprochen wurde lediglich Falk Harnack.

In beiden VGH-Verfahren wurden Strafen verhängt, die weder dem Umfang der entsprechenden Taten entsprachen noch in einem angemessenen Verhältnis zueinander standen – dass sie nicht gerecht waren, muss nicht erläutert werden. Das verhältnismäßig harte Urteil gegen Christoph Probst lässt sich vor allem damit erklären, dass ihm gemeinsam mit den Geschwistern Scholl der Prozess gemacht wurde. Hier wollte der NS-Staat ganz offensichtlich mit unbarmherziger Strenge vorgehen, um gerade nach der Niederlage von Stalingrad Entschlossenheit zu signalisieren.

Die Urteile im zweiten Prozess fielen insgesamt vergleichsweise ‚milder' aus. Bemerkenswert ist, dass die Richter den Anträgen des Oberreichsanwaltes nur im Fall von Schmorell, Graf und Huber folgten. In allen anderen Fällen blieb man zum Teil weit hinter den entsprechenden Anträgen zurück. Besonders prägnant ist das Beispiel Eugen Grimmingers. Für ihn beantragte der Oberreichsanwalt die Todesstrafe,[709] verurteilt wurde er jedoch ‚nur' zu zehn Jahren Zuchthaus und „Ehrverlust".

Noch auffälliger ist das Urteil gegen Falk Harnack. Das Gericht folgte nicht dem Antrag des Oberreichsanwaltes auf fünf Jahre Gefängnis, sondern dem des Rechtsanwaltes: Man sprach ihn frei. In der Urteilsbegründung heißt es dazu, er habe die „hochverräterischen Umtriebe" nicht angezeigt, aber: „[B]ei ihm liegen so einmalig besondere Verhältnisse vor, daß man ihn wegen dieser Unterlassung nicht bestrafen kann."[710]

Hier spielten die VGH-Richter ganz offensichtlich auf das seelische Befinden Harnacks an, da wenige Wochen zuvor sein Bruder Arvid im Zusammenhang mit dem kommunistischen Widerstandskreis „Rote Kapelle" hingerichtet worden war. So versuchte sein Rechtsbeistand „ein Sachverständigengutachten über den Geisteszustand des Angeklagten zur Zeit der Tat herbeizuführen."[711] Dies wurde vom VGH zwar abgelehnt, dennoch kann es als gesichert gelten, dass Harnack selbst versuchte, diese Strategie umzusetzen. Nach dem Bericht eines der Rechtsanwälte, Eduard Eble, habe Harnack vor Freisler „regelrecht Theater" gespielt, „die Rolle seines Lebens". Mit dem Verweis auf die Hinrichtung seines Bruders soll Harnack, so zumindest der Bericht von Eble, gesagt haben: „‚Glauben Sie Herr Präsident, daß ich mich angesichts dieser Tatsache mit solchen Lausbubereien, wie Flugblätter verteilen, befasst habe?'" Harnack habe zudem diese „temperamentvoll vorgetragenen Ausführungen" mit „Weinkrämpfen unterstützt“. Nach Ebles Bericht sei Freisler sehr beeindruckt gewesen und habe seinen Freispruch mit den Worten begründet: „Ein solches Erlebnis kommt im Leben eines Menschen nur alle 25 Jahre vor, wir glauben deshalb dem Angeklagten und sprechen ihn frei.‘“[712] Es ist also zu vermuten, dass Harnacks Strategie aufging und er vor Gericht emotional zu beeindrucken wusste.[713]

Einen Hinweis auf die Begründung der im Verhältnis zur Anklage ‚milden‘ Urteile gibt ein Erinnerungsbericht der Mitangeklagten Katharina Schüddekopf über die Situation kurz nach dem Ende der Verhandlung: „Der Präsident verließ mit seinem Gefolge den Saal. [...] Hinter mir murrte die Gestapo über den Freispruch und die niedrigen Urteile zum ‚Führergeburtstag‘.“[714] Diese Schilderung klingt recht plausibel, schließlich gab es schon einmal im Kontext des Scholl-Schmorell-Kreises eine ‚Begnadigung‘ bzw. eine Amnestie auf Grund eines nationalsozialistischen ‚Feiertags‘, und zwar bei den Verfahren gegen die bündische Jugend von 1937/38. Auch muss bedacht werden, dass Freisprüche vor dem VGH gelegentlich vorkamen: In den Jahren zwischen 1934 und 1945 wurden 6,5 Prozent der Angeklagten freigesprochen.[715]

Auch die nachfolgenden Urteile fielen im Verhältnis zum ersten VGH-Verfahren relativ ‚milde‘ aus. Vom Sondergericht München wurde lediglich Josef Söhngen zu einer Freiheitsstrafe von sechs Monaten verurteilt, Manfred Eickemeyer, Harald Dohrn und Wilhelm Geyer wurden freigesprochen.[716] Zumindest Söhngen schien dem Richter gegenüber äußerst dankbar zu sein, denn nach dem Krieg setzte er sich für ihn im Rahmen von dessen Entnazifizierungsverfahren ein.[717] Harald Dohrn wurde hingegen noch kurz vor Kriegsende ermordet.

„Sippenhaft“

Nach den ersten Verurteilungen und Hinrichtungen ging der NS-Staat gegen die Familien der Verurteilten vor. Es gibt Hinweise darauf, dass diese Anweisung direkt von Heinrich Himmler kam.[718] Dabei wurden die Angehörigen der Angeklagten und Verdächtigen ohne Grundlage eines Tatverdachtes verhaftet.

Gleichwohl richtet sich die „Sippenhaft“ nicht gegen alle Familienangehörigen der ‚Hauptschuldigen‘. Man verzichtete offensichtlich auf die Verhaftung von Clara Huber und der Witwe von Christoph

Probst, da sie Kinder zu betreuen hatten. Ebenso beließ man Karin Kleeblatt, die Mutter von Christoph Probst, in Freiheit, da sie gesundheitlich angeschlagen war. Die Festgenommenen wurden nach einigen Wochen wieder entlassen, so z.B. Pfarrer Hirzel, die Eltern Graf und Angelika Knoop (geb. Probst).[719] Man konnte ihnen keine Beteiligung an den Widerstandsaktionen nachweisen. Zumindest die Münchner Gestapo war nach den Haftentlassungen darum bemüht, dass den Angehörigen kein nachhaltiger Schaden aus ihrer „Sippenhaft" entstehen würde. So schrieb die Münchner Gestapoleitstelle über die Eltern Hirzels an ihre ‚Kollegen' in Ulm: „Ich stelle anheim, die in Frage kommenden staatl., parteiamtlichen und städtischen Stellen hiervon [SZ: der fehlenden Beteiligung am „Hochverrat"] zu unterrichten, damit den Eltern Hirzel aus ihrer Inhaftierung keine Nachteile erwachsen."[720]

Die meisten Familien werden vermutlich – abgesehen vor allem von den Scholls – der Tat der Studenten inhaltlich-politisch wohl eher nicht zugestimmt haben. So schrieb der Vater Grafs in einem Brief an seine Tochter Anneliese, dass es ihm „der einzige Trost" sei, dass er von all den Geschehnissen nicht „die geringste Ahnung" gehabt hatte. Für ihn war der Konflikt mit der Justiz eindeutig negativ besetzt. Im zitierten Brief heißt es weiter: „Mutter und ich mussten nun bald 60 Jahre alt werden, um noch mit dem Gefängnis bekannt zu werden, ein Ort, den wir doch nur vom Hörensagen gekannt haben. Ich weiß noch gar nicht, wie ich mich in der Öffentlichkeit damit zurechtfinden soll."[721]

Für alle Angehörigen wird es nach den Gerichtsurteilen bzw. der eigenen Inhaftierung im sozialen Umfeld schwierig gewesen sein, weil sie in Konflikt mit der NS-Justiz geraten waren. Dies gilt insbesondere für die Familie Scholl, denn es waren nicht nur zwei Kinder die ‚Haupttäter' der Münchner Geschehnisse, sondern der Vater stand zum zweiten Mal innerhalb eines Jahres vor einem deutschen Gericht, seine Frau und seine Tochter Inge Scholl zum ersten Mal.[722] Sie blieben – im Gegensatz zu den anderen Familien – länger inhaftiert, und es wurde gegen sie ein Verfahren vor dem Sondergericht Stuttgart geführt. Man warf ihnen „Rundfunkverbrechen", d.h. das Abhören von „Feindsendern", vor. Robert Scholl wurde zu anderthalb Jahren Gefängnis verurteilt, die beiden Frauen sprach man hingegen frei.

Interessant ist in diesem Zusammenhang, wie es zur Anklage gegen Robert, Magdalene und Inge Scholl kam. Die Justizakten zu diesem Fall sind zwar nicht überliefert, aber die Presseberichterstattung gibt nähere Hinweise. Im „Neu Ulmer Anzeiger“ war am 11. Oktober 1943 zu lesen:

> „Im Herbst 1942, also noch während der Bewährungsfrist des Angeklagten [SZ: Robert Scholl. Hier ging es um die Verurteilung vom Sommer 1942 auf Grund der Denunziation einer Angestellten.] hatte nach Aussage eines mitverurteilten Studenten dieser in der Wohnung Scholls in Ulm gemeinschaftlich mit den anwesenden Familienmitgliedern einen Auslandssender gehört.“[723]

Bei dem hier genannten „mitverurteilten Studenten“ handelte es sich um Alexander Schmorell. Er hatte sich – im Gegensatz zu Graf und Probst – im entsprechenden Zeitraum im Haus der Familie Scholl in Ulm aufgehalten.[724] Folglich muss es auf seine Aussage zurückzuführen sein, dass die Gestapo Ermittlungen gegen die Familie aufnahm. Für sie war es schwer zu glauben, dass Schmorell sie denunziert hatte. Man meinte eine Zeit lang, dass die Aussage Schmorells fingiert gewesen sei[725] und traute ihm offensichtlich eine solche ‚Tat‘ nicht zu. Ab einem bestimmten Zeitpunkt waren die Scholls dann jedoch davon überzeugt, dass Schmorell sie denunziert hatte.[726]

Dass die Familie Scholl ausgegrenzt wurde, dokumentieren ebenso die aus der Haft geschriebenen Kassiber[727] wie bestimmte Zeitzeugenberichte. Elisabeth Scholl, die nicht angeklagt wurde, berichtete rückblickend, dass einmal eine Frau bei ihr vor der Tür gestanden habe und meinte, dass sie nur sehen wolle, wie die Schwester einer Hingerichteten aussehe.[728] Auch war es überaus schwer für die Familie, einen Rechtsbeistand zu finden.[729]

Dessen ungeachtet gab es Personen, die den Scholls zur Seite standen. Hier ist insbesondere Fritz Hartnagel zu nennen. Er brachte den Inhaftierten Lebensmittel ins Gefängnis, unterstützte sie ebenso wie die Frau des vor dem Sondergericht angeklagten Wilhelm Geyer mit Geld[730], trug ein Trauerband an seiner Uniform im Gedenken an Hans und Sophie Scholl[731] und sprach bei der Münchner Gestapo vor, die ihm empfahl, sich von der Familie zurückzuziehen.[732] Er ließ sich dadurch aber nicht von seiner Haltung abbringen, sondern schrieb an die Scholls im November 1943: „[W]enn ich an Sophie und Hans denke, will ich gerne alles auf mich nehmen, und mein Gewissen wäre erleichtert, wenn ich mit ihnen und Euch allen am eigenen Leib leiden müsste unter dieser Zeit.“[733]

VI. DER SCHOLL-SCHMORELL-KREIS UND DIE „JUDENFRAGE“

Im Folgenden sei einer Frage besonderer Raum gewährt: Wie stand der Scholl-Schmorell-Kreis zur so genannten „Judenfrage“? In den Darstellungen über den Widerstandskreis findet sich immer wieder die These, eines der Ziele der Studenten sei der Kampf gegen die Schoa, also die systematische Ermordung der Juden, bzw. gegen den NS-Verfolgungsstaat gewesen.[734] Die andere Deutung, die bei ihnen antijüdisches Denken konstatiert, ist bis heute nur von einer Seite vertreten worden: Vom Gutachter Professor Richard Harder, der für Alfred Rosenbergs „Hohe Schule“ tätig war und die Flugblätter für die Gestapo untersuchte. Harder sprach hinsichtlich der ersten vier Flugblätter von „modifiziertem Antisemitismus“.[735] Die erste und bisher einzige Interpretation dieser Flugblätter, die eine antijüdische Tendenz aus den Schriften las, kam also von nationalsozialistischer Seite.

Zu untersuchen, wie sich der Scholl-Schmorell-Kreis zum Judentum positionierte, birgt die Gefahr in sich, das gegenwartsbezogene ‚Nach-Auschwitz-Denken‘ auf die damalige Zeit zu übertragen und heutige Positionen als Wertmaßstab anzulegen. Vor einem solchen ahistorischen Ansatz kann nur gewarnt werden. Gleichwohl darf diese Warnung nicht dazu führen, die Frage nach der Position des Scholl-Schmorell-Kreises zu den Juden auszuklammern. Das Ziel muss sein, ihr Denken und ihre Denkmöglichkeiten in ihrer Zeit offen zu legen und insofern nachvollziehbar zu machen.

Zwei Dinge sind in diesem Kontext zu beachten: Erstens bedeuteten antijudaistische, also religiös begründete, oder auch antisemitische, also rassisch begründete, Einstellungen nicht unbedingt, dass man der Ermordung der Juden zustimmen musste. Zweitens kann davon ausgegangen werden, dass – nicht zuletzt auf Grund christlicher Traditionslinien – ein antijüdischer Konsens in der deutschen Gesellschaft weit verbreitet war.[736]

Die Quellen

Bei der Analyse der schriftlichen Dokumente fällt auf: Abgesehen von einigen wenigen Aussagen ist weder in den Briefen und Aufzeichnungen der Beteiligten noch in den Unterlagen der Gestapo, die zum Teil „politischen Bekenntnisse“ enthalten, die Frage nach dem Antisemitismus, die „Judenfrage" sowie die Verfolgungen anderer Minderheiten ein Thema.[737] Wurden diese Ereignisse in den Briefen und privaten Tagebüchern vielleicht nicht angesprochen, um sich vor möglichen Mitlesern der Gestapo zu schützen? Dies ist zumindest für einen Brief Scholls an Otl Aicher vom November 1941 unwahrscheinlich. Hier heißt es: „Gegenwärtig ist er [SZ: Carl Muth] krank, Bronchitis; die eigentliche Ursache der Krankheit jedoch liegt auf geistigem Gebiet, nehme ich an. Die Aktion gegen die Juden in Deutschland und den besetzten Gebieten hat ihm die Ruhe genommen."[738] Ein Kommentar von Scholl erfolgte in dem Brief nicht.

Was geben die Akten der Gestapo her? Wollten die Studierenden gegenüber den Beamten diesen Punkt nicht anrühren, um sich und gegebenenfalls auch andere nicht zu gefährden? Wenn man sieht, wie offen fast alle der später Verurteilten gegenüber der Gestapo aussagten, ist dies unwahrscheinlich. Schmorell z.B. äußerte auf vielen Politikfeldern recht offen Kritik. Warum sollte er gerade die „Judenfrage" ausklammern? Für die Tagebücher der Geschwister Scholl und von Willi Graf gilt, dass sie wohl keinen fremden Leser befürchteten. Bei Probsts Briefen sieht es ähnlich aus. So ist als erster Befund zu konstatieren: Die Frage nach der Verfolgung der Juden schien den Scholl-Schmorell-Kreis offenbar nicht allzu sehr zu interessieren.

Die Anklage des Mordes an den polnischen Juden im zweiten Flugblatt

Für die Fragestellung bleiben als zentrale historische Quelle die Flugblätter. Sie können, da sie zum Großteil von Hans Scholl verfasst worden sind, zumindest als eine Art von „politischem Bekenntnis" des Studenten gewertet werden. Auch die von Schmorell und Huber verfassten Flugblattteile geben wertvolle Hinweise auf ihre politischen Überzeugungen.

Eine der zentralen Passagen zur „Judenfrage" wurde von Schmorell für das zweite Flugblatt verfasst. Hier heißt es:

> „Nicht über die Judenfrage wollen wir in diesem Blatte schreiben, keine Verteidigungsrede verfassen – nein, nur als Beispiel wollen wir die Tatsache kurz anführen, die Tatsache, dass seit der Eroberung Polens dreihunderttausend Juden in diesem Land auf bestialische Art ermordet worden sind. Hier sehen wir das fürchterlichste Verbrechen an der Würde des

> Menschen, ein Verbrechen, dem sich kein ähnliches in der ganzen Menschengeschichte an die Seite stellen kann. Auch die Juden sind doch Menschen – man mag sich zur Judenfrage stellen wie man will – und an Menschen wurde solches verübt. Vielleicht sagt jemand, die Juden hätten ein solches Schicksal verdient; diese Behauptung wäre eine ungeheure Anmassung; aber angenommen, es sagte jemand dies, wie stellt er sich dann zu der Tatsache, dass die gesamte polnische adelige Jugend vernichtet worden ist (Gäbe Gott, dass sie es noch nicht ist!)?"

Schmorell fuhr fort: Aus Polen seien „[a]lle männlichen Sprösslinge aus adeligen Geschlechtern zwischen 15 und 20 Jahren" nach Deutschland ins Konzentrationslager gekommen, die Mädchen seien nach Norwegen in die Bordelle der SS verschleppt worden. Dies sei eine Frage, „die uns alle zutiefst angeht und allen zu denken geben muss." Rhetorisch fragte er: „Warum verhält sich das deutsche Volk angesichts all dieser scheusslichen, menschenunwürdigsten Verbrechen so apathisch? Kaum irgendjemand macht sich Gedanken darüber. Die Tatsache wird als solche hingenommen und ad acta gelegt."[739]

In der rückblickenden Sicht mag der Passus „auf bestialische Art ermordet" die Interpretation hervorrufen, dass hiermit vielleicht Vergasungs- oder ähnliche Mordaktionen gemeint sein könnten. Dies war jedoch nicht der Fall, denn Scholl und Schmorell hatten ‚nur' Informationen über Erschießungen.[740]

Tatsache ist jedenfalls, dass die Ermordung von Juden und der adligen polnischen Jugend in Polen angeklagt wurde.[741] In dieser Anklage, die in die erste Phase der Aktionen des Scholl-Schmorell-Kreises fällt, liegt zweifellos eine seiner herausragenden Leistungen, und sie ist vor allem das Verdienst von Alexander Schmorell. Diese Leistung ist umso größer, wenn man sich das Schweigen der anderen Widerstandskreise zu diesen Verbrechen vor Augen führt.

Der Flugblattausschnitt deutet jedoch auch an, dass bei Schmorell anscheinend eine Hierarchie der Opfer vorhanden war: Wenn sich der Leser nicht über die 300 000 Juden empören würde, wie stelle er sich *dann* zu der Verfolgung und Ermordung der adligen polnischen Jugend. Schmorell schrieb also, wenn einen schon nicht die Juden interessieren würden, dann sollte es zumindest die adlige Jugend Polens. Meinte Schmorell diese Passage evtl. nicht so, wie er sie geschrieben hatte?[742] Die mutmaßliche Bedeutung des Namens „Weisse Rose", womit auf die französischen Adligen angespielt wurde, sowie das elitäre Denken der beiden Studenten sprechen nicht für eine solche Interpretation. Insofern verwundert auch die rückblickende Aussage der ehemaligen Scholl-Freundin, Traute Lafrenz, nicht, wonach die polnische Aristokratie den Studenten „viel näher" gestanden habe als die Juden.[743]

Die Textpassage wirft weitere Fragen auf: Warum wurde an keiner anderen Stelle in den vier „Weisse Rose"-Flugblättern die Verfolgung der Juden angeklagt? Und warum nicht in den Flugblättern vom Januar und Februar 1943, deren Auflage um ein Vielfaches höher war? Lediglich Christoph Probst kritisierte in seinem Flugblattentwurf vom Januar 1943 ähnlich wie Schmorell: „Ihm [SZ: Hitler] der die Juden zu Tode marterte, die Hälfte der Polen ausrottete, Russland vernichten wollte, ihm der Euch Freiheit, Frieden, Familienglück, Hoffnung und Frohsinn nahm und dafür Inflationsgeld gab. Das soll, das darf nicht sein!"[744] Gedruckt wurde der Entwurf nicht.

Dem Zentrum des Widerstandskreises, Hans Scholl und Alexander Schmorell, ging es allein um den Mord an den polnischen Juden, die alltägliche Diskriminierung der Juden im „Altreich" schien die beiden Autoren nicht in dem Maße zu interessieren, als dass sie sich hierzu in den Flugblättern geäußert hätten: Sie wird mit keinem Wort erwähnt, nicht einmal die Deportation der Münchner Juden vom November 1941, die Hans Scholl bekannt war.[745]

Bezeichnend ist außerdem, dass Schmorell im zweiten Flugblatt eben nicht über „die Judenfrage" sprechen und grundsätzlich hierzu Stellung nehmen wollte. War auch das nur die Rhetorik des Flugblattschreibers, um eine möglichst breite Front von NS-Gegnern zusammenzubringen? Wollte er also auch antinationalsozialistische Antisemiten integrieren, auch wenn er selbst zu den Juden eine ganz andere Position einnahm? Diese Interpretation greift m.E. zu kurz, da es Schmorell und Scholl nicht um den Sinn oder Unsinn der „Judenfrage" an sich ging. Es bleibt vielmehr der Eindruck, als sei der gesetzlich legitimierte Antisemitismus, der jenseits von Ermordung und Versklavung etabliert worden war, hingenommen worden bzw. die Kritik am Antisemitismus befand sich nicht in ihrem Horizont. Hinweise auf eine Kritik am positiven Recht im NS-Staat sucht man in den schriftlichen Dokumenten jedenfalls vergebens.

Parallelisierung von Deutschen und Juden im fünften Flugblatt

Untersucht man die Flugblätter des Widerstandskreises auf die Position zu den Juden näher, dann fällt nicht nur über weite Strecken das Schweigen auf, sondern man bemerkt auch einige Bilder, die Hans Scholl benutzte. Prägnant ist hierbei das fünfte Flugblatt. Dort ist, wie in den vorherigen Schriften, wieder das Element der Strafandrohung zu finden: Es werde ein Gericht kommen, das eine gerechte Strafe verhängen werde, schrieb Scholl. Im fünften Flugblatt heißt es dazu explizit: Hitlers „und seiner Helfer Schuld hat jedes Mass unendlich überschritten. Die gerechte Strafe rückt näher und näher!“[746] Und: „Nachher wird ein schreckliches, aber gerechtes Gericht kommen über die, so sich feig und unentschlossen verborgen hielten.“[747] Scholl führt dann aus, dass sich das deutsche Volk passiv verhalte, und stellt im Anschluss daran schließlich die Frage:

> „Deutsche! Wollt Ihr und Eure Kinder dasselbe Schicksal erleiden, das den Juden widerfahren ist? Wollt Ihr mit dem gleichen Masse gemessen werden, wie Eure Verführer? Sollen wir auf ewig das von aller Welt gehasste und ausgestossene Volk sein? Nein! Darum trennt Euch von dem nationalsozialistischen Untermenschentum!“[748]

Hier finden wir eine Parallelisierung von Juden und Deutschen: Wenn sich die Deutschen jetzt nicht gegen die Nationalsozialisten wehrten, so Scholl, dann drohe ihnen eine – wohlgemerkt – „gerechte Strafe“, ähnlich wie sie den Juden widerfahren ist. Betrachtet man dies textimmanent, dann heißt dies, dass den Juden eine „gerechte Strafe“ widerfahren sein soll. Weshalb diese Strafe erfolgt sei, liegt bei dem geistesgeschichtlichen Kontext, in dem sich Hans Scholl bewegte, auf der Hand: für die „Verstockung“, die Nicht-Erkennung Jesu als Messias, den Gottesmord.

Wie diese „gerechte Strafe“ nach Scholl aussehen würde, sagte er selber: „das von aller Welt gehasste und ausgestossene Volk“ zu sein. Gerade dies war eine christliche Perspektive auf das Judentum. Festzuhalten ist also, dass man nicht nur die generelle Anklage der nationalsozialistischen Judenverfolgung vermisst, sondern auch, dass man eine gänzlich entgegengesetzte Aussage antrifft: Die Juden hätten seit Golgatha eine „gerechte Strafe“ erhalten. Dabei wurden die Diskriminierungen und die Verfolgung der Juden im internationalen Kontext gesehen: Die Juden seien eben nicht nur das von den Deutschen, sondern das von der ganzen Welt gehasste Volk. Der besondere Antisemitismus in Deutschland seit 1933 wurde in seiner Radikalität anscheinend nicht erkannt. Auch gewinnt man den Eindruck, als sei die Möglichkeit einer deutsch-jüdischen Symbiose im Denken Scholls nicht vorhanden gewesen. Die strikte Gegenüberstellung von Deutschen und Juden deutet jedenfalls daraufhin, dass es für ihn nur das eine oder das andere gegeben habe, deutsche Staatsbürger jüdischen Glaubens demnach wohl nicht.

Zerstreuung und Strafe in den „Flugblättern der Weissen Rose"

In den „Flugblättern der Weissen Rose" sind ebenfalls sprachliche Bilder zu finden, die in ähnlicher Weise auf eine Parallelisierung der Strafe für die Juden und der Strafe für die Deutschen hinweisen. Im dritten Flugblatt ist zu lesen: „Wir würden es verdienen, in alle Welt verstreut zu werden, wie der Staub vor dem Winde, wenn wir uns in dieser zwölften Stunde nicht aufrafften".[749] Hier handelt es sich um eine Analogie zu der christlich-traditionellen und zeitgenössisch weit verbreiteten Ansicht, dass die Juden als Gottesmörder berechtigterweise in der Welt zerstreut worden seien. Indem Scholl schon hier das Motiv der Zerstreuung benutzt, nahm er zumindest mittelbar Bezug auf die den Juden widerfahrene Strafe, da sie Jesus nicht als Christus und Gottessohn erkannt hatten. Anders gesagt, durch seine Wortwahl setzte er in gewisser Weise bereits im Sommer 1942 die Juden und die Deutschen gleich.

Im ersten Flugblatt hatte er die Frage gestellt: „[W]er von uns ahnt das Ausmass der Schmach, die über uns und unsere Kinder kommen wird".[750] Auch wenn seine Argumentation in den ersten vier Flugblättern auf einem doppelten, einem weltlichen und einem christlichen Fundament stand, so entsprang die angedrohte Strafe mit großer Wahrscheinlichkeit der christlichen Gottesgeschichte. Es ging eben nicht um mögliche weltliche Strafen, wie sie ein erneutes Versailles etwa hätte bringen können. Derart materiell argumentierte Scholl hinsichtlich der kommenden Strafen nie. Scholl meinte vielmehr das mögliche Ausgestoßensein vor aller Welt, das eben auch die nächste Generation – gemeint sind vermutlich eher die kommenden Generationen – treffen würde. Es ging mit großer Wahrscheinlichkeit um eine Kollektivschuld, die über die Zeitgrenzen hinausreichen könnte. Eine solche Strafe hatte bisher nur ein Volk erlitten: die Juden, die den Messias nicht erkannten und ihn angeblich ans Kreuz geschlagen hatten. So verwundert es auch nicht, dass Scholl im ersten Flugblatt wörtlich die Juden mit den Deutschen – und auch den Griechen – verglich, um ebenso zu konstatieren: Wenn die Deutschen eine geistlose und feige Masse seien, „dann, ja dann verdienen die den Untergang."[751]

Was verband aber nun die Juden und die Nationalsozialisten aus der Sicht Scholls? Die Antwort liegt auf der Hand: die antichristliche Entscheidung.

Die Frage nach dem Strafmaß für die Juden

Scholls Ausführungen über die gerechte Strafe für die Juden werfen weitere Fragen auf: Schloss er die Ermordung der Juden mit ein und wenn ja, bis zu welchem Grad? Meinte er nur die alltägliche Diskriminierung oder auch die Versklavungen und Ermordungen in Osteuropa? Letzteres kann als ausgeschlossen gelten, schließlich wurden die Erschießungen nicht nur im zweiten Flugblatt der „Weissen Rose" angeklagt, sondern auch Hans Scholl hat auf sie bei einem Leseabend im Januar 1943 wohl hingewiesen.

Doch Hans Scholl war bekannt, dass die Juden im „Altreich" diskriminiert und ausgegrenzt wurden. Dies würde dafür sprechen, dass er zumindest begrenzt die nationalsozialistische Verfolgung mit in den Gedanken von der „gerechten Strafe" einbezogen hatte.

Oder wollte Scholl dem Leser nur drohen? Stellte er entgegen seiner Überzeugung ein Gedankenmodell auf, um den Deutschen das kommende Unheil offen zu legen, ihnen die Abkehr zu erleichtern? War dies alles nur die Rhetorik des Flugblattschreibers, der seine Adressaten mit drastischen Mitteln zu erreichen versuchte, dabei möglicherweise selbst das benutzte Bild nicht zu Ende gedacht hatte?

Ausschließen kann man dies sicher nicht. Gleichwohl überwiegen Argumente gegen die – in der Literatur nie formulierte – These, es habe sich nur um Rhetorik gehandelt. Dann bliebe zudem die Frage offen, ob es eine gelungene Analogie war, den Deutschen die Strafe anzudrohen, die aus damaliger (christlicher) Perspektive die Juden zu Recht erlitten hatten und erlitten. Diese Analogie mutet vor dem Hintergrund der fast zweitausendjährigen Verfolgungsgeschichte der Juden und den von Schmorell erwähnten Massenerschießungen befremdlich an.

Die Mentoren als Quelle der Parallelisierung von Deutschen und Juden?

Um der Frage nachzugehen, ob es sich um eine zufällig gewählte und nicht antijudaistisch gemeinte Bildlogik handelte, die Scholl benutzte, ist nach Quellen für sein Gedankenmodell zu suchen. Gäbe es eine oder mehrere, spräche dies dafür, dass Scholl länger über das verwendete Bild nachgedacht hatte und tatsächlich wusste, auf welches Fundament er seine Argumentation stellte. Dabei muss eines klar sein: Die Parallelisierung von Juden und Deutschen war für den zeitgenössischen theologischen Kontext höchst selten.[752] War diese fast schon ‚theologische Sensation' das Werk von Hans Scholl, der ansonsten immer wieder auf andere Denker zurückgriff?

Ein Blick in die „Tag- und Nachtbücher" Theodor Haeckers zeigt, dass dies mit großer Sicherheit nicht der Fall war. Denn auch Haecker verglich die ‚abgefallenen' Juden mit den Nationalsozialisten und dies am deutlichsten, als im September 1941 der „Judenstern" als äußeres Kennzeichen für die nach rassistischen Kriterien definierten Juden eingeführt wurde. Hier notierte Haecker:

> „Heute wurde bekanntgegeben, daß ab 19. September jeder Jude auf der linken Seite seiner äußeren Kleidung einen gelben Stern, den Stern Davids, des großen Königs, aus dessen Geschlecht der Gottmensch, Jesus Christus, die Zweite Person der Trinität, dem Fleische nach geboren ist, zu tragen habe."[753]

Diese faktische Bestandsaufnahme verdeutlicht Haeckers Bekenntnis zur jüdischen Wurzel des Christentums, eine Lossagung vom Alten Testament war für ihn undenkbar. Dann heißt es in dem Notat jedoch weiter:

> „Es kann die Zeit kommen, daß die Deutschen im Auslande auf der linken Seite der Brust ein Hakenkreuz, also das Zeichen des Antichrist, tragen müssen. Durch ihre Verfolgung der Juden nähern sich nämlich die Deutschen immer mehr den Juden und deren Schicksalen. Sie kreuzigen nämlich heute Christus zum zweiten Male, als VOLK! Ist es nicht wahrscheinlich, daß sie ähnliche Folgen durchzuleben haben werden?"[754]

Haecker parallelisierte damit die Nationalsozialisten und die Juden, beide verband nach seiner Ansicht das Element des Antichrists. Erstere verfolgten zu Beginn der 1940er Jahre die Juden, sie kreuzigten das ganze jüdische Volk. Der Schriftsteller sah, wenn auch nicht den systematischen Mord an den Juden, so doch deren Verfolgungssituation. Lediglich zu einem weltgeschichtlichen Ereignis könne eine Parallele gezogen werden: Golgatha. Hier hätten die Juden den Gottessohn gekreuzigt.

So blieb auch Haecker traditionellen christlich-antijudaistischen Denkkategorien verhaftet,[755] aber indem er in diesem Kontext die Verfolgung der Juden durch die Nationalsozialisten kritisierte, offenbarte er gleichzeitig das humane Element in seiner Ideenwelt. Haeckers Perspektive auf die Juden war folglich geprägt von Ambivalenz: Zum einen klagte er ihr weltgeschichtliches Versagen an, zum anderen forderte er ihren Schutz. Damit befand er sich auf dem Boden der Theologie der Autoren des Neuen Testaments, die neben der Nächstenliebe eben auch durch antijudaistische Elemente gekennzeichnet gewesen war. Es wird zudem abermals erkennbar, dass antijüdisches Denken eben nicht gleichbedeutend ist mit der Zustimmung zur Verfolgung der Juden, sondern sogar ihren – verbalen – Schutz bedeuten konnte.

Auch in einem Roman von Josef Furtmeier findet sich eine Passage, die in eine ähnliche Richtung weist. Hier heißt es: „Es steckt etwas Verborgenes in den Deutschen. Wie bei den Juden. Sie glauben, sie könnten der Welt den Messias bringen." Dann die Antwort: „Ja, und dann stellt sich vielleicht heraus, dass er der Antichrist ist."[756]

Bei Max Schwarz lassen sich ebenfalls Ansätze einer Parallelisierung von Juden und zumindest einem Teil der Nationalsozialisten nachweisen. Wie so oft wendete er sich auch im Jahre 1936 in einer Predigt gegen die völkisch-rassistische „Deutsche Glaubensbewegung". Sie trage alle Lügen, die bisher gegen die Christen gerichtet waren, zusammen,

> „um die Menschen von Christus und der Kirche zu trennen – ganz so wie die jüdischen Schriftgelehrten und Phärisäer einst vom sündenlosen Heiland selber gesagt haben: er bricht den Sabbath! Und: er sitzt mit Sündern und Sünderinnen auf der gleichen Bank! Und schließlich: er hat Gott gelästert!"[757]

Für das fünfte Flugblatt muss konstatiert werden: Die Ähnlichkeit zwischen den Ausführungen Haeckers und der von Scholl verfassten Schrift ist frappierend. Hinzu kommt eine gewisse Gedankenverwandtschaft mit Josef Furtmeier und Max Schwarz. Betrachtet man dazu im zeitgenössischen Kontext die Besonderheit des Gedankens, Deutsche bzw. Nationalsozialisten und Juden zu parallelisieren, dann ist es äußerst unwahrscheinlich, dass Scholl diesen Gedanken selbst entwickelt hat und nicht aus dem Kreis der Mentoren aufgegriffen hat.

Geht man aber über die gedanklichen Konvergenzen von Haecker und Scholl hinaus und fragt nach Unterschieden, dann wird eines deutlich: Haecker kritisierte die Verfolgung der Juden, Scholl tat dies in seinem Flugblatt hingegen nicht. Er verblieb auf der Ebene der reinen Parallelisierung. So wurde auch der Aufruf zur ‚Umkehr' nicht mit dem Verbrechen der Judenverfolgung begründet. Die Herleitungen des Widerstandspostulats verliefen auf anderen Ebenen: Hitler könne den Krieg nicht mehr gewinnen, nur noch verlängern,[758] der imperialistische Machtgedanke sei zu verwerfen.[759] Scholl wandte sich zudem gegen einen „einseitige[n] preussische[n] Militarismus"[760] und forderte die Freiheit der Rede, des Bekenntnisses und den Schutz des einzelnen Bürgers vor der Willkür verbrecherischer Gewaltstaaten.[761]

Oder bezog sich Scholl mit dem letzten Punkt möglicherweise auch auf die Verfolgung der Juden? Da er den „einzelnen Bürger" vor der Willkür mancher Staaten schützen wollte, eröffnete er eine internationale Perspektive und könnte auch auf die Juden anspielen. Dennoch müssen hierbei zwei Punkte bedacht werden:

Erstens war der Kontext des Flugblattes die aggressive deutsche Expansionspolitik. Folglich wird Scholl sich eher auf den Schutz der Bürger aller Länder vor den Eroberungsgelüsten anderer Staaten bezogen haben. Ob er damit die „zerstreuten" Juden einschloss, bleibt ungewiss.

Zweitens ist nicht eindeutig zu bestimmen, wer konkret mit „Bürger" gemeint war. Ungewöhnlich wäre es jedenfalls nicht, wenn mit dieser Forderung tatsächlich nicht jeder Mensch – obwohl der Wortlaut dies aus heutiger Sicht nahe legt – gemeint gewesen wäre, sondern wenn bestimmte Menschen ausgeschlossen gewesen wären. Man denke hier nur an die großen Verfassungsentwürfe der europäischen Geschichte – beispielsweise den französischen von 1791 oder den deutschen von 1849 -, in denen einerseits die Gleichheit aller proklamiert wurde, andererseits diese eben nicht für alle galt. Ob diese Ambivalenz auch auf Scholls Flugblattpassage zutrifft, muss ebenfalls offen bleiben.

Es bleibt die Frage bestehen, warum Scholl hier und an anderen Stellen in den Flugblättern nicht die strukturelle Verfolgung der Juden jenseits des Völkermordes ansprach, wenn sie ihm ein zentrales Anliegen gewesen sein sollte? Aber auch hinsichtlich des Völkermords selbst muss gefragt werden: Warum wurde er in der Hauptphase des Widerstands, also nach dem Russlandaufenthalt, in den Flugblättern nicht thematisiert? Sophie Scholl war die systematische Ermordung der russischen Juden seit dem Sommer 1942 jedenfalls bekannt.[762]

Die zuvor gestellte Frage soll noch einmal wiederholt werden: Ist diese Passage allein auf die Rhetorik des Flugblattschreibers zurückzuführen? Wollte er möglicherweise dem Leser nur die drohende Strafe vor Augen führen, implizierte aber hiermit gar nicht, dass die „Strafe“, die die Juden erhielten, „gerecht“ sei?

Relativ sicher ist, dass Scholl diesen Vergleich nicht zufällig, ‚spontan‘ wählte. Womöglich trug er dieses Gedankenmodell auch auf anderen Wegen weiter. Hier ist die Aussage Hans Hirzels, der eben dieses fünfte Flugblatt weiterverbreitete, von Bedeutung. Gegenüber der Gestapo gab er an:

> „Im Herbst 1942 habe ich in Ulm ein öffentliches Plakat gesehen, das einen Judenstern trug und darunter folgendes stand: ‚Wer dieses Zeichen trägt, ist ein Feind unseres Volkes‘. Vermutlich hat Hans Scholl zu mir gesagt, daß man Plakate mit dieser Aufschrift, anstelle des Judensternes aber mit einem Parteiabzeichen der NSDAP., herstellen und öffentlich anschlagen könne, da ein solcher Text gut klingen würde.“[763]

Die Aussage Hirzels deutet abermals daraufhin, dass sich Scholl schon einige Monate mit der Parallelisierung von Deutschen und Juden auseinander gesetzt hatte.

Es ist m.E. unwahrscheinlich, dass Scholl das Parallelisierungsmodell Haeckers übernommen hat, um es dann seines antijudaistischen Kerns zu entledigen. Um eine solche Spaltung des Gedankens zu vollziehen, müsste eigentlich eine Distanz zum antijüdischen Denken bei Scholl vorhanden gewesen sein. Doch wo finden wir Hinweise in diese Richtung, ja nur Spurenelemente davon? In den Quellen fehlen jedenfalls jegliche Anhaltspunkte.

Festzuhalten ist, dass man die Passage über die „gerechte Strafe“ für die Juden im Sinne einer antijüdischen Einstellung lesen *kann.* Wenn ein solches antijüdisches Denken bei Scholl nicht vorhanden gewesen sein soll, bleiben nur zwei Möglichkeiten: Entweder nahm er die Lesart in Kauf oder sie war ihm nicht bewusst. Da der Gedanke mit großer Sicherheit von den Mentoren stammte, und Scholl in christlichen Denkmustern bewandert war, ist die zweite Möglichkeit nicht besonders wahrscheinlich und sie spräche auch in intellektueller Hinsicht nicht gerade für Scholl. Es ist bei dieser Lesart wahrscheinlicher, dass er die Passage *trotz* der Möglichkeit der antijüdischen Lesart formulierte. Im besten Fall bleibt für Scholl somit eine *relative Gleichgültigkeit* gegenüber der Lesart der Parallelisierung festzustellen, plausibler ist jedoch, dass er selbst im Geiste seiner Zeit und seines christlichen Umfelds antijudaistisch dachte und sich daher nicht primär für den Antisemitismus interessierte.

Erwähnenswert sind in diesem Zusammenhang die rückblickenden Angaben der Mitbeteiligten und ehemaligen Freundin Hans Scholls, Traute Lafrenz: Weil die „Judenfrage" in dem Widerstandskreis „gar nicht so eine große Rolle spielte", bezeichnet sie das Verhältnis des Kreises zum Judentum als „beinah peinlich".[764]

Kurt Huber

Kurt Hubers Positionen zum Judentum sind in diesem Zusammenhang ebenso von Interesse. Er war selbst, wie gezeigt, Antisemit. Hier sei auch auf eine Aussage Hans Scholls gegenüber der Gestapo verwiesen, in der er über Kurt Huber sagte: „Er ist ein grosser Nationalist. Den Bolschewismus behandelt er als den Zerstörer der europäischen Kultur. Er ist stark antisemitisch eingestellt."[765]

Nun war dies sicher nicht (nur) der Versuch, Huber durch eine Aussage zu schützen, denn sein Nationalismus, sein Antibolschewismus und auch sein Antisemitismus wurden bereits nachgewiesen. Keine dieser drei politischen Koordinaten Hubers war jedoch für Hans Scholl ausschlaggebend, den Hochschullehrer nicht in die Widerstandspläne einzuweihen. Vielmehr legt die Einbeziehung Kurt Hubers das Gegenteil nahe: Ob jemand Antisemit, Antibolschewist oder Nationalist war, spielte für die Frage, ihn in den Kreis der Beteiligten aufzunehmen, anscheinend keine Rolle.

Huber dachte aber nicht nur in antisemitischen, sondern auch in antijudaistischen Kategorien. In seiner Lyrik, die er während seiner Haftzeit schrieb, kommt an einer Stelle das antijudaistische Denken deutlich zum Ausdruck:

„Jesu mein, in deiner Passion
Hab' als Knab' ich oft und oft glesen,
Bin dem Dulder und dem Menschensohn
Ein begier'ger Lauscher gern gewesen.
Tief im Herzen spürt' mit Bangen ich,
Wie das schwere Kreuz dich hat geschüttelt,
Wie der Judenscherge lästerlich
Dich zu neuem Fall hart aufgerüttelt."[766]

‚Kinder ihrer Zeit'

Wie genau die Positionen zum Judentum bei den Beteiligten des Scholl-Schmorell-Kreises aussahen, kann nicht mehr geklärt werden. Belege für die These, der nationalsozialistische Antisemitismus oder auch die Verfolgung der Juden seien ein maßgebliches Handlungsmotiv für den Scholl-Schmorell-Kreis gewesen, finden sich nicht. Dessen ungeachtet kann konstatiert werden, dass allen ein Grundstock an humanem Denken und Fühlen gemeinsam war. Die Kritik an der Erschießung der Juden in Polen hat dies ebenso gezeigt wie der Flugblattentwurf von Probst.

Hierbei muss betont werden: Zumindest antijudaistisches, wenn nicht gar antisemitisches Denken beruhte auf einem zeitgenössischen Konsens. Hinsichtlich des Antijudaismus wird dies schon an der herrschenden christlichen Theologie der Zeit deutlich. Der Gottesmordvorwurf wurde in den beiden großen Kirchen erst allmählich seit den 1960er Jahren in Frage gestellt.[767] In diesem theologisch-zeitgenössischen Kontext bewegte sich der stark am christlichen Glauben orientierte Hans Scholl. Insofern würde es verwundern, wenn Scholl nicht antijudaistisch gedacht, wenn er sich sozusagen von den Glaubensvorstellungen seiner Zeit gelöst hätte. Hierfür wäre eine intensive Auseinandersetzung mit dem Antijudaismus bzw. Antisemitismus vonnöten gewesen, dafür fehlen jedoch jegliche Belege. So war Scholl zumindest in diesem Punkt ‚ein Kind seiner Zeit'.

Politisch Verfolgte und Konzentrationslager

Während sich die Kritik an der Judenverfolgung auf einige Geschehnisse außerhalb des „Altreiches" beschränkte, blieben die Diskriminierungen und Verfolgungen anderer gesellschaftlicher Gruppen in den Flugblättern unerwähnt. Sozialdemokraten und Kommunisten, ebenso wie der Beginn der „Euthanasie“, von dem zumindest Scholl durch die Predigten des Bischofs von Münster, Graf Galen, gewusst hat, wurden nicht erwähnt. Bemerkenswert ist zudem, dass das Wort „Konzentrationslager“ nur in der besagten und von Schmorell verfassten Passage über die Verschleppung der polnischen Jugendlichen erwähnt wird. Ansonsten wird es weder in den sechs Flugblätter noch in dem Flugblattentwurf von Christoph Probst auch nur genannt.

Lediglich an einer Stelle des ersten Flugblattes schimmerte in einer von Scholl verfassten Passage die Kritik an Verfolgungen, wenn auch an Nicht-Juden, durch, denn er schrieb: „Wenige nur erkannten das drohende Verderben, und der Lohn für ihr heroisches Mahnen war der Tod. Ueber das Schicksal dieser Menschen wird noch zu reden sein.“[768] Hier ging es allerdings nur um die Verfolgten, die den Nationalsozialismus bekämpften, nicht um diejenigen Gruppen, die aus anderen, wie z.B. rassistischen Gründen vom NS-Regime verfolgt wurden. Auch löste Scholl sein Wort, über diese Fälle noch zu sprechen, in den kommenden Flugblättern nicht ein.

SCHLUSSBETRACHTUNGEN

Der Widerstand des Scholl-Schmorell-Kreises lässt sich vor allem in zwei Phasen unterteilen: In der ersten Phase im Juni und Juli 1942 wurden die vier „Flugblätter der Weissen Rose" herausgegeben. Die zweite Phase datiert vom November 1942 bis zum Februar 1943, als die Studenten versuchten, Mitverschworene zu gewinnen und zwei weitere Flugblätter verbreiteten.

In der ersten Phase wurden die Texte der Flugblätter zu rund 75 Prozent von Hans Scholl verfasst, die restlichen 25 Prozent stammten von Alexander Schmorell. In dieser Zeit wusste niemand außer den beiden Autoren mit letzter Sicherheit, wer die Verfasser dieser vier Flugblätter waren, höchstens ahnte es der eine oder andere aus dem Freundes- und Bekanntenkreis.

Wer den Anstoß für die Produktion der Flugblätter gab, kann nicht mit letzter Sicherheit geklärt werden. Da Hans Scholl quantitativ am meisten und zudem das erste Flugblatt alleine verfasste, spricht vieles für ihn bzw. gegen Schmorell. Gleichwohl gibt es auch gewichtige Indizien, die daraufhin hindeuten, dass Sophie Scholl, obwohl sie nicht eingeweiht war, den ersten Anstoß zu den Flugblattaktionen gab.

Deutlich kommt in diesen Schriften auch die Ablehnung der „Masse" zum Ausdruck. In Abgrenzung zu ihr definierten die Studenten sich als Teil einer Elite und versuchten, diese intellektuelle Schicht mit ihren Flugblättern zu erreichen. Denn Scholl war zu dieser Zeit der Ansicht, wenn man die Wenigen gewinne, habe man auch die „Masse" auf seiner Seite. Er und Schmorell wandten sich also bewusst primär nicht an das gesamte Volk. Dieser kaum demokratisch zu nennende Ansatz manifestierte sich auch im Namen „Weisse Rose". Scholl zufolge hatten die während der französischen Revolution verbannten Adeligen dieses Symbol benutzt. Dies passt zum elitären Selbstverständnis der beiden Studenten, die sich als geistig verbannte Elite verstanden – bei Hans Scholl sind sogar Ansätze von einem Selbstverständnis als „Heiliger" zu erkennen. Gleichzeitig bedeutet dies auch, dass die „Weisse Rose" ein Symbol für antidemokratisches Denken war.

Nach der Rückkehr der Studenten aus Russland begann die zweite Phase. Sie ist gekennzeichnet von einer personellen Ausweitung der Mitverschworenen und einer Radikalisierung des Widerstands. Willi Graf und Sophie Scholl wurden eingeweiht. Sie bildeten fortan zusammen mit Hans Scholl und Alexander Schmorell den Kern der Gruppe. Aber auch andere Personen wurden einbezogen, wie Christoph Probst, Kurt Huber, Hans Hirzel oder Falk Harnack.

Die Entscheidungskompetenzen wanderten fortan immer weiter von Schmorell *und* Scholl weg und konzentrierten sich weitgehend allein auf Hans Scholl. Er entwickelte sich, obwohl er auch schon im Sommer 1942 der aktivere war, zum eigentlichen Zentrum des Kreises. Zu Konflikten mit Schmorell führte dies jedoch nicht, was sicher auch darauf zurückzuführen ist, dass der Widerstand für den politisch denkenden Scholl noch wichtiger war als für das Künstlernaturell Schmorell.

Die letzten beiden Flugblätter hatten eine deutlich höhere Auflage und einen breiteren Adressatenkreis als die ersten vier. Das fünfte richtete sich „an alle Deutsche". Scholl – und mit ihm wohl auch Schmorell – hatte seine Perspektive erweitert; er nahm nun auch den Einzelnen mit in seine Betrachtung auf. Die politische Aktion war aber nicht nur hinsichtlich der Adressaten demokratischer geworden, sondern auch inhaltlich lassen sich in dieser Zeit die ersten Belege finden, dass Scholl und auch Schmorell tatsächlich demokratische Ziele verfolgten – auch wenn Schmorells Vorstellungen dabei diffuser waren und nicht eindeutig demokratisch zu nennen sind. Eine demokratische Orientierung ist auch deswegen bemerkenswert, da sie im deutschen Widerstand nicht gerade weit verbreitet war. Auf Grund des Strategiewechsels in Richtung Demokratie ist es wohl auch kein Zufall, dass auf den Namen „Weisse Rose" verzichtet wurde.

Im sechsten Flugblatt wandte man sich wieder von „allen Deutschen" ab und konzentrierte sich auf die Studierenden als Adressaten. Hier spielten die Vorfälle im Deutschen Museum eine entscheidende Rolle. Man vermutete in der Studentenschaft offenbar ein revolutionäres Potential. Zudem ist dieser erneute Adressatenwechsel auf den Autor des sechsten Flugblattes, Kurt Huber, zurückzuführen.

Was steht am Ende dieser Studie? Wurden die Studenten lediglich in der Nachkriegszeit zu Helden stilisiert, obwohl sie keine waren? Sind sie möglicherweise zu Unrecht zu einem nationalen Symbol geworden? Dem muss eine klare Absage erteilt werden.

Die Studenten hatten sich ethisch-humane Prinzipien erhalten bzw. erarbeitet, sind mit diesen Grundsätzen der herrschenden Politik entgegengetreten und haben für ihren selbstlosen Kampf mit ihrem Leben bezahlt. Sie hatten wenig Zeit, ihre politischen Vorstellungen zu entwickeln und so bleiben zumindest die Studenten Schmorell, Graf und Probst politisch äußerst indifferent. Ihr verbindendes Element war die Negativabgrenzung zum Nationalsozialismus, konstruktive Elemente, die alle teilten, waren weniger vorhanden. Der äußerst dehnbare Begriff der Freiheit war sicher eine ihrer zentralen Vokabeln. Hans Scholl war politisch am weitesten entwickelt, hatte zum Teil sogar zukunftsweisende Vorstellungen wie die eines europäischen Präsidenten. Auch war er der einzige aus dem Kreis – zu Sophie Scholl ist die Quellenlage diesbezüglich zu schlecht –, der eindeutig eine westlich-demokratische Staatskonzeption anstrebte.

Eine große Leistung war auch, dass Scholl und Schmorell die Ermordung hunderttausender Juden zumindest in einem Flugblatt anklagten und damit das laut sagten, was jeder hätte sagen müssen. Auch deswegen kann antijüdisches Gedankengut die Tat der Widerstandskämpfer wenig schmälern. Gleiches gilt für den möglichen Konsum von Betäubungsmitteln und den aus heutiger Perspektive zum Teil leichtfertig wirkenden Umgang mit Informationen in den Gestapo-Vernehmungen. Sie blieben zum Teil im Denken ihrer Zeit verhaftet und den Druck, dem sie während der Widerstandsaktionen bzw. in den Verhören ausgesetzt waren, kann man als Historiker, der im ‚Schoße der ruhigen Bundesrepublik' aufgewachsen ist, wohl nur sehr begrenzt ermessen.

Dieses Buch kann den Kreis sicher nicht abschließend darstellen. Die Wissenschaft kann gewisse Phänomene, Ereignisse und Gedanken zu erklären versuchen, den Gesamtkomplex, gerade bei einem Thema wie dem Scholl-Schmorell-Kreis, kann sie sicher nicht erfassen. Ein Gebot der Wissenschaft ist die Neutralität, die dabei hilft, viele Fragen analytisch zu beantworten. Anderes bleibt ihr gerade auf Grund dieser angestrebten ‚Neutralität' jedoch verschlossen. So stößt die Wissenschaft an ihre Grenzen, wenn sie Emotionen darstellen oder die Wucht des in dieser Geschichte offenbarten Idealismus transportieren will – aber ist es nicht gerade das, was diese Geschichte ausmacht, was sie wert macht, erzählt zu werden? Diese Bereiche darzustellen, das kann die Kunst, die Literatur, der Film leisten – der letzte über Sophie Scholl zeigt dies eindrücklich, auch wenn er historisch nicht exakt ist.[769] Die Wissenschaft stößt hier jedenfalls an ihre Grenzen.

So wird es erst die Zusammenschau von Wissenschaft und nichtwissenschaftlichen Disziplinen sein, die es ermöglicht, den Scholl-

Schmorell-Kreis ganz zu erfassen. Vielleicht trägt diese Arbeit dazu bei, aus den scheinbar unnahbaren Helden Menschen zu machen, die Fehler hatten und letztlich nichts Unerreichbares geleistet haben. Wer sich in den Bereich der Politik hineinbegibt, der geht das Risiko ein, nicht alles richtig zu machen. Wer sich jedoch der Politik fern hält, der stimmt dem Bestehenden, ob gewollt oder ungewollt, zu. Die Studenten und Kurt Huber haben sich der herrschenden Politik entgegengestellt, so dass man ihnen Fehler und Versäumnisse zugestehen muss. „Engelsgleich" waren sie nicht, ihre Leistungen jedoch bleiben. Welche Worte könnten diesen Zusammenhang abschließend besser treffen als die von Fritz Hartnagel, dem Freund von Sophie Scholl, der im Jahre 1947 in einem leider vergessenen Artikel in einer studentischen Zeitung über das institutionalisierte Gedenken an den Studentenkreis schrieb:

> „Dieses sicherlich ehrliche Bemühen, ihr Gedächtnis zu wahren, birgt aber die Gefahr in sich, daß ihre Gestalten heroisiert und der Wirklichkeit und Lebendigkeit entkleidet werden, daß sie nicht mehr unter uns sind als Kameraden und Freunde, als Kommilitonen, sondern auf einem Denkmalsockel stehen, weit über unser tägliches Leben erhaben. Und dort ist es ihnen sicherlich nicht recht wohl. […]
> Wir wollen es uns ersparen, neue Lorbeerkränze den alten hinzuzuwinden. Laßt sie uns doch viel lieber hereinholen in unsere Hörsäle, laßt sie zwischen uns sitzen […]. Und wenn wir mit dem Gerede von Heldentum nichts mehr anfangen können, so laßt uns versuchen, statt in die steinernen Augen einer Denkmalplastik in ihre lebendigen Augen zu blicken, laßt uns ihnen die Hand drücken, auf die Schulter klopfen und sagen, daß sie doch feine Kerle sind."[770]

ANMERKUNGEN

1 Protokoll der Hinrichtung von Hans Scholl, Bundesarchiv Berlin [BArch Berlin], ZC 13267, Bd. 10.

2 Hier sei u.a. auf die Presseberichterstattung bis 1952 verwiesen.

3 Jessen, Jens, Verfassungsfeinde, in: DIE ZEIT, 20. Januar 2000.

4 Dies geht u.a. auf die Aussagen von Angeklagten und Angehörigen des Scholl-Schmorell-Kreises im Prozess gegen den ehemaligen Chef der Münchner Gestapo Oswald Schäfer zurück. Vgl. Staatsarchiv München [StAM], Staatsanwaltschaften 17439/3.

5 Hirzel, Susanne, Vom Ja zum Nein, Eine schwäbische Jugend 1933–1945, Tübingen 1998, S. 168.

6 Tagebuch Inge Scholl, 5. März 1933, Institut für Zeitgeschichte (IfZ), Nachlass Inge Aicher-Scholl (NL Scholl).

7 Tagebuch Inge Scholl, 14. Mai 1933, IfZ, NL Scholl.

8 Tagebuch Inge Scholl, 13. März 1933, IfZ, NL Scholl.

9 Tagebuch Inge Scholl, 30. April 1933, IfZ, NL Scholl.

10 Ebda.

11 Tagebuch Inge Scholl, 3. Mai 1933, IfZ, NL Scholl.

12 Tagebuch Inge Scholl, 14. Mai 1933, IfZ, NL Scholl.

13 Tagebuch Inge Scholl, 20. Mai 1933, IfZ, NL Scholl.

14 Lied „Brüder in Zechen und Gruben", niedergeschrieben in: Tagebuch Inge Scholl, 22. Juli 1933, IfZ, NL Scholl.

15 Lied „Volk ans Gewehr", niedergeschrieben in: Tagebuch Inge Scholl, 22. Juli 1933, IfZ, NL Scholl.

16 Tagebuch Inge Scholl, September 1933, IfZ, NL Scholl.

17 Vgl. BDM-Logbuch von Inge Scholl, 11. Februar 1936, IfZ, NL Scholl.

18 Tagebuch Inge Scholl, 20. Mai 1933, IfZ, NL Scholl.

19 Urteil des Sondergerichts für den Oberlandesgerichtsbezirk Stuttgart, 29. Juni 1938, Nordrhein-Westfälisches Hauptstaatsarchiv Düsseldorf/Zweigstelle Kalkum, Gerichte, Rep. 17/294, S. 10.

20 Vernehmungsprotokoll Hans Scholl, 22. November 1937, Nordrhein-Westfälisches Hauptstaatsarchiv Düsseldorf/Zweigstelle Kalkum, Gerichte, Rep. 17/292, Bl. 100. Alle folgende Aussagen aus den Jahren 1937/38 beziehen sich auf das Verfahren gegen Hans Scholl aus dieser Zeit.

21 Vgl. Vernehmungsprotokoll Hans Scholl, 21. Dezember 1937, Bl. 102.

22 Vgl. Vernehmungsprotokoll Max von Neubeck, 21. Dezember 1937, Bl. 151.

23 Vgl. Hans Scholl und Sophie Scholl, Briefe und Aufzeichnungen, herausgegeben von Inge Jens, Frankfurt am Main 1993, S. 307.

24 Ebda.

25 Vgl. Urteil des Sondergerichts gegen Klaus Zwiauer, Hans Scholl u.a., 29. Juni 1938.

26 Reden, Ernst, Brief an den Soldaten Johannes, Oktober 1938, IfZ, NL Scholl.

27 Vernehmungsprotokoll Max von Neubeck, 21. Dezember 1937, Bl. 151.

28 Vernehmungsprotokoll Hans Scholl, 21. Dezember 1937, Bl. 102.

29 Vernehmungsprotokoll Hans Scholl, 21. Dezember 1937, Bl. 103.

30 U.a.: Wolf Englert an den Verfasser, 10. August 2001.

31 Vgl. Vernehmungsprotokoll Hans Scholl, 21. Dezember 1937, Bl. 103.
32 Vgl. Vernehmungsprotokoll Max von Neubeck, 21. Dezember 1937, Bl. 151.
33 Fahrtenbuch Schweden 1936, IfZ, NL Scholl.
34 Neben der schöngeistigen Literatur befanden sich hier auch bündische Bücher. Vgl. Vernehmungsprotokoll Hans Scholl, 21. Dezember 1937, Bl. 105.
35 Hans Scholl an Magdalene und Robert Scholl, 18. Dezember 1937, in: Scholl, Briefe, S. 17.
36 In Teilen der bündischen Jugend waren homoerotische Empfindungen ebenfalls vorhanden. Vgl. Hellfeld, Matthias von, Bündische Jugend und Hitlerjugend, Zur Geschichte von Anpassung und Widerstand 1930–1939, Köln 1987, S. 208.
37 Hans Scholl an Magdalene und Robert Scholl, 17. April 1939, in: Scholl, Briefe, S. 30.
38 Hans Scholl an Magdalene und Robert Scholl, 18. Dezember 1937, in: Scholl, Briefe, S. 17.
39 Hans Scholl an Magdalene und Robert Scholl, 3. März 1938, in: Scholl, Briefe, S. 19.
40 Magdalene Scholl an Inge Scholl, 20. Juni 1938, IfZ, NL Scholl.
41 Urteil des Sondergerichts Stuttgart gegen Klaus Zwiauer, Hans Scholl u.a., 29. Juni 1938.
42 Hans Scholl an Magdalene Scholl, 1. September 1940, in: Scholl, Briefe, S. 49 f.
43 Tagebuch Hans Scholl, 20. September 1939, in: Scholl, Briefe, S. 33 f.
44 Hans Scholl an Magdalene und Robert Scholl, 19. März 1940, in: Scholl, Briefe, S. 36.
45 Hans Scholl an Magdalene Scholl, 1. September 1940, in: Scholl, Briefe, S. 50.
46 Hans Scholl an Magdalene und Robert Scholl, 29. Mai 1940, in: Scholl, Briefe, S. 42.
47 Hans Scholl an Magdalene und Robert Scholl, 28. Januar 1941, in: Scholl, Briefe, S. 53.
48 Siehe hierzu: Hans Scholl an Magdalene und Robert Scholl, 8. Februar 1941; Hans Scholl an Magdalene und Robert Scholl, 11. Februar 1941, Hans Scholl an Rose Nägele, 24. Februar 1941, alle in: Scholl, Briefe, S. 55 ff.
49 Zu den Photographien: Photosammlung Scholl, IfZ, NL Scholl.
50 Hans Scholl an Rose Nägele, 22. Mai 1941, in: Scholl, Briefe, S. 72.
51 Hans Scholl an Rose Nägele, 12. August 1941, in: Scholl, Briefe, S. 77.
52 Vgl. Hans Scholl an Rose Nägele, 8. August 1941, in: Scholl, Briefe, S. 76.
53 Hans Scholl an Rose Nägele, 19. August 1941, in: Scholl, Briefe, S. 80.
54 Hans Scholl an Rose Nägele, 28. Oktober 1941, in: Scholl, Briefe, S. 85.
55 Scholl, Hans, „Windlicht"-Aufsatz „Über die Armut", ohne Datum, vermutlich November 1941, in: Scholl, Briefe, S. 86.
56 Vgl. Scholl, Briefe, S. 83, S. 87 und S. 319. Am 19. Dezember 1941 schrieb Muth an Otl Aicher: „Hans [geht] bei mir als lieber und sehr geschätzter Hausfreund ein und aus. Er ist auch oft mein Tischgast und kommt mit allerhand Menschen in Berührung, die ihn interessieren." Carl Muth an Otl Aicher, 19. Dezember 1941, zitiert nach: Scholl, Briefe, S. 321.
57 Hans Scholl an Carl Muth, 22. Dezember 1941, in: Scholl, Briefe, S. 94.
58 Ebda.

59 Hans Scholl an Otl Aicher, 24. Oktober 1941, in: Scholl, Briefe, S. 84.

60 Hans Scholl an Rose Nägele, 17. Juli 1941, IfZ, NL Scholl.

61 Hans Scholl an Magdalene und Robert Scholl, 28. Januar 1941, in: Scholl, Briefe, S. 53.

62 Hans Scholl an Rose Nägele, 14. Dezember 1942, in: Scholl, Briefe, S. 137.

63 Vgl. Vernehmungsprotokoll Alexander Schmorell, 25. Februar 1943, Sonderarchiv Moskau, 1361/1/8808, Bl. 5, Kopie: Gedenkstätte Deutscher Widerstand, Berlin und: Schmorell, Hertha, Lebenslauf von Alexander Schmorell, o.D., IfZ, Fa 215, Bd. 3, Bl. 125.

64 Vgl. Schmorell, Hertha, Lebenslauf, Bl. 125.

65 Dies geht auf den Bericht von Angelika Probst zurück. Vgl. Petry, Christian, Studenten aufs Schafott. Die Weiße Rose und ihr Scheitern, München 1968, S. 16.

66 Vgl. Huch, Ricarda, Alexander Schmorell, in: Neue Schweizer Rundschau, Jg. 16, 1948/49, S. 358.

67 Petry, Studenten, S. 16. Bei Ricarda Huch ist Ähnliches zu lesen: Das Bild seiner leiblichen Mutter „trug er wie ein Kleinod verborgen im Herzen und erschwerte der zweiten Frau seines Vaters den Zugang zu ihm." Huch, Alexander Schmorell, S. 358.

68 Aussage Marie-Luise Upplegger gegenüber der Spruchkammer München, o.D., StAM, Spka K 1856 (Marie-Luise Upplegger).

69 Dies fällt insofern auf, da eigentlich kein besonderer Anlass für Schmorell bestand, die Frage der Abstammung zu erwähnen. Vgl. Vernehmungsprotokoll Alexander Schmorell, 25. Februar 1943, Bl. 5.

70 Aussage Erich Schmorell, in: Chaussy, Ulrich, „...die Russen bleiben doch meine Brüder", Alexander Schmorell und die „Weiße Rose", Manuskript des Bayerischen Rundfunks, 4. Juli 1993.

71 Vgl. Vernehmungsprotokoll Alexander Schmorell, 25. Februar 1943, Bl. 5.

72 Immatrikulationsdatei der Universität Hamburg von Alexander Schmorell, 1939, Kopie: Hamburger Bibliothek für Universitätsgeschichte, Sammlung Eckart Krause.

73 Vgl. Vernehmungsprotokoll Alexander Schmorell, 26. Februar 1943, Bl. 15.

74 Alexander Schmorell an Angelika Probst, 1. Mai 1937, zitiert nach Moll, Christiane, Alexander Schmorell im Spiegel unveröffentlichter Briefe, in: Lill, Rudolf (Hrsg.), Hochverrat? Neue Forschungen zur »Weißen Rose«, Zweite Auflage, Konstanz 1999, S. 137. Alle im Folgenden zitierten Passagen aus den Briefen Schmorells aus den 1930er Jahren wurden diesem Aufsatz entnommen.

75 Alexander Schmorell an Angelika Probst, 1. Mai 1937, S. 140 f.

76 Alexander Schmorell an Angelika Probst, 1. Mai 1937, S. 135.

77 Ebda.

78 Alexander Schmorell an Angelika Probst, 27. Mai 1937, S. 135.

79 Alexander Schmorell an Angelika Probst, 13. Juni 1937, S. 139.

80 Alexander Schmorell an Angelika Probst, 28. August 1937, S. 139 f.

81 Alexander Schmorell an Angelika Probst, 28. August 1937, S. 140.

82 Interview Christian Petry mit Hubert Furtwängler, 31. März 1967, Sammlung Christian Petry, Weinheim.

83 Vgl. Alexander Schmorell an Angelika Probst, 26. Juni 1937, S. 139.

84 Ebda.

85 Vgl. Interview Barry Pree mit Traute Lafrenz, [o.D., ca. 1970], Privatarchiv des Verfassers, Nachlass Barry Pree.
86 Vgl. Alexander Schmorell an Angelika Probst, 2. Mai 1941, S. 145.
87 Knoop, Angelika, Jahresbericht 1940, in: Marienauer Chronik, 4. Heft, Marienau Februar 1941, S. 4 f.
88 Vgl. Knoop, Angelika, Bericht über das Schuljahr 1937/38, Das Herbst- und Wintertrimester, in: Marienauer Chronik, 1. Heft, Marienau März 1938, S. 10.
89 Knoop, Angelika, Heimbericht vom März 1938 bis Januar 1939, in: Marienauer Chronik, 2. Heft, Marienau 1939, S. 5.
90 Knoop, Angelika, Heimbericht 1939, 3. Heft, Marienau Januar 1940, S. 10.
91 Vgl. Knoop, Angelika, Jahresbericht 1940, in: Marienauer Chronik, 4. Heft, Marienau Februar 1941, S. 22.
92 Alexander Schmorell an Unbekannt, o.D., Privatbesitz Familie Schmorell, München.
93 Alexander Schmorell an Margarita Knittel, Januar 1943, Privatbesitz Familie Schmorell.
94 Vernehmungsprotokoll Sophie Scholl, 18. Februar 1943, Bl. 3.
95 Diese Information geht auf die Schilderung der Mutter von Helene M. zurück. Vgl. hierzu: Grote, Almut, Die Geschwister Scholl und die HJ, Hausarbeit an der Freien Universität Berlin, 1993, S. 7.
96 Interview Almut Grote mit L.S. und C.H., 13. April 1993, in: Grote, Die Geschwister Scholl, Tonbandprotokoll S. 1. Die Aussage stammt zwar von L.S., aber das fortlaufende Protokoll gibt Aufschluss darüber, dass die zweite Zeitzeugin mit ihr übereinstimmte.
97 Tagebuch Sophie Scholl, 31. August 1937, IfZ, NL Scholl.
98 Tagebuch Sophie Scholl, 9. September 1937, IfZ, NL Scholl.
99 Vernehmungsprotokoll Sophie Scholl gegenüber der Gestapo, 18. Februar 1943, Bl. 3.
100 Hans Scholl an Magdalene und Robert Scholl, 14. Dezember 1937, IfZ, NL Scholl.
101 Interview SZ mit Elisabeth Hartnagel, 6. April 2002.
102 Sophie Scholl an Robert Scholl, 7. September 1942, in: Scholl, Briefe, S. 269.
103 Sophie Scholl an Fritz Hartnagel, 5. September 1939, in: Scholl, Briefe, S. 162.
104 Sophie Scholl an Fritz Hartnagel, 22. Mai 1940, in: Scholl, Briefe, S. 177.
105 Sophie Scholl an Fritz Hartnagel, 22. Mai 1940, in: Scholl, Briefe, S. 178.
106 Sophie Scholl an Fritz Hartnagel, 28. Oktober 1942, in: Scholl, Briefe, S. 274 ff.
107 Entwurf eines – vermutlich nicht abgesandten – Briefes an Fritz Hartnagel, 18. April 1941, in: Scholl, Briefe, S. 218.
108 Sophie Scholl an Hans Scholl, 7. September 1941, in: Scholl, Briefe, S. 234.
109 Ebda.
110 Sophie Scholl an Inge, Magdalene und Robert Scholl, 10. April 1941, in: Scholl, Briefe, S. 213.
111 Tagebuch Sophie Scholl, 1. November 1941 und 4. November 1941, in: Scholl, Briefe, S. 237 und S. 239.
112 Sophie Scholl an Hans Scholl, 23. Juni 1941, in: Scholl, Briefe, S. 227.
113 Ebda.
114 Exemplarisch sei auf folgende Briefe verwiesen: Sophie Scholl an Fritz Hartnagel, 21. April 1938, S. 151; Sophie Scholl an Fritz Hartnagel und 24. Septem-

ber 1938, Scholl, Briefe, S. 158. Zu ihrer frühen Naturliebe und den ländlich bäuerlichen Strukturen siehe: Sophie Scholl an Fritz Hartnagel, 11. August 1940, in: Scholl, Briefe, S. 192 f.

115 Sophie Scholl an Fritz Hartnagel, 16. Mai 1940, in: Scholl, Briefe, S. 175 f.

116 Siehe hierzu u.a. in den publizierten Briefen und Aufzeichnungen: Tagebuch Sophie Scholl, 10. April 1941, S. 211; Sophie Scholl an Lisa Remppis, 13. April 1941, S. 215; Tagebuch Sophie Scholl, 13. April 1941, S. 216

117 Tagebuch Sophie Scholl, 10. April 1941, in: Scholl, Briefe, S. 211.

118 Sophie Scholl an Inge Scholl, 27. April 1941, in: Scholl, Briefe, S. 221.

119 Tagebuch Sophie Scholl, 1. Mai 1941, in: Scholl, Briefe, S. 222.

120 Politischer Lebenslauf Willi Grafs, 8. März 1943, BArch Berlin, NJ 1704, Bd. 8, Bl. 30.

121 Röm 13, 1; Verwendet wurde: Die Bibel, Nach der Übersetzung Martin Luthers, Stuttgart 1985.

122 In der Literatur zum Scholl-Schmorell-Kreis wird dies anders gesehen. Die Autoren betonen einen frühen Oppositionsgeist Grafs vor allem auf Grund seiner katholischen Prägung. Die Problematik von Römer 13 und der damit verbundenen Anerkennung der weltlichen Herrschaft wird zumeist ignoriert. Verwiesen sei hier exemplarisch auf die im Folgenden genannten Literaturangaben.

123 Zur Parteimitgliedschaft Gerhard Grafs sei verwiesen auf: BArch Berlin, MFOK G7.

124 Erklärung von Peter Schaub, 11. Mai 1943, Barch Berlin, NJ 1704, Bd. 14, Bl. 28.

125 Vgl. Schreiben Hans Folz an den Oberreichsanwalt vom 18. Mai 1943, BArch Berlin, NJ 1704, Bd. 14, Bl. 32.

126 Zu Schmelcher siehe: Schepua, Michael, Nationalsozialismus in der pfälzischen Provinz: Herrschaftspraxis und Alltagsleben in den Gemeinden des heutigen Landkreises Ludwigshafen 1933–1945, Mannheim 2000, S. 82.

127 Dem Sohn Willy Schmelchers war die Verbindung zu Graf nicht bekannt (Wilhelm Schmelcher an den Verfasser, 3. Juni 2003). Hätte eine intensive persönliche Freundschaft bestanden, die Schmelcher zur Verwendung für Graf bewegte, ist es wahrscheinlich, dass diese den Krieg überdauert und die Familie davon Kenntnis bekommen hätte.

128 Vgl. Tagebuch Willi Graf 1933, Privatbesitz Anneliese Knoop-Graf, Bühl.

129 Einerseits wird auf den gedruckten Bericht Gressungs verwiesen (Gressung, Helmut, Erinnerungen eines Klassenkameraden, in: Vielhaber, Klaus in Zusammenarbeit mit Hubert Hanisch und Anneliese Knoop-Graf, Gewalt und Gewissen. Eine Dokumentation, Freiburg i.Br. 1964, S. 44 f.), andererseits wird auch ein von Gaby Rieschy geführtes Interview mit Gressung herangezogen (zitiert u.a. in: Rieschy, Gaby, „Manchmal glaube ich es sicher, manchmal zweifle ich daran", Der Weg Willi Grafs in den Widerstand, in: Stadtverband Saarbrücken (Hrsg.) Zehn statt tausend Jahre. Die Zeit des Nationalsozialismus an der Saar, 2. korrigierte Auflage, Saabrücken 1988, S. 159–169.). Zudem gab Gressung noch ein Fernsehinterview: „Dem Bösen widersagt, Willi Grafs Weg in die Todeszelle", Erstsendedatum: 11. Oktober 1983, Archiv des Bayrischen Rundfunks.
Wie zentral die Rolle dieses Zeitzeugenberichtes ist, wird daran deutlich, dass es kaum eine Publikation gibt, die nicht auf Gressung verweist, u.a. sei hier ver-

wiesen auf: Michael Kißener, Willi Graf, Von der Prägung eines widerständigen Katholiken (1933–1939), in: Ders. und Schäfers, Bernhard (Hrsg.), „Weitertragen“, Studien zur „Weißen Rose“, Festschrift für Anneliese Knoop-Graf zum 80. Geburtstag, Konstanz 2001, S. 12 f. und Blaha, Tatjana, Willi Graf und die Weiße Rose, Eine Rezeptionsgeschichte, München 2003, S. 37.

130 Gressung, Helmut, Erinnerungen eines Klassenkameraden, in: Vielhaber, Gewalt und Gewissen, S. 44 f.

131 Schülerliste der beiden Oberprimen des Ludwigsgymnasiums 1936/37, Archiv des Ludwigsgymnasiums Saarbrücken, ohne Signatur. An diesem Beispiel wird deutlich, welch verfälschende Wirkung Zeitzeugenberichte haben können. Nicht nur die eigene Biographie manipuliert dieser Zeitzeuge, sondern auch die Geschichtsschreibung ließ sich hiervon stark beeinflussen.

132 Dem Einwand, er sei nur wegen des anstehenden Abitur der HJ beigetreten, muss eine Absage erteilt werden. In der Schulgeschichte gerade bis 1940 ist jedenfalls kein Fall bekannt, bei dem das Ablegen des Abiturs wegen fehlender HJ-Mitgliedschaft untersagt wurde (Vgl. E. Wannemacher an den Verfasser, 18. Juli 2003). Zudem sollte bedacht werden, dass auch Willi Graf sein Abitur machen durfte, obwohl er kein Mitglied in der HJ war. Sanktionen wurden ihm ganz offensichtlich nicht angedroht. Zum Schulgutachten vgl. Gebel, Hans-Josef, Konsequent – Von der Schulbank bis zum Schafott, in: Landeshauptstadt Saarbrücken (Hrsg.), Gedenkschrift zum 50. Jahrestag der Hinrichtung des Saarbrücker Widerstandskämpfers Willi Graf, S. 34.

133 Vgl. Interview Barry Pree mit Fritz Leist, o.D. [ca. Anfang der 1970er Jahre], NL Pree. Leist nennt dabei das Jahr 1934. Nach der Anklageschrift für das Verfahren beim Sondergericht Mannheim war Graf jedoch bis 1936 Mitglied beim „Bund Neudeutschland“. Vgl. Anklageschrift der Oberstaatsanwalts als Leiter der Anklagbehörde bei dem Sondergericht gegen Fritz Leist und andere, Düsseldorf, den 21. April 1938, Kopie im NL Pree.

134 Gutachten über 26 Oberprimaner und Oberprimanerinnen, die sich zur Reifeprüfung angemeldet haben. Festgelegt von der Klassenkonferenz OI am 15. Dezember 1936. Betr.: Graf, Wilhelm, zitiert nach Gebel, Konsequent, S. 34.

135 Gebel stellt bezüglich des schulischen Gutachtens die Frage, ob dies eine wohlwollende und verständnisvolle Beurteilung gewesen sei oder ob die Feststellung, dass er nicht der HJ angehörte, nicht eine äußerst negative Stigmatisierung darstellen sollte. Ebda.

136 Tagebucheintrag von Willi Graf am 9. September 1933, in: Vielhaber, Gewalt und Gewissen, S. 42.

137 Liedheft, o.D., Sammlung Albrecht Limbach, Privatarchiv des Verfassers, zur Verfügung gestellt von Albrecht Limbach.

138 Tagebuch Willi Graf zitiert nach: Vielhaber, Gewalt und Gewissen, S. 42.

139 Persönlicher Lebenslauf Willi Grafs, 8. März 1943, Bl. 28.

140 Politischer Lebenslauf Willi Grafs, 8. März 1943, Bl. 30.

141 Vgl. Politischer Lebenslauf Willi Grafs, 8. März 1943, Bl. 30.

142 Willi Graf an Günther Schmich, 1. Mai 1937, in: Willi Grafs Jugend im Nationalsozialismus im Spiegel von Briefen, herausgegeben von Jos Schätzler und Hildegard Vieregg, München 1984, S. 33.

143 Ironisch meinte Graf diese Passage nicht. Erstens passt dies nicht in den Kontext des Briefes, zweitens war Willi Graf zumindest nach der Erinnerung seiner Schwester kein ironischer Mensch. Vgl. Interview mit Anneliese Knoop-Graf, 15. Februar 2004.

144 Persönlicher Lebenslauf von Willi Graf, 8. März 1943, Bl. 28.

145 Vgl. Graf, Briefe, S. 248 f.

146 Willi Graf an Anneliese Graf, 1. Februar 1942, in: Graf, Briefe, S. 132.

147 Tagebuch Willi Graf, 4. Januar 1942, in: Vielhaber, Gewalt und Gewissen, S. 59.

148 Tagebuch Willi Graf, 10. Januar 1942, in: Vielhaber, Gewalt und Gewissen, S. 60.

149 Tagebuch Willi Graf, 17. Januar 1942, in: Vielhaber, Gewalt und Gewissen, S. 61.

150 Tagebuch Willi Graf, 4. Januar 1942, in: Vielhaber, Gewalt und Gewissen, S. 60.

151 Tagebuch Willi Graf, 5. Januar 1942, in: Vielhaber, Gewalt und Gewissen, S. 60.

152 Willi Graf an Anneliese Graf, 8. Mai 1940, in: Willi Grafs Jugend, S. 65.

153 Vgl. Politischer Lebenslauf Willi Grafs, 8. März 1943, Bl. 30 f.

154 Abschiedsbrief von Willi Graf, mitstenographiert von Kaplan Heinrich Sperr, in: Graf, Willi, Briefe und Aufzeichnungen, herausgegeben von Anneliese Knoop-Graf und Inge Jens, Frankfurt am Main 1994, S. 199. Siehe hierzu auch: Willi Graf an seine Eltern und Mathilde Graf, vom 8. Mai 1943, in: Graf, Briefe, S. 187.

155 Persönlicher Lebenslauf Willi Grafs, 8. März 1943, Bl. 29.

156 Vgl. Politischer Lebenslauf Willi Grafs, 8. März 1943, Bl. 30.

157 Siehe hierzu auch: Graf, Briefe, S. 294.

158 Tagebuch Willi Graf, 2. Dezember 1942, in: Graf, Briefe, S. 84.

159 Tagebuch Willi Graf, 14. Januar 1943, in: Graf, Briefe, S. 99.

160 Huber, Clara, Rückblicke auf vier Jahrzehnte, in: Dies. (Hrsg.), Kurt Huber zum Gedächtnis, „...der Tod war nicht vergebens“, München 1986, S. 22.

161 Amtsärztliches Gutachten des Gesundheitsamtes München, 18. August 1939, Bayerisches Hauptstaatsarchiv München (BayHStA), MK 43791 (Personalakte Kurt Huber).

162 Kurt Hubers Zeugnisse vom Eberhard-Ludwigs-Gymnasium zu Stuttgart: Stadtarchiv München (StadtAMü), Nachlass Kurt Huber 1.

163 Kurt-Huber-Gymnasium (Hrsg.), Kurt Huber, Stationen seines Lebens in Dokumenten und Bildern, Gräfelfing 1986, S. 9.

164 Ebda.

165 Bayr. Staatsministerium für Unterricht und Kultus an den Senat der LMU, 14. Oktober 1926, BayHStA, Mk 43791.

166 Beilage zur Entschließung des Bayer. Staatsministeriums für Unterricht und Kultus vom 24. Mai 1933, Bayerisches Hauptstaatsarchiv (BayHStA), MK 43791.

167 Kurt Huber an V. Kloeber, 11. Juni 1934, StadtAMü, NL Huber, Nr. 45.

168 Die Unterlagen zum Spiel *General-Jedermann (Pandux)* befinden sich im Nachlaß Huber: Stadtarchiv München (StadtAMü), NL Huber 205.

169 Das Spiel erfreute sich anscheinend eines respektablen Absatzes. In Hubers Aufzeichnungen heißt es dazu: „Da die Nachfrage nach dem längst vergriffenen Spiel ständig wächst, hat sich unser Verlag entschlossen, eine billige u. doch geschmackvolle Neuauflage von Pandux zu veranstalten, jedoch das Spiel seines besonderen kriegerischen Gewandes zu entkleiden.“ Ein Kriegsspiel bleibe es „freilich trotzdem“. StadtAMü, NL Huber 104.

170 Huber, Kurt, Deutschland!, Sommer 1914, StadtAMü, NL Huber 31/1. Hier befinden such auch weitere, von Huber gesammelte Liedtexte.

171 Kiem Pauli erinnerte sich in dem 1947 erschienen Aufsatz an sein erstes Zusammentreffen mit Kurt Huber. Der Hochschullehrer bat hiernach Pauli, ihm einige Volkslieder vorzusingen, die er dann wiederum aufnehmen wollte. Vgl. Kiem Pauli, Auf Volksliedfahrt, in: Huber, Clara, Kurt Huber zum Gedächtnis, Regensburg 1947, S. 112.

172 Huber, Kurt, Wandertum und Volkslied zitiert nach: Bruckbauer, Maria, »...und sei es gegen eine Welt von Feinden!«, Kurt Hubers Volksliedsammlung und -pflege in Bayern, München 1991, S. 27.

173 Vgl. Schmitz-Berning, Cornelia, Vokabular des Nationalsozialismus, Berlin und New York 1998, S. 645 f. Siehe hierzu auch: Der Neue Brockhaus, Leipzig 1938, S. 611.

174 Diarium Kurt Huber, 1920–1924, StadtAMü, NL Huber, 164/38, Bl. 37.

175 Briefentwurf Kurt Huber o.D. [vermutlich zwischen 1931 und 1933], StadtAMü, NL Huber 4.

176 Besonders pikant war dabei, dass der Adressat des Huberschen Schreibens, Aloys Fischer, selbst mit einer Jüdin verheiratet war (Vgl. Schorcht, Claudia, Philosophie an den bayrischen Universitäten 1933–1945, Erlangen 1990, S. 134.). Ob dies Huber jedoch bewusst war, kann nicht mehr geklärt werden.

177 Briefentwurf Kurt Huber o.D. [vermutlich zwischen 1931 und 1933], StadtA Mü, NL Huber 4.

178 Kurt Huber an Becher, 1933, StadtAMü, NL Huber 47.

179 Kurt Huber an Unbekannt, 8. Januar 1934, StadtAMü, NL Huber 52.

180 Kurt Huber an Karl Alexander von Müller, 3. November 1935, StadtAMü, NL Huber, Nr. 67.

181 Vgl. Interview SZ mit Aloys Goergen, 2. Dezember 1999.

182 Vgl.: Interview Barry Pree mit Katharina Schüddekopf, [o.D., vermutlich 1970], NL Pree.

183 Vgl. Huber, Kurt, Hegel, Theorie des „Volksgeists", 1935, StadtAMü, NL Huber 164/8.

184 Vgl. Huber, Kurt, Wo stehen wir heute? [1938], in: Ders., Volkslied und Volkstanz, Aufsätze zur Volksliedkunde des bajuwarischen Raumes, herausgegeben von Clara Huber und Otto Alexander von Müller, Ettal 1959, S. 85–102.

185 Huber an E. Becher, 18. März 1935, StadtAMü., NL Huber 53.

186 Vgl. Schorcht, Philosophie, S. 159.

187 Dekanat der Phil. Fak I. Uni München an das Bayerische Staatsministerium für Unterricht und Kultus, 13. November 1933, BayHStA, MK 39700.

188 Staatsministerium für Unterricht und Kultus an das Rektorat der Uni München, BayHStA, 29. November 1933, MK 39700.

189 Lebenslauf von Grunsky, 25. Februar 1936, Archiv der Ludwig-Maximilians-Universität München (UAM), E – II–1534.
Zu Grunskys Berufung siehe auch: Tilitzki, Christian, Die deutsche Universitätsphilosophie in der Weimarer Republik und im Dritten Reich, Berlin 2002, S. 688 ff. und Böhm, Helmut, Von der Selbstverwaltung zum Führerprinzip: die Universität München in den ersten Jahren des Dritten Reiches (1933–1936), Berlin 1995, S. 488 f.

[190] Über Grunskys Antrittsvorlesung „Freiheit des Geistes“ schrieb die Münchner Zeitung am 7. November 1936, dass in den Räumen der Alma Mater zum ersten Mal nationalsozialistische Philosophie zu hören gewesen sei und die Vorlesung den stürmischen Beifall des überfüllten Auditoriums gefunden habe. Vgl. Urteil der Spruchkammer München I vom 30. Dezember 1948, StAM, Spka K 575 (Hans Alfred Grunsky).

[191] Siehe hierzu u.a. Grunsky, Hans Alfred, Der Einbruch des Judentums in die Philosophie, Berlin 1937.

[192] Grunsky an Frau Wagner, 16. August 1941, StAM, Spka K 575.

[193] Grunsky an das Bayer. Staatsministerium für Unterricht und Kultus, 2. Januar 1944, StAM, Spka K 575.

[194] Auch wenn die Datierung des Gutachtens aus dem Jahr 1937 stammt, dürfte sich an dieser Sichtweise bis 1943 nicht sehr viel geändert haben.

[195] Prof. Spindler an den Rektor der LMU, 28. Dezember 1937, BayHStA, MK 43791.

[196] Walther Wüst an den Rektor der LMU, 24. Dezember 1937, BayHStA, MK 43791.

[197] Walther Wüst an den Rektor der LMU, 10. Oktober 1939, BayHStA, MK 43791.

[198] Kurt Huber an Karl Alexander von Müller, 3. November 1935, StadtAMü, NL Huber 67.

[199] Ebda.

[200] Vgl. u.a. Gutachten über Kurt Huber vom 19. Juli 1933, BayHStA, MK 43791.

[201] Vorläufige Geschäftsordnung für das Staatliche Institut für deutsche Musikforschung, Berlin 5. Dezember 1936, Archiv des Staatlichen Institut für Musikforschung Berlin, Ordner 20.

[202] Kurt Huber an das Reichsministerium für Wissenschaft u.a., 4. Juli 1936, StadtAMü, NL Huber 15, Bl. 12.

[203] Kurt Huber an Karl Alexander von Müller, 29. März 1938, StadtAMü, NL Huber 68.

[204] Kurt Huber an den Reichsminister für u.a. Wissenschaft, 29. Oktober 1937, Universitätsbibliothek Regensburg, Hoerburger-Archiv, Ordner 3.

[205] Vernehmungsprotokoll Kurt Huber, 27. Februar 1943, Bl. 6.

[206] So Hermine Maier in Huber, Gedächtnis (1947), S. 83.

[207] Strauß, Franz Josef, Die Erinnerungen, Berlin 1989, S. 38.

[208] Vgl. Vernehmungsprotokoll Christoph Probst, 20. Februar 1943, Bl. 4.

[209] Christoph Probst an Angelika Probst, 17. Juni 1942. Zugleich sei hier auf den letzten Brief von Christoph Probst an seine Hauptkorrespondenzpartnerin verwiesen. Hier wird ihre Bedeutung für sein Leben abermals deutlich: „Ich sehe Deine warmen braunen Augen (die nicht tränenfeucht sein sollen), Dein schönes Gesicht, aus dem mir immer so viel Liebe entgegenstrahlt, höre Deine Stimme, die mir so viel Liebes sagt. Und wenn Dein ganzes Bild vor mir steht, empfinde ich viel mehr als ich sagen kann, dann läuft mir das Herz über.“ Christoph Probst an Angelika Probst, 22. Februar 1943, in: Christoph-Probst-Gymnasium Gilching (Hrsg.), Wir müssen es wagen…: Christoph Probst 1919–1943, Gilching 1993, S. 69.

210 Probst, Angelika, Christoph Probst, 1946, abgedruckt in: Christoph-Probst-Gymnasium Gilching (Hrsg.), ...damit Deutschland weiterlebt! Christoph Probst (1919–1943), Gilching 2000, S. 127.

211 Christoph Probst an Eugen Sasse, 13. Dezember 1942, abgedruckt in: Christoph-Probst-Gymnasium, damit Deutschland, S. 103.

212 Ebda.

213 Als Beispiel sei hier auf einen Brief Probsts an seine Schwester Angelika Knoop vom 9. Dezember 1942 verwiesen, in dem er sie bittet, eine Rechnung für ihn zu begleichen. Christoph Probst an Angelika Knoop, 9. Dezember 1942, Privatbesitz Michael Probst.

214 Siehe hierzu: Christoph Probst an Hermann Probst, 28. Mai 1936, Privatbesitz Michael Probst.

215 Christoph Probst an Elise Probst, 7. Juni 1936, in: Christoph-Probst-Gymnasium, damit Deutschland, S. 67.

216 Vgl. Benz, Wolfgang, Graml, Hermann und Weiß, Hermann (Hrsg.), Enzyklopädie des Nationalsozialismus, München 1998, S. 737.

217 Christoph Probst an seine Mutter, 23. Juni 1936, Privatbesitz Michael Probst.

218 Vgl. Christoph Probst an Elise Probst, 8. November 1936, Privatbesitz Michael Probst.

219 Christoph Probst an Hermann und Elise Probst, 11. Dezember 1934, in: Christoph-Probst-Gymnasium, damit Deutschland, S. 61.

220 Vgl. Christoph Probst an Elise Probst, 9. Juli 1936, Privatbesitz Michael Probst.

221 Christoph Probst an Karin Kleeblatt, 25. August 1936, Privatbesitz Michael Probst. Die fehlende Motivation für den Arbeitsdienst findet auch an anderen Stellen Ausdruck, u.a.: Christoph Probst an Elise Probst, 7. Dezember 1936, Privatbesitz Michael Probst.

222 Christoph Probst an Bernhard Knoop, 27. Juni 1939, Privatbesitz Michael Probst.

223 Bernhard Knoop, Ansprache zum Gedenken an Christoph Probst, 1983, abgedruckt in: Christoph-Probst-Gymnasium, damit Deutschland, S. 131.

224 Fragebogen der Militärregierung von Bernhard Knoop, 1. November 1945, Niedersächsisches Hauptstadtarchiv Hannover, NDS 171 Hannover 31720.

225 Knoop, Bernhard, Hegel und die Franzosen, Stuttgart 1941, S. 52.

226 Knoop, Angelika, Jahresbericht 1940, in: Marienauer Chronik, 4. Heft, Marienau Februar 1941, S. 6.

227 Knoop, Hegel, S. 127.

228 Exemplarisch sei hier verwiesen auf: Christoph Probst an Angelika Probst, 14. Mai 1940, Privatbesitz Michael Probst.

229 Vgl. Christoph Probst an Bernhard Knoop, 25. Februar 1938, Privatbesitz Michael Probst.

230 Christoph Probst an Bernhard Knoop, 20. Februar 1940, Privatbesitz Michael Probst.

231 Dies ergibt sich einerseits aus den Briefen Christoph Probsts und andererseits auch aus dem Nachkriegsbericht Bernhard Knoops. Vgl. Knoop, Bernhard, Drangvolle Zeiten und Neubeginn 1937–1949, in: Schule Marienau (Hrsg.), Fünfzig Jahre Landerziehungsheim 1929–1979, Marnienau o.J., S. 24 f.

[232] Christoph Probst an Eugen Sasse, 11. November 1942, Privatbesitz Michael Probst.

[233] Vgl. Knoop, Ansprache zum Gedenken, S. 132.

[234] Vgl. Christoph Probst an Dieter Sasse, 11. November 1942, Privatbesitz Michael Probst.

[235] Niederdeutsches Landerziehungsheim Marienau, Staatlich anerkannte private Oberschule, herausgegeben von Bernhard Knoop und Angelika Knoop, Marienau 1938, ohne Seitenangaben.

[236] Knoop, Ansprache zu Beginn des Wintertrisemesters am 10. Januar 1939, in: Marienauer Chronik, 2. Heft, Februar 1939, S. 14.

[237] Christoph Probst an Angelika Probst, 6. November 1941, Privatbesitz Michael Probst.

[238] Christoph Probst an Dieter Sasse, 3. Februar 1942, Privatbesitz Michael Probst.

[239] Christoph Probst an Karin Kleeblatt, 14. September 1942, Privatbesitz Michael Probst.

[240] Christoph Probst an Elise Probst, 20. November 1941, Privatbesitz Michael Probst.

[241] Christoph Probst an Angelika Probst, 9. Dezember 1942, Privatbesitz Michael Probst.

[242] Vgl. Interviewniederschrift Hellmuth Auerbach mit Erich und Hertha Schmorell, 8. Juli 1964, IfZ, Fa 215, Bd. 3, S. 123.

[243] Vgl. Christoph Probst an Dieter Sasse, 16. Juli 1942, Privatbesitz Michael Probst.

[244] Vgl. Petry, Studenten, S. 42.

[245] Vernehmungsprotokoll Kurt Huber, 4. März 1943, Bl. 16.

[246] Vgl. Vernehmungsprotokoll Katharina Schüddekopf, 23. März 1943, Bl. 7.

[247] Vgl. Vernehmungsprotokoll Kurt Huber, 27. Februar 1943, Bl. 8.

[248] Schüler, Barbara, „Im Geiste der Gemordeten…", Die „Weiße Rose" und ihre Wirkung in der Nachkriegszeit, Paderborn, München, Wien und Zürich 2000, S. 210.

[249] Im Gestapo-Verhör sprach Schmorell von vier Kontakten zwischen ihm und Huber. Vgl. Gestapo-Verhör Alexander Schmorell, 26. Februar 1943, Bl. 16. Abgesehen von höchstens geringfügigen Abweichungen wird diese Angabe weitgehend stimmen, denn Schmorell berichtete in seinem Verhör, gerade was sich auf die Rolle von Huber bezieht, sehr offen.

[250] Nach der rückblickenden Aussage von Josef Furtmeier verkehrte Muth nicht mit dem ganzen Kreis, sondern mit Hans und Sophie Scholl. Vgl. Josef Furtmeier an Christian Petry, 2. Mai 1967, Sammlung Christian Petry, Weinheim.

[251] Vgl. Tagebuch Willi Graf, 10. Juli 1942 und 4. Februar 1943, in: Graf, Briefe, S. 41 und S. 104.

[252] Russlandtagebuch Hans Scholl, August 1942, in: Scholl, Briefe, S. 120.

[253] Siehe: Ein Weggefährte der Geschwister Scholl, Die Briefe des Josef Furtmeier 1938–1947, herausgegeben von Christine Hikel und Sönke Zankel, München 2005.

[254] Vgl. Hirzel, Hans, Flugblätter der Weißen Rose in Ulm und Stuttgart, in: Lill, Rudolf, Hochverrat? Die „Weiße Rose" und ihr Umfeld, Konstanz 1993, S. 97.

[255] Vgl. Vernehmungsprotokoll Sophie Scholl, 18. Februar 1943, Bl. 8.

256 Vgl. Interview SZ und Anneli Ehlers mit Elisabeth und Fritz Hartnagel, 23. Mai 1996. Siehe hierzu auch: Vinke, Hermann, Das kurze Leben der Sophie Scholl, Ravensburg 1987, S. 111. Elisabeth Hartnagel schreibt dazu: „Mein Mann hat lange versucht, die Geschichte meiner Schwester Inge, daß Sofie durch Zufall auf die Flugblätter gestoßen ist, zurechtzurücken. Mit der Zeit hat er resigniert." Elisabeth Hartnagel an den Verfasser, 29. April 2002.

257 Fritz Hartnagel an Sophie Scholl, 31. August 1942, in: Sophie Scholl, Fritz Hartnagel, Damit wir uns nicht verlieren, Briefwechsel 1937–1943, herausgegeben von Thomas Hartnagel, Frankfurt am Main 2005, S. 400 f.

258 Vgl. Interview SZ und Anneli Ehlers mit Fritz und Elisabeth Hartnagel, Stuttgart 23. Mai 1996.

259 Vgl. Gesprächsnotiz Hellmuth Auerbach mit Josef Furtmeier, IfZ, Fa 215, Bd. 2, Bl. 135.

260 Vgl. Vernehmungsprotokoll Alexander Schmorell, 25. Februar 1943, Bl. 7.

261 Vernehmungsprotokoll Hans Scholl, 21. Februar 1943, Bl. 26.

262 Drittes Flugblatt.

263 Vgl. Zweites Flugblatt.

264 Zweites Flugblatt.

265 Nach einem Erinnerungsbericht von Franz Mohnheim, dem Onkel Alexander Schmorells, habe er gegenüber seinem Neffen die Gesetzgebung des Lykurgus erwähnt, wenige Wochen später habe er dann ein Flugblatt mit der entsprechenden Passage erhalten (Vgl. Monheim, Franz, Kleine Chronik von Jägersweiler, Opladen o.J., S. 41). Die Darstellung wirkt jedoch wenig glaubwürdig. So meinte Monheim u.a., Schmorell sei bei diesem Zusammentreffen bereits einige Wochen in Russland gewesen. Die Zeit in Russland lag jedoch nach der Produktion des betreffenden Flugblattes.

266 Josef Furtmeier an Ali Rossmann, 4. September 1938, in: Ein Weggefährte, Briefe des Josef Furtmeier, S. 38.

267 Ritter, Gerhard, Machtstaat und Utopie, Vom Streit um die Dämonie der Macht seit Machiavelli und Morus, München und Berlin 1941, S. 143.

268 Vgl. Haecker, Theodor, Was ist der Mensch?, Leipzig 1936, S. 41.

269 Muth, Carl, Zur Zeitenwende, in Hochland 17. Jg., Bd. 2, 1920, S. 226.

270 Vgl. u.a.: Schwarz, Max, Predigt vom 26. März 1937, Archiv des Bistums Passau (ABP), Nachlass Max Schwarz, Predigtbuch Nr. XIII (Kirn 1937).

271 Erstes Flugblatt.

272 Erstes Flugblatt.

273 Viertes Flugblatt.

274 Viertes Flugblatt.

275 Viertes Flugblatt.

276 Viertes Flugblatt.

277 Hier und im Folgenden: Muth, Carl, Epiphanie, Laiengedanken zur katholischen Aktion, in: Hochland, 26. Jg., 1. Bd, 1928/1929, S. 346.

278 Haecker, Theodor, Tag- und Nachtbücher 1939–1945, herausgegeben von Hinrich Siefken, Erste Vollständige und kommentierte Ausgabe, Innsbruck 1989, Notat 224, S. 58. Die Perspektive, dass der NS-Staat antichristlich sei, durchzieht sich durch die gesamten Tag- und Nachtbücher.

279 Berdiajew, Nicolaj, Das neue Mittelalter, Betrachtungen über das Schicksal Russland und Europas, Tübingen ohne Jahr.

280 Viertes Flugblatt.
281 Vgl. Hello, Ernest, Heiligengestalten, Leipzig 1936 und Schamoni, Wilhelm, Das wahre Gesicht der Heiligen, Leipzig 1938. Vgl. IfZ, NL Scholl.
282 Josef Furtmeier an Ali Rossmann, 20. März 1938, in: Ein Weggefährte, Briefe des Josef Furtmeier, S. 32.
283 Haecker, Mensch, S. 86.
284 Berdiajew, Nikolaj, Die Philosophie des freien Geistes, Problematik und Apologie des Christentums, Tübingen 1930, S. 411.
285 Hans Scholl an Rose Nägele, 10. September 1942, in: Scholl, Briefe, S. 111.
286 Hierfür sprechen mehrere Zeitzeugenaussagen. Auf den Kommilitonen Scholls, Fridtjov Schaeffer, wirkte dieser „hochnäsig", er beschrieb ihn als „nicht ansprechbar". Vgl. Interview SZ mit Fridtjov Schaeffer, 26. Oktober 2001.
Siehe auch: Vernehmungsprotokoll Gisela Schertling, 31. März 1943, Bl. 31.
287 Erster Flugblatt.
288 Ebda.
289 Notiz Hans Scholl, o.D. (vermutlich 1942), IfZ, NL Scholl.
290 Vernehmungsprotokoll Hans Scholl, 20. Februar 1943, Bl. 21.
291 Erstes Flugblatt.
292 Drittes Flugblatt.
293 Zweites Flugblatt.
294 Josef Furtmeier an Ali Rossmann, 18. November 1938, in: Ein Weggefährte, Briefe des Josef Furtmeier, S. 46.
295 Haecker, Tag- und Nachtbücher, Notat 575, S. 121.
296 Vgl. Muth, Carl, Presse und „Pressenot", Grundsätzliche Gedanken, in: Hochland, 26. Jg., Bd. 1., 1928/1929, S. 306.
297 Vernehmungsprotokoll Hans Scholl, 20. Februar 1943, Bl. 21.
298 Ebda.
299 Vgl. Drittes Flugblatt.
300 Vernehmungsprotokoll Sophie Scholl, 20. Februar 1943, Bl. 16.
301 Vernehmungsprotokoll Manfred Eickemeyer, 6. April 1943, StAM, Staatsanwaltschaften 12530, Bl. 20.
302 Vgl. Petry, Studenten S. 41.
303 Vgl. Petry, Studenten, S. 62 und Graf, Briefe, S. 276.
304 Tagebuch Willi Graf, 22. Juli 1942, Graf, Briefe, S. 44.
305 Vgl. Vernehmungsprotokoll Traute Lafrenz, 15. März 1943. Auch die Niederschrift eines von Christian Petry geführten Interviews mit Katharina Schüddekopf deutet in diese Richtung. Vgl. Gesprächsprotokoll des Interviews Christian Petry mit Katharina Schüddekopf, 29. März 1967, Sammlung Petry.
306 Vgl. Vernehmungsprotokoll Traute Lafrenz, 15. März 1943.
307 Vgl. Vernehmungsprotokoll Kurt Huber, 1. März 1943, Bl. 14.
308 Vgl. Vernehmungsprotokoll Kurt Huber, 27. Februar 1943, Bl. 8.
309 Vgl. Vernehmungsprotokoll Kurt Huber, 1. März 1943, Bl. 14.
310 Vgl. Verteidigungsrede Kurt Huber, in: Petry, Studenten, S. 185.
311 Vgl. Vernehmungsprotokoll Kurt Huber, 27. Februar 1943, Bl. 8.
312 Vgl. Petry, Studenten, S. 62. Petry stützt sich hierbei auf eine persönliche Mitteilung von Katharina Schüdekopf aus dem Jahre 1967.
313 Vgl. Vernehmungsprotokoll Schmorell vom 1. März 1943, Bl. 18.

[314] Vgl. Vernehmungsprotokoll Traute Lafrenz, 15. März 1943.

[315] Vgl. Vernehmungsprotokoll Katharina Schüddekopf, 23. März 1943, Bl. 5 und Interview Barry Pree mit Traute Lafrenz, o.D. [Anfang der 1970er Jahre], NL Pree.

[316] Interview Barry Pree mit Traute Lafrenz, o.D. [Anfang der 1970er Jahre], NL Pree.

[317] Vgl. Vernehmungsprotokoll Hans Hirzel, 22. Februar 1943, Bl. 8.

[318] Vgl. Vernehmungsprotokoll Alexander Schmorell, 25. Februar 1943, Bl. 7.

[319] Vgl. Auszug aus dem Tagebuch von Traute Lafrenz, Oktober 1942, NL Pree.

[320] Ebda.

[321] Vgl. Interview Barry Pree mit Traute Lafrenz, [o.D., ca. 1970], NL Pree und Interview SZ mit Traute Lafrenz, 3. Mai 2002. Ob sie in Wien auch ein Flugblatt zeigte, erinnerte sie in dem Gespräch mit Barry Pree nicht mehr.

[322] Vernehmungsprotokoll Hans Scholl, 20. Februar 1943, Bl.23.

[323] Hans Scholl an Magdalene und Robert Scholl, 27. Juli 1942, in: Scholl, Briefe, S. 105.

[324] Hans Scholl, Alexander Schmorell, Willi Graf und Hubert Furtwängler an Kurt Huber, 17. August 1942, in: Scholl, Briefe, S. 107.

[325] Vernehmungsprotokoll Hans Scholl, 18. Februar 1943, Bl. 12.

[326] 252. Division, Divisionsbefehl Nr. 93 vom 29. Dezember 1941, Bundesarchiv-Militärarchiv Freiburg (BA-MA), RH 26–252/95.

[327] 252. Division, Divisionsbefehl Nr. 95 vom 5. Januar 1942, BA-MA, RH 26–252/95.

[328] Ebda.

[329] Vgl. Befehl der 252. Division, 25. Oktober 1942, BA-MA, RH 26–252/166.

[330] Ebda.

[331] Siehe: Bericht „Die Landwirtschaft im Gebiet der 252. J.D. im Jahr 1942", 12. Januar 1943, BA-MA, RH 26–252/166.

[332] Hier sei auf den Russen Schmelov verwiesen, in dessen Besitz u.a. Radiogeräte, Sende- und Empfangsröhren sowie Gegenstände aus dem russischen Heeresgut gefunden wurden. Drei Tage später, am 8. April 1942, wurde sein Landsmann Andrejanov erschossen, weil deutsches Heeresgut in seinem Besitz gefunden wurde. Vgl. Tätigkeitsbericht der Feldgendarmerie der 252. Division, 2. November 1942, BA-MA, RH 26–252/172.

[333] Vgl. Vermerk der Feldgendarmerie vom 29. August 1942 und vom 14. Oktober 1942, Tätigkeitsberichte der Feldgendarmerie der 252. Division, 1. September 1942 und 2. November 1942, BA-MA, RH 26–252/172.

[334] Interview SZ mit Jost Pfeiffer, 15. Juni 2006.

[335] Vgl. Interview Barry Pree mit Hubert Furtwängler, [o.J., ca. 1970], NL Pree.

[336] Vgl. Scholl, Briefe, S. 104–135 und Graf, Briefe, S. 45–70.

[337] Vgl. Werner Scholl an Inge Scholl, 8. August 1942, IfZ, NL-Scholl.

[338] Vgl. Tätigkeitsbericht der Abt. Ivb der 252. Division, 3. August 1942, BA-MA, RH 26–252/169.

[339] Tagebuch Willi Graf, 1. September 1942, in: Graf, Briefe, S. 53.

[340] Willi Graf an Marita Herfeldt, 29. August 1942, in: Graf, Briefe, S. 167.

[341] Alexander Schmorell an Margerita Knittel, Januar 1943, Privatbesitz Familie Schmorell.

[342] Später: Lilo Fürst-Ramdohr.

343 Alexander Schmorell an Lilo Berndl, 7. August 1942, Privatbesitz Familie Schmorell.
344 Alexander Schmorell an Margerita Knittel, Januar 1943, Privatbesitz Familie Schmorell.
345 Alexander Schmorell an seine Eltern, 5. August 1942, Privatbesitz Familie Schmorell.
346 Vgl. Alexander Schmorell an Lilo Berndl, 7. August 1942, Privatbesitz Familie Schmorell.
347 Vgl. Alexander Schmorell an seine Eltern, 28. August 1942, Privatbesitz Familie Schmorell.
348 Alexander Schmorell an Lilo Berndl, 7. August 1942, Privatbesitz Familie Schmorell.
349 Tagebuch Hans Scholl, 28. August 1942, in: Scholl, Briefe. S. 127 f. In einem Brief an seine Eltern von Anfang Oktober schrieb Scholl, dass das Abschiednehmen auch vom Leben dort etwas „Alltägliches" sei. Vgl. Hans Scholl an Magdalene und Robert Scholl, 3. Oktober 1942, in: Scholl, Briefe, S. 130.
350 Interview SZ mit Fridtjov Schaeffer, 26. Oktober 2001.
351 Tagebuch Hans Scholl, 5. September 1942, in: Scholl, Briefe, S. 129.
352 Vgl. Tagebuch Hans Scholl, 28. August 1942, in: Scholl, Briefe. S. 128.
353 Ebda.
354 Hans Scholl an Magdalene Scholl, 24. August 1942, in: Scholl, Briefe, S. 108.
355 Hans Scholl an Kurt Huber (unterzeichnet auch von Alexander Schmorell, Willi Graf und Hubert Furtwängler), 17. August 1942, in: Scholl, Briefe, S. 107.
356 Tagebuch Hans Scholl, 9. August 1942, in: Scholl, Briefe, S. 115 f.
357 Hans Scholl an Rose Nägele, 10. September 1942, in: Scholl, Briefe, S. 111.
358 Tagebuch Hans Scholl, 9. August 1942, in: Scholl, Briefe, S. 116.
359 Ebda.
360 Hans Scholl an Magdalene und Robert Scholl, 18. September 1942, in: Scholl, Briefe, S. 112.
361 Hans Scholl an Inge, Magdalene, Robert und Sophie Scholl, 2. September 1942, in: Scholl, Briefe, S. 109.
362 Siehe: Tagebuch Hans Scholl, 22. August 1942, in: Scholl, Briefe, S. 123 f.
363 Tagebuch Willi Graf, 31. August 1942, in: Graf, Briefe, S. 53. Graf spricht von drei Freunden und meint damit auch Hubert Furtwängler. Von ihm wird aber weniger eine politisch prägende Rolle ausgegangen sein.
364 Willi Graf an Walter Kastner, 8. November 1942, in: Graf, Briefe, S. 172.
365 Tagebuch Willi Graf, 14. Oktober 1942, in: Graf, Briefe, S. 65.
366 Ebda.
367 Tagebuch Willi Graf, 20. Oktober 1942, in: Graf, Briefe, S. 67.
368 Fritz Hartnagel an Sophie Scholl, 18. August 1942, in: Scholl und Hartnagel, Damit wir uns nicht verlieren, S. 392 f.
369 Fritz Hartnagel an Sophie Scholl, 26. Juni 1942, in: Scholl und Hartnagel, Damit wir uns nicht verlieren, S. 368.
370 Sophie Scholl an Fritz Hartnagel, August 1942, in: Scholl, Briefe, S. 265.
371 Sophie Scholl an Lisa Remppis, 2. September 1942, in: Scholl, Briefe, S. 266.
372 Fritz Hartnagel an Sophie Scholl, 7. September 1942, Scholl und Hartnagel, Damit wir uns nicht verlieren, S. 402.
373 Scholl, Briefe, S. 332.

[374] Inge W. an den Verfasser, 21. November 1999.
[375] Ebda. Für die Glaubwürdigkeit der Zeitzeugin spricht, dass sie rückblickend gerade nicht negativ über die Familie spricht.
[376] Vgl. Scholl, Briefe, S. 332.
[377] Vgl. Sophie Scholl an Fritz Hartnagel, 19. November 1942, Scholl und Hartnagel, Damit wir uns nicht verlieren, S. 433.
[378] Sophie Scholl an Robert Scholl, 7. September 1942, in: Scholl, Briefe. S. 269.
[379] Ebda.
[380] Sophie Scholl an Lisa Remppis, 2. September 1942, in: Scholl, Briefe, S. 266. Ähnlich schrieb sie es auch direkt an ihren Vater. Vgl. Sophie Scholl an Robert Scholl, 7. September 1942, in: Scholl, Briefe, S. 269.
[381] Sophie Scholl an Waldemar Gabriel, 25. Oktober 1942, IfZ, NL Scholl.
[382] Vgl. Scholl, Briefe, S. 342.
[383] Vgl. Scholl, Briefe, S. 335.
[384] Ernst Hirzel an die Gestapo, 11. März 1943, Bl. 56.
[385] Vgl. Vernehmungsprotokoll Hans Hirzel, 12. März 1943, Bl. 42.
[386] Ebda.
[387] Tagebuch Willi Graf, 24. Oktober 1942, in: Graf, Briefe, S. 69.
[388] Tagebuch Graf, Briefe, 23. Oktober 1942, in: Graf, Briefe, S. 68.
[389] Vgl. Tagebuch Willi Graf, 2. Dezember 1942, in: Graf, Briefe S. 84.
[390] Vgl. Vernehmungsprotokoll Willi Graf, 26. Februar 1943, Bl. 13.
[391] Vernehmungsprotokoll Christoph Probst, 20. Februar 1943, Bl. 8. Nach den Aussagen Hans Scholls ersuchte er ihn um eine Stellungnahme zu den Tagesereignissen. Vgl. Vernehmungsprotokoll Hans Scholl, 18. Februar 1943, Bl. 14.
[392] Interview SZ mit Herta Siebler, 27. November 1999.
[393] Vgl. Vernehmungsprotokoll Christoph Probst, 20. Februar 1943, Bl. 6.
[394] Vgl. Vernehmungsprotokoll Christoph Probst, 21. Februar 1943, Bl. 15.
[395] Vgl. Vernehmungsprotokoll Christoph Probst, Bl. 8 und Bl. 11.
[396] Vernehmungsprotokoll Alexander Schmorell, 25. Februar 1943, Bl. 12.
[397] Vgl. Vernehmungsprotokoll Kurt Huber, 27. Februar 1943, Bl. 9.
[398] Vernehmungsprotokoll Kurt Huber, 27. Februar 1943, Bl. 8.
[399] Vernehmungsprotokoll Kurt Huber, 27. Februar 1943, Bl. 9.
[400] Tagebuch Willi Graf, 15. Dezember 1942, in: Graf, Briefe, S. 88.
[401] Vgl. Vernehmungsprotokoll Kurt Huber, 27. Februar 1943, Bl. 9.
[402] Vgl. Vernehmungsprotokoll Willi Graf, 1. März 1943, Bl. 16.
[403] Ebda.
[404] Vgl. Vernehmungsprotokoll Alexander Schmorell, 1. März 1943, Bl. 20.
[405] Entsprechend äußerte sich auch Harnack in der Nachkriegszeit zu diesen Sicherheitsmaßnahmen. Vgl. Falk Harnack an Michael Verhoeven, 6. März 1981, Archiv der Akademie der Künste, Berlin, Nachlass Falk Harnack 324.
[406] Vernehmungsprotokoll Falk Harnack, 8. März 1943, Bl. 16.
[407] Dies berichtete Falk Harnack gegenüber der Gestapo. Vgl. Vernehmungsprotokoll Falk Harnack, 8. März 1943, Bl. 16.
[408] Hellmut Hartert an Hans Scholl, 11. Mai 1941, IfZ, NL Scholl.
[409] Vgl. Mitgliedskarteikarte Jürgen Wittenstein, MFOK Z26 und Mitgliedskarteikarte Hellmut Hartert, MFOK H8, BArch Berlin.

410 Vgl. zu Harterts Aussage: Hellmut Hartert an Inge Scholl, 25. November 1946, Kopie im Privatarchiv des Verfassers.
411 Verwiesen sei u.a. auf: Vernehmungsprotokoll Sophie Scholl, 20. Februar 1943, Bl. 16.
412 Vernehmungsprotokoll Kurt Huber, 27. Februar 1943, Bl. 9.
413 Ebda.
414 Vernehmungsprotokoll Kurt Huber, 2. März 1943, Bl. 15.
415 Vgl. Interview SZ mit Renate Wirth, 17. Januar 2000 und Interview SZ mit Regine Degkwitz, 12. Dezember 1999.
416 Vernehmungsprotokoll Kurt Huber, 27. Februar 1943, Bl. 9.
417 Ebda.
418 Vgl. Vernehmungsprotokoll Willi Graf, 16. März 1943, Bl. 34.
419 Ebda.
420 Tagebuch Willi Graf, 13. Januar 1943, in: Graf, Briefe, S. 99.
421 Vgl. Vernehmungsprotokoll Kurt Huber, 27. Februar 1943, Bl. 9.
422 Vernehmungsprotokoll Alexander Schmorell, 1. März 1943, Bl. 18.
423 Vgl. Vernehmungsprotokoll Kurt Huber, 27. Februar 1943, Bl. 9 f und 2. März 1943, Bl. 15.
424 Ebda.
425 Vgl. Tagebuch Willi Graf, 18. Januar 1943, in: Graf, Briefe, S. 100.
426 Vgl. Vernehmungsprotokoll Willi Graf, 26. Februar 1943, Bl. 10.
427 Hubert Furtwängler an den Verfasser, 7. November 1999.
428 Tagebuch Willi Graf, 13. Januar 1943, in: Graf, Briefe, S. 99.
429 Vgl. Brief „Marianne“, 15. Januar 1943, Kopie im Privatbesitz Anneliese Knoop-Graf, Bühl.
430 Erinnerungsbericht Philomena Sauermann, o.D., Privatarchiv des Verfassers.
431 Vgl. Vernehmungsprotokoll Kurt Huber, 27. Februar 1943, Bl. 10.
432 Vgl. Brief von „Marianne“, 15. Januar 1943.
433 Erinnerungsbericht Philomena Sauermann, o.D.
434 Brief „Marianne“, 15. Januar 1943.
435 Julius Doerfler, Fragebogen der „Military Government of Germany", 30. Mai 1948, Landesarchiv Schleswig, Abt.: 460.15, Nr. 92 (Entnazifizierungsakte Julius Doerfler).
436 Insgesamt haben ungefähr knapp 20 Studentinnen protestiert.
437 Brief „Marianne“, 15. Januar 1943.
438 Ebda.
439 Vernehmungsprotokoll Wilhelm Geyer (Gestapo Ellwangen), 24. Februar 1943, StAM, Staatsanwaltschaften 12530, Bl. 34.
440 Sophie Scholl sagte bei der Gestapo aus, dass die meisten Studenten „revolutionär und begeisterungsfähig“ seien, auch wenn sie damit keine unmittelbare Revolutionsstimmung gegen den Staat meinte. Vgl. Vernehmungsprotokoll Sophie Scholl, 20. Februar 1943, Bl. 14.
441 Vernehmungsprotokoll Huber, 27. Februar 1943, Bl. 10.
442 Ebda.
443 Ebda.
444 Vgl. Vernehmungsprotokoll Alexander Schmorell, 25. Februar 1943, Bl. 8.
445 Vernehmungsprotokoll Sophie Scholl, 20. Februar 1943, Bl. 13.

446 Vgl. Vernehmungsprotokoll Alexander Schmorell, 25. Februar 1943, Bl. 8 f.
447 Ebda.
448 Vgl. Vernehmungsprotokoll Hans Scholl, 18. Februar 1943, Bl 15.
449 Vgl. Vernehmungsprotokoll Sophie Scholl, 19. Februar 1943, Bl. 9.
450 Vgl. Fünftes Flugblatt.
451 Ebda.
452 Ebda.
453 Ebda.
454 Notiz der Gestapo, Februar 1943, BArch Berlin, ZC 13267, Bd. 1, Bl. 62.
455 Hans Scholl an Olga Habler, 28. Dezember 1942, Kopie im Privatarchiv des Verfassers.
456 Vgl. Tagebuch Hans Scholl, 22. August 1942, in: Scholl, Briefe, S. 123 f.
457 Vgl. Vernehmungsprotokoll Sophie Scholl, 18. Februar 1943, Bl. 8.
458 Vernehmungsprotokoll Alexander Schmorell, 26. Februar 1943, Bl. 16.
459 Fünftes Flugblatt.
460 Ebda.
461 Ebda.
462 Ebda.
463 Ebda.
464 Ebda.
465 Ebda.
466 Vernehmungsprotokoll Hans Hirzel, 22. Februar 1943, Bl. 9.
467 Fünftes Flugblatt.
468 Siehe Zankel, Sönke, Biografische Notizen zu Josef Furtmeier, in: Ein Weggefährte, Briefe des Josef Furtmeier, S. 19.
469 Hans Scholl an Rose Nägele, 15. April 1941, in: Scholl, Briefe, S. 60
470 Fünftes Flugblatt.
471 Vgl. Vernehmungsprotokoll Alexander Schmorell, 25. Februar 1943, Bl. 11.
472 Ebda.
473 Ebda.
474 Vgl. Vernehmungsprotokoll Willi Graf, 26. Februar 1943, Bl. 10.
475 Vgl. Schreiben des Oberstaatsanwalts München I an den Reichsminister der Justiz in Berlin, 5. Februar 1943, BArch Berlin, NJ 1704, Bd. 33, Bl. 3.
476 Vernehmungsprotokoll Sophie Scholl, 19. Februar 1943, Bl. 10.
477 Vgl. Vernehmungsprotokoll Alexander Schmorell, 25. Februar 1943, Bl. 10 und Vernehmungsprotokoll Hans Scholl, 20. Februar 1943, Bl. 18.
478 Vernehmungsprotokoll Alexander Schmorell, 25. Februar 1943, Bl. 11. und Vernehmungsprotokoll Hans Scholl, 20. Februar 1943, Bl. 19.
479 Vernehmungsprotokoll Sophie Scholl, 20. Februar 1943, Bl. 14.
480 Hartnagel, Elisabeth, Erinnerungsbericht, in: Scholl, Inge, Die Weiße Rose (Erweiterte Neuausgabe), Frankfurt am Main 1994, S. 165.
481 Abgedruckt ist der Text „Die Nacht ist des freien Freund“ in: Buscher, Paulus, Aus den Erfahrungen des Jugendwiderstandes: dj.1.11. (1936–1945), Nottingham 1993, S. 138.
482 Vgl. Vernehmungsprotokoll Hans Scholl, 20. Februar 1943, Bl. 18.
483 Vernehmungsprotokoll Alexander Schmorell, 25. Februar 1943, Bl. 11.
484 Vernehmungsprotokoll Alexander Schmorell, 25. Februar 1943, Bl. 11.
485 Vgl. Vernehmungsprotokoll Schmorell, 25. Februar 1943, Bl. 11. und Verneh-

mungsprotokoll Willi Graf, 26. Februar 1943, Bl. 12.

486 Vgl. Vernehmungsprotokoll Manfred Eickemeyer, 6. April 1943, Bl. 20.

487 Vgl. Vernehmungsprotokoll Wilhelm Geyer, 6. April 1943, Bl. 37.

488 Auf die Personenzahl weist ein Exzerpt aus dem Kalender des Kunstmalers Wilhelm Geyer hin. Vgl. Exzerpte aus dem Kalender Wilhelm Geyer, Januar bis März 1943, Nachlass Wilhelm Geyer, Privatbesitz Wilhelm Geyer jun., Munderkingen.

489 Sophie Scholl an Fritz Hartnagel, Ulm 7. Februar 1943, in: Scholl, Briefe, S. 289.

490 Tagebuch Willi Graf, 4. Februar 1943, in: Graf, Briefe, S. 104.

491 Vgl. Jean Rousset an den Verfasser, 2. Mai 2002.

492 Vgl. Vernehmungsprotokoll Katharina Schüddekopf, 1. April 1943, Bl. 19.

493 Vgl. Interview Christian Petry mit Anneliese Knoop-Graf, 24. September 1966, Sammlung Petry.

494 Vgl. Vernehmungsprotokoll Harald Dohrn, 12. April 1943, Bl. 49.

495 Vgl. Vernehmungsprotokoll Lilo Berndl, 2. März 1943, Bl. 7.

496 Vgl. Vernehmungsprotokoll Alexander Schmorell, 11. März 1943, Bl. 21 und Vernehmungsprotokoll Willi Graf, 1. März 1943, Bl. 17.

497 Vgl. Vernehmungsprotokoll Alexander Schmorell, 11. März 1943, Bl. 21 und Vernehmungsprotokoll Falk Harnack, 11. März 1943, Bl. 26. Das genaue Datum dieses Treffens ist nicht mehr exakt zu rekonstruieren. Diese Angabe bezieht sich vor allem auf die Aussage Willi Grafs. Vgl. Vernehmungsprotokoll Willi Graf, 1. März 1943, Bl. 17.

498 Vernehmungsprotokoll Falk Harnack, 8. März 1943, Bl. 18.

499 Vgl. Vernehmungsprotokoll Falk Harnack, 7. März 1943, Bl. 14.

500 Ebda.

501 Vgl. Vernehmungsprotokoll Falk Harnack, 8. März 1943, Bl. 17.

502 Vgl. Harnack, Falk, Erinnerungsbericht, in: Scholl, Die Weiße Rose, S. 150.

503 Vgl. Vernehmungsprotokoll Willi Graf, 1. März 1943, Bl. 17.

504a Vgl. Vernehmungsprotokoll Falk Harnack, 10. März 1943, Bl. 18.

504b Vernehmungsprotokoll Kurt Huber, 16. April 1943, Bl. 88.

505 Vgl. Vernehmungsprotokoll Alexander Schmorell, 11. März 1943, Bl. 21.

506 Vgl. Vernehmungsprotokoll Falk Harnack, 10. März 1943, Bl. 19.

507 Vgl. Vernehmungsprotokoll Alexander Schmorell, 11. März 1943, Bl. 22.

508 Vgl. Vernehmungsprotokoll Kurt Huber, 27. Februar 1943, Bl. 11.

509 Vgl. Vernehmungsprotokoll Kurt Huber, 27. Februar 1943, Bl. 10.

510 Vgl. Exzerpte aus dem Kalender Wilhelm Geyer, Januar bis März 1943, Nachlass Wilhelm Geyer, Privatbesitz Wilhelm Geyer jun., Munderkingen.

511 Vernehmungsprotokoll Kurt Huber, 27. Februar 1943, Bl. 10.

512 Ebda.

513 Vgl. Vernehmungsprotokoll Kurt Huber, 27. Februar 1943, Bl. 10.

514 Vernehmungsprotokoll Kurt Huber, 1. März 1943, Bl. 13.

515 Vernehmungsprotokoll Kurt Huber, 27. Februar 1943, Bl. 11.

516 Ebda.

517 Vgl. Vernehmungsprotokoll Alexander Schmorell, 25. Februar 1943, Bl. 10.

518 Vgl. Interview SZ mit Karl Bisa, 20. Januar 2000.

519 Vgl. Sechstes Flugblatt.

520 Vernehmungsprotokoll Kurt Huber, 27. Februar 1943, Bl. 10.

521 Sechstes Flugblatt.

522 Ebda.
523 Ebda.
524 Ebda.
525 Hier sei auf ein Flugblatt von Nationalsozialisten aus dem Wahlkampf 1932 verwiesen, die gegen ihre eigenen Parteiführer opponierten, in dem es heißt: „‚Für Deutschlands Freiheit und Ehre' hieß der Ruf. Unsere Führer aber fallen den Männern in den Rücken, die [...] doch wenigstens endlich zum erstenmal seit 1918 wieder nationale Außenpolitik treiben!" Das Flugblatt endet mit der Forderung: „Der ehrliche Nationalsozialist wählt am 6. November nicht!" Flugblattblatt „Parteigenossen! Nationalsozialisten!", BayHStA, Slg. Varia 1422.
526 Vgl. Vernehmungsprotokoll Kurt Huber, 27. Februar 1943, Bl. 7.
527 Vernehmungsprotokoll Kurt Huber, 27. Februar 1943, Bl. 10.
528 Sechstes Flugblatt.
529 Vgl. Vernehmungsprotokoll Kurt Huber, 27. Februar 1943, Bl. 11.
530 Sechstes Flugblatt.
531 Vgl. Vernehmungsprotokoll Alexander Schmorell, 25. Februar 1943, Bl. 10.
532 Ebda.
533 Vgl. Vernehmungsprotokoll Alexander Schmorell, 26. Februar 1943, Bl. 13.
534 Vgl. Gebel, Else, Der letzte Traum der Sophie Scholl, in: Roth, Harald (Hrsg.), Widerstand, Ravensburg 1993, S. 223.
535 Vgl. Vernehmungsprotokoll Hans Scholl, 18. Februar 1943, Bl. 13.
536 Vgl. Lafrenz, Traute, Erinnerungsbericht, in: Scholl, Die Weiße Rose, S. 134.
537 Auszug aus dem Tagebuch Traute Lafrenz, 18. Februar 1943, NL Pree.
538 Vgl. Vernehmungsprotokoll Hans Scholl, 18. Februar 1943, Bl. 13 f.
539 Auszug aus dem Tagebuch Traute Lafrenz, 18. Februar 1943, NL Pree.
540 Lafrenz, Traute, Erinnerungsbericht, in: Scholl, Die Weiße Rose, S. 134.
541 Vgl. Vernehmungsprotokoll Willi Graf, 26. Februar 1943, Bl. 12.
542 Vernehmungsprotokoll Sophie Scholl, 19. Februar 1943, Bl. 10.
543 Ebda. Siehe ferner: Vernehmungsprotokoll Hans Scholl, 18. Februar 1943, Bl. 14 und StAM, Polizeidirektion München 10145 (Jakob Schmid).
544 Vgl. Vernehmungsprotokoll Sophie Scholl, 18. Februar 1943, Bl. 10.
545 Vernehmungsprotokoll Hans Scholl, 18. Februar 1943, Bl. 14.
546 Ebda.
547 Vgl. Vernehmungsprotokoll Sophie Scholl, 18. Februar 1943, Bl. 5.
548 Vgl. Vernehmungsprotokoll Jakob Schmid, 18. Februar 1943, BArch Berlin, ZC 13267, Bd. 1, Bl. 6 f.
549 Vernehmungsprotokoll Sophie Scholl, 18. Februar 1943, Bl. 5.
550 Vgl. Vernehmung Karl Ernst Haeffner durch die Special Investigation Section, Special Branch, 12. Dezember 1945, StAM, SpkA K 1634 (Jakob Schmid), Bl. 3b.
551 Vgl. Vernehmung Albert Scheithammers durch die Special Investigation Section, Special Branch, 7. Dezember 1945 und Spruch der Spruchkammer X München vom 14. Juni 1946, beides in: StAM, SpkA K 1634 (Jakob Schmid).
552 Vgl. Eidesstattliche Erklärung von Prof. Dirlmeier, StAM, Spruchkammerverfahren gegen Walther Wüst, Bl. I 152.
553 Vgl. Schreiben Walther Wüst an den Reichsminister für Wissenschaft, Erziehung und Volksbildung, 19. Februar 1943, BArch Berlin, R 21/10922, Bl. 124 f. und StAM, Polizeidirektion München 10145 (Jakob Schmid).

554 Vgl. Vernehmungsprotokoll Hans Scholl, 18. Februar 1943, Bl. 10. und Vernehmungsprotokoll Gisela Schertling, 18. Februar 1943, Bl. 6.

555 Vgl. Katharina Schüddekopf an Barry Pree, 8. Januar 1972, NL Pree.

556 Vgl. Vernehmungsprotokoll Hans Scholl, 18. Februar 1943, Bl. 10.

557 Vgl. u.a.: Spruch der Berufungskammer München, 13. September 1946, StAM, SpKA K 1634 (Jakob Schmid). Die beiden Verfilmungen des Geschehens von Michael Verhoeven und Marc Rothemund/Fred Breinersdorfer zeigen bei der Verhaftung einen mit Studenten gefüllten Lichthof (Vgl. Verhoeven, Michael, Die Weiße Rose und Breinersdorfer, Fred (Hrsg.), Sophie Scholl – Die letzten Tage, Frankfurt am Main 2005, S. 183). Worauf die Filmemacher ihre Darstellung begründen, ist unklar. Rothemund und Breinersdorfer beziehen sich vermutlich auf Verhoeven selbst.

558 Aussage Jakob Schmid, o.D., StAM, SpKA K 1634 (Jakob Schmid), Bl. 28.

559 Vgl. Hirzel, Flugblätter, S. 111.

560 Vgl. auch: Interview Barry Pree mit Otl Aicher und Inge Scholl, [o.D., vermutlich ca. 1970], NL Pree.

561 Ebda.

562 Vgl. Aicher, Otl, innenseiten des kriegs, Frankfurt am Main 1985, S. 153 f.

563 Vgl. Vernehmungsprotokoll Gisela Schertling, 18. Februar 1943, Bl. 5.

564 Vernehmungsprotokoll Wilhelm Geyer, 5. April 1943, Bl. 34.

565 Gisela Schertling an Barry Pree, 13. Juni 1971, NL Pree.

566 Vgl. Söhngen, Josef, Erinnerungsbericht, in: Scholl, Die Weiße Rose, S. 128.

567 Vgl. Vernehmungsprotokolle Hans Scholl, 18. Februar 1943, Bl. 2–11 und: Sophie Scholl, 18. Februar 1943, Bl. 1–7.
Der Kunstmaler Wilhelm Geyer gab rückblickend an, dass Sophie Scholl am Abend des 17. Februar 1943 zu ihm gesagt haben soll: „Es fallen so viele für das Regime, es müssen auch einmal einige dagegen fallen!“ (Interview Hellmuth Auerbach mit Wilhelm Geyer, 10. Juli 1964, IfZ, Fa 215, Bd. 2, Bl. 153). Kritisch hinsichtlich dieser Aussage stimmt, dass Geyer lediglich am Morgen des 17. Februar 1943 mit Sophie Scholl zusammentraf, am Abend befand er sich nicht mehr in München (Vgl. Vernehmungsprotokoll Wilhelm Geyer, 24. Februar 1943). Zudem sollte diese Aussage, wenn sie denn der Wahrheit entspricht, nicht als Indiz für ein Selbstopfer verstanden werden, sondern lediglich für die Bereitschaft Sophie Scholls, ggf. den eigenen Tod in Kauf zu nehmen.

568 Hans Scholl ans Olga Habler, 28. Dezember 1942, Kopie im Privatarchiv des Verfassers.

569 Vgl. Petry, Studenten, S. 94.

570a Dies geht aus der Niederschrift eines Interview von Christian Petry mit Wilhelm Geyer vom 1. April 1967 hervor. In die Publikation Petrys ist dies nicht eingegangen. Zwar wird nicht explizit von Hans und Sophie Scholl gesprochen, der Kontext lässt jedoch nur den Schluss zu, dass das Geschwisterpaar gemeint war. Möglich ist gleichwohl, dass diese Information nicht aus Geyers eigener Erfahrung resultierte, sondern aus den Erzählungen Eickemeyers.

570b Vgl. Interview 57 mit Theo Baumgärtner, 25. Juli 2006.

571 Vgl. Urteil des Sondergerichts München gegen Josef Söhngen und Manfred Eickemeyer, StAM, Staatsanwaltschaften 12530, S. 8.

572 Hans Scholl an Rose Nägele, 5. Januar 1943, in: Scholl, Briefe, S. 140.

573 Vernehmungsprotokoll Gisela Schertling, 1. April 1943, Bl. 25.

574 Josef Söhngen nannte sie rückblickend ein „Betthäschen". Vgl. Interview Christian Petry mit Josef Söhngen, 7. September 1967, Sammlung Petry.

575 Vernehmungsprotokoll Hans Hirzel, 12. März 1943, Bl. 42.

576 Die Gründe hierfür waren zumindest Graf und Furtwängler wohl nicht bekannt, da sie sich zur Zeit des Vorfalls nicht bei Scholl befanden. Vgl. Interview Christian Petry mit Hubert Furtwängler, 31. März 1967, Sammlung Petry.

577 Jost Pfeiffer an den Verfasser, 18. August 2001 und Interview SZ mit Jost Pfeiffer, 15. Juni 2006.

578 Vgl. Interview SZ mit Fridtjov Schaeffer, 26. Oktober 2001.

579 Bericht von Dr. Georg Timm, Oberapotheker, San. – Komp. 1/12, 22. September 1942, BA-MA, RH 12-23/1206.

580 Vgl. Interview SZ mit Fridtjov Schaeffer, 11. April 2002.

581 Hans Scholl an Magdalene und Robert Scholl, 18. September 1942, in: Scholl, Briefe, S. 112.

582 Dass Scholl einen Morphiumrausch gerade seinen Eltern gegenüber erwähnen würde, mag die Beweiskraft dieser Briefpassage schmälern, andererseits sprach er nur von einem „Rausch", was unverfänglich war.

583 Der Begriff der ‚Abhängigkeit' ist in der praktischen und theoretischen Arbeit mit Betäubungsmittelkonsumenten umstritten und wird zum Teil gemieden. Dies ist u.a. darauf zurückzuführen, dass der Status der Abhängigkeit schwer zu definieren ist.

584 Entgegen der volkstümlichen Meinung haben wissenschaftliche Forschungen nachgewiesen, dass selbst Heroinkonsumenten weitgehend ein geregeltes Leben führen können. Untersuchungen haben gezeigt, dass gelegentliche Heroinkonsumenten 40% und mehr der Heroinverbraucher in den USA ausmachen. (Vgl. Harding, Wayne, M., Kontrollierter Heroingenuß – ein Widerspruch aus der Subkultur gegenüber herkömmlichem kulturellen Denken, in: Völger, Gisela und von Welck, Karin (Hrsg.), Rausch und Realität, Drogen im Kulturvergleich, Hamburg 1982, S. 1217 ff.). Hier zeigt sich, wie problematisch der Begriff der ‚Abhängigkeit' ist. Erwähnt sei noch die Aussage der Schwester von Hans und Sophie Scholl, Elisabeth Hartnagel, in einem Interview mit Barry Pree, der nach einem möglichen Betäubungsmittelkonsum fragte: „Wenn Sie die beiden gekannt hätten, würden Sie auch sagen, dass es völlig ausgeschlossen ist, dass die unter Drogeneinfluss gelebt haben." Vgl. Aussage Elisabeth Hartnagel im Interview mit Barry Pree, o.D. [vermutlich in den 1980er Jahren], NL Pree.

585 Samberger, Leo, Erinnerungsbericht, in: Scholl, Die Weiße Rose, S. 184.

586 Als Entzugserscheinungen bei Opiaten können nach ca. acht bis zwölf Stunden u.a. Tränenfluss, Schweißausbrüche auftreten, etwas später dann geweitete Pupillen, Frösteln („cold turkey") und nach zwei bis drei Tagen Ruhelosigkeit, Todesangst, Übelkeit. Vgl. Wely, J.J.W.M. van, Körperliche Wirkungen des Opiatkonsums, in: Scheerer, Sebastian und Vogt, Irmgard (Hrsg.), Drogen und Drogenpolitik, Ein Handbuch, Frankfurt am Main und New York 1989, S. 308.

587 Robert Hämmig an den Verfasser, 10. Dezember 2004. Hämmig wie auch den anderen herangezogenen Fachleuten wurde der Fall ohne die Namen von Hans und Sophie Scholl geschildert.

588 Beispielsweise gibt es Berichte von aus Vietnam zurückkehrenden amerikanischen Soldaten, die ihre Abhängigkeit von Opiaten schnell unter Kontrolle bringen konnten. Vgl. Interview SZ mit Theo Baumgärtner, 9. November 2004. Der Soziologe Baumgärtner war in den 1990er Jahren Mitarbeiter an den Universitäten Hamburg und Leipzig und ist heute an der „Hamburgischen Landesstelle gegen Suchtgefahren e.V." tätig.

589 Vgl. Interview SZ mit Theo Baumgärtner, 9. November 2004. Auch Peter Cohen, Professor und Direktor des Zentrums für Betäubungsmittelforschung an der Universität Amsterdam berichtet Ähnliches: „Viel ist unterdrückbar." Interview SZ mit Peter Cohen, 8. Dezember 2004.

590 Vgl. Interview SZ mit Fritz Seidel, 10. November 2001; Interview SZ mit Gerd Imholz, 17. Januar 2006, Konrad Stark an den Verfasser, 17. Januar 2006, Paul Mössinger an den Verfasser, 19. Januar 2006 und Enno von Rintelen an den Verfasser, 9. Februar 2006. Dass der Zugang zu Morphium zumindest in den Feldlazaretten nicht nur für einige ganz wenige Personen möglich war, zeigt auch eine Aussage des späteren Medizinprofessors Heinrich Drexel. Es sei immer wieder berichtet worden, dass Krankenschwestern im Krieg Morphium genommen hätten und zum Teil abhängig geworden seien. Vgl. Interview SZ mit Heinrich Drexel, 12. November 2001. Der NS-Staat betrieb zwar offiziell die Politik einer strikten Rauschgiftbekämpfung, gleichwohl blieb der Missbrauch von Betäubungsmitteln ein Problem. So registrierte die Reichszentrale zur Bekämpfung der Rauschgiftvergehen im Reichskriminalministerium in Berlin im Jahre 1942 4000 süchtige Straftäter: Zumindest für das Jahr 1932 sind auch Vergehen von Ärzten nachgewiesen: In diesem Jahr wurden rund 1700 Verfahren wegen missbräuchlicher Verschreibungen eingeleitet. Vgl. Körner, Harald Hans, Betäubungsmittelgesetz, Arzneimittelgesetz, München 2001, S. 4. Vgl. auch: Thamm, Berndt Georg, Drogenreport, Und nun auch noch Crack?, Bergisch Gladbach 1988, S. 82 ff.

591 Lafrenz, Erinnerungsbericht, in: Scholl, Weiße Rose, S. 136.

592 Interview Christian Petry mit Wilhelm Geyer, 1. April 1967, Sammlung Petry

593 Vernehmungsprotokoll Hans Hirzel, 22. Februar 1943, Bl. 9

594 Vgl. Interview Hellmuth Auerbach mit dem ehemaligen Gestapo-Beamten Rechtsteiner, 10. Juli 1943, Fa 215, Bd. 3, Bl. 105. Folglich ist auch die Überwachung Scholls durch den Gestapo-Agenten Albert Riester, die heute zum Teil kolportiert wird, unwahrscheinlich und sicher für die Scholls am 18. Februar 1943 nicht handlungsrelevant gewesen. Zu verwerfen ist ebenso eine Warnung von Jakob Buerkle, die das Magazin „Der Spiegel", im Jahre 2003 aufgriff. Im Entnazifizierungsverfahren gegen Riester berichtete dieser, er habe am 18. Februar 1943 den Scholls von der drohenden Verhaftung berichtet (Vgl. Wiegrefe, Klaus, Tödlicher Irrtum, in: Der Spiegel, 9/2003, S. 48–50). Solche angebliche Warnung in den letzten Minuten vor der – morgendlichen – Flugblattaktion sind auch an anderer Stelle überliefert und resultieren aus dem Verlangen der „Warner" in der Zeit nach dem Krieg, sich in den Kontext des Scholl-Schmorell-Kreises stellen zu wollen. So will auch Hans Galli von der „Weißen Rose" gehört haben, nach München gefahren sein, sich dort „durchgefragt" und dem gefundenen Scholl gesagt haben: „Hans, treibt es nicht zu bunt." Interview SZ mit Hans Galli, 18. März 2002. Auch ist zweifelhaft, dass eine Warnung an Karl Hepperle Hans Scholl erreicht hat. Siehe IfZ, Fa 215, Bd. 2, Bl. 202 ff.

595 Interview SZ mit Theo Baumgärtner, 9. November 2004.

596 Willi Graf an Anneliese Graf, 7. Mai 1942, in: Willi Grafs Jugend, S. 157.

597 Willi Graf an Anneliese Graf, 13. Mai 1942, in: Willi Grafs Jugend, S. 159. Die beiden hier zitierten Briefe sind in der Ausgabe des Fischer-Verlages nicht abgedruckt.

598 Vgl. Interview SZ mit Anneliese Knoop-Graf, 15. Februar 2004.

599 Interview Barry Pree mit Otl Aicher und Inge Scholl, [o.D., ca. 1970], NL Pree.

600 Sophie Scholl an Otl Aicher, 19. Januar 1943, in: Scholl, Briefe, S. 286.

601 Vgl. Interview SZ mit Theo Baumgärtner, 9. November 2004.

602a Theo Baumgärtner bewertet die Situation vom 18. Februar als „Indiz" für den Konsum eines Sedativums.

602b Schneider und Süß, Keine Volksgenossen, S. 34.

603 Münchener Neueste Nachrichten, 24. Februar 1943.

604 Vgl. Hamazaspian, Nikolay D., Erinnerungen an Alexander Schmorell, o.D. [vermutlich Anfang der 1990er Jahre], Denkstätte Weiße Rose, München, S. 6.

605 Ebda.

606 Vernehmungsprotokoll Alexander Schmorell, 26. Februar 1943, Bl. 13.

607 Vernehmungsprotokoll Alexander Schmorell, 26. Februar 1943, Bl. 15.

608 Aussage Marie-Luise Upplegger, Sitzung der Berufungskammer der Spruchkammer München, 6. Februar 1948, StAM, Spka K 1856 (Marie-Luise Upplegger).

609 Ebda.

610 Aussage Georg Hauff, Sitzung der Berufungskammer der Spruchkammer München, 6. Februar 1948, StAM, Spka K 1856 (Marie-Luise Upplegger).

611 Vernehmungsprotokoll Alexander Schmorell, 26. Februar 1943, Bl. 15.

612 Vgl. Aussage Monika Siegner, Sitzung der Spruchkammer München, 4. November 1946 und Anton Schöttl an die Reichsbahndirektion München, 15. September 1945 und 20.März 1946, StAM, Spka K 1688 (Anton Schöttl).

613 Aussage Marie-Luise Upplegger, Sitzung der Spruchkammer München, 24. Oktober 1948, StAM, Spka K 1856 (Marie-Luise Upplegger).

614 Aussage Karl Huber, Sitzung der Berufungskammer der Spruchkammer München, 6. Februar 1948, StAM, Spka K 1856 (Marie-Luise Upplegger).

615 Vgl. Anton Schöttl an die Reichsbahndirektion München, 15. September 1945 und 20.März 1946, StAM, Spka K 1688 (Anton Schöttl).

616 Aktenvermerk der Gestapo, 25. Februar 1943, bei den Gestapo-Vernehmungsprotokollen von Alexander Schmorell.

617 Gestapo München an das Reichssicherheitshauptamt, 5. Februar 1943, BArch Berlin, ZC 13267, Bd. 1, Bl. 1.

618 Ebda.

619 Ebda.

620 Ebda.

621 Vgl. Gestapo München an u.a. das Reichssicherheitshauptamt, 11. Februar 1943, Bl. 9. Siehe hierzu auch das nachträgliche schriftliche Gutachten, Kriminalpolizeileitstelle München, Gutachten, 21. Februar 1943, BArch Berlin, ZC 13267, Bd. 1, Bl. 34 ff.

622 Vgl. Kohlhaas, Elisabeth, Die Mitarbeiter der regionalen Staatspolizeistellen, Quantitative und qualitative Befunde zur Personalausstattung der Gestapo, in: Paul, Gerhard und Mallmann, Klaus-Michael (Hrsg.), Die Gestapo – Mythos

und Realität, Mit einem Vorwort von Peter Steinbach, Darmstadt 1995, S. 227 f. Kohlhaas verweist zudem noch auf die Untersuchung von: Gellately, Robert, Die Gestapo und die deutsche Gesellschaft. Die Durchsetzung der Rassenpolitik 1933–1945, Paderborn 1993, S. 67.

623 Robert Scholl, 5. September 1951, StAM, Spka K 1574 (Oswald Schäfer), Bl. 182.

624 Bescheinigung Hans Hirzel für Anton Mahler, 19. November 1947, StAM, Spka K 1104 (Anton Mahler).

625 Eidesstattliche Erklärung von Ernst Hirzel, 15. Juli 1947, StAM, Spka K 1104 (Anton Mahler), Bl. 31.

626 Eidesstattliche Aussage von Hugo Schmorell, 28. Juni 1946, StAM, Spka K 1627 (Ludwig Schmauß).

627 Vernehmungsprotokoll Gisela Schertling, 18. Februar 1943, Bl. 5.

628 Vernehmungsprotokoll Hans Scholl, 18. Februar 1943, Bl. 12.

629 Vernehmungsprotokoll Hans Scholl, 18. Februar 1943, Bl. 14.

630 Vernehmungsprotokoll Hans Scholl, 18. Februar 1943, Bl. 8 f. und Vernehmungsprotokoll Sophie Scholl, 18. Februar 1943, Bl. 6 f.

631 Notiz der Gestapo, Februar 1943, BArch Berlin, ZC 13267, Bd. 1, Bl. 61.

632 Hier und im Folgenden: Vernehmungsprotokoll Hans Scholl, 18. Februar 1943, Bl. 14.

633 Vernehmungsprotokoll Christoph Probst, 20. Februar 1943, Bl. 6.

634 Vernehmungsprotokoll Christoph Probst, 20. Februar 1943, Bl. 4.

635 Vernehmungsprotokoll Hans Scholl, 18. Februar 1943, Bl. 12 f.

636 Vernehmungsprotokoll Hans Scholl, 18. Februar 1943, Bl. 14.

637 Vernehmungsprotokoll Sophie Scholl, 18. Februar 1943, Bl. 8.

638 Ebda.

639 Ebda.

640 Vernehmungsprotokoll Sophie Scholl, 18. Februar 1943, Bl. 9.

641 Vernehmungsprotokoll Sophie Scholl, 18. Februar 1943, Bl. 8.

642 Vernehmungsprotokoll Hans Scholl, 18. Februar 1943, Bl. 14.

643 Ebda.

644 Vernehmungsprotokoll Sophie Scholl, 18. Februar 1943, Bl. 10.

645 Vernehmungsprotokoll Alexander Schmorell, 25. Februar 1943, Bl. 7 ff.

646 Ebda.

647 Ebda.

648 Vernehmungsprotokoll Willi Graf, 19. Februar 1943, Bl. 6.

649 Hierfür spricht auch, dass er von Hans Scholl in der Vergangenheit sprach. Vgl. u.a.: Vernehmungsprotokoll Willi Graf, 27. Februar 1943, Bl. 14.

650 Vgl. Vernehmung Willi Graf, 31. Mai 1943, NL Pree. Die Auszüge sind über den Rechtsanwalt Walter Schmidt 1944 zu Willi Bollinger gelangt. Nach dem Krieg erhielt sie Barry Pree.

651 Vgl. Urteil des Landgerichts Saarbrücken gegen Willi Bollinger, Landesarchiv Saarbrücken, StAnw 1116.

652 Vgl. Vernehmungsprotokoll Hans Scholl, 20. Februar 1943, Bl. 17.

653 Vernehmungsprotokoll Hans Hirzel, 22. Februar 1943, Bl. 8.

654 Vernehmungsprotokoll Alexander Schmorell, 26. Februar 1943, Bl. 12.

655 Ebda.

656 Hubert Furtwängler an den Verfasser, 7. November 1999.

657 Meldeblatt, herausgegeben von der Staatspolizeileitstelle Breslau II, Breslau, 1. März 1943, BArch Berlin, ZR 929, A. 2.

658 Vernehmungsprotokoll Gisela Schertling, 18. Februar 1943, Bl. 5.

659 Vgl. Vernehmungsprotokoll Gisela Schertling, 24. Februar 1943, Bl. 7.

660 Später wurde diese durch Traute Lafrenz und Werner Scholl bei der Haushaltssauflösung gefunden. Vgl. Interview Barry Pree mit Traute Lafrenz, [o.D., ca. 1970], NL Pree.

661 Gauleiters Giesler an den Chef der NSDAP-Parteizentrale, Martin Bormann, 19. Februar 1943, BArch Berlin, ZC 13267, Bd. 1.

662 Ebda.

663 Ebda.

664 Vgl. Walther Wüst an Hans Scholl, 21. Februar 1943, in: Schneider und Süß, Keine Volksgenossen, S. 95.

665 Beschluss des Dreier-Ausschusses der Universität München vom 23. Februar 1943, 3. März 1943 und 21. Mai 1943, BArch Berlin, R21/10922, Bl. 129.

666 Walther Wüst an den Reichsminister für Wissenschaft, Erziehung und Volksbildung, Professor Mentzel, 23. Februar 1943, BArch Berlin, R21/10922, Bl. 124.

667 Im Universitätsarchiv München befinden sich die Protokolle aller Senatssitzungen von 1938 bis 1945, nur aus dem Jahre 1943 existiert lediglich eines, das keinen Aufschluss über die hier behandelte Sache gibt.

668 Eidesstattliche Erklärung von Prof. M. San Nicolò, 5. Oktober1949, Spka Walther Wüst, I/170. San Nicolò war es auch, der nach dem Krieg die folgende Entscheidung rückgängig machte und Huber rehabilitierte. Vgl. Gespräch Hellmuth Auerbach mit Clara Huber, 14. August 1964, IfZ, Fa 215, Bd. 2, Bl. 237.

669 Eidesstattliche Erklärung von Prof. Eduard Lukas vom 7. Oktober 1949, Amtsgericht München Spka Walther Wüst, I/170.

670 Eidesstattliche Erklärung von Prof. M. San Nicolò, 5. Oktober 1949, Spka Walther Wüst. Die Aussagen von San Nicolò wurden von Eduard Lukas bestätigt. Dass Wüst die Dekane eigentlich schon vor vollendete Tatsachen stellte und es letztlich keine Abstimmung gab, macht die herrschende politische Kultur in den Gremien an der LMU zu dieser Zeit deutlich.

671 Eidesstattliche Erklärung von Prof. Fritz Genewein, 4. September 1948, Spka Walther Wüst, III-76.

672 Eidesstattliche Erklärung von Karl Alexander von Müller, 29. Oktober 1949, Spka K 2015 (Walther Wüst), I/177.

673 Hier und im Folgenden: Beschluss des „Dreier-Ausschusses" der Universität Innsbruck, 22. Februar 1943, Dokumentationsarchiv des österreichischen Widerstandes, Wien, 12.942.

674 Vermerk beim Schreiben von Walther Wüst an den Reichsminister für Wissenschaft, Erziehung und Volksbildung, Professor Mentzel, 23. Februar 1943, Bl. 126.

675 Ebda.

676 Vgl. Reichsstudentenführer Thomas an die Gaustudentenführer, 23. Februar 1943, in: Petry, Studenten, S. 220 f.

677 Interview SZ mit Erich und Herta Schmorell, 26. November 1999.

678 Vgl. Furtwängler, Hubert, Persönliche Mitteilung, 12. Dezember 1999.

[679] Nach Angaben des Stabsführers beim Reichsstudentenführer Thomas waren 3000 Personen anwesend (Vgl. Reichsstudentenführer Thomas u.a. an die Gaustudentenführer, 23. Februar 1943, in: Petry, Studenten, S. 220.), das Rektorat gab hingegen 4000 an. Vgl. Walther Wüst an den Reichsminister für Wissenschaft, Erziehung und Volksbildung, Professor Mentzel, 23. Februar 1943, Bl. 124.

[680] Vgl. Interview SZ mit Regine Degkwitz, 12. Dezember 1999 sowie mit Erich und Herta Schmorell, 26. November 1999.

[681] Ernst-Jürgen Scholz an den Verfasser, 12. Oktober 2001.

[682] Vgl. Walther Wüst an den Reichsminister für Wissenschaft, Erziehung und Volksbildung vom 23. Februar 1943, Bl. 124.

[683] Spruch der Berufungskammer der Spruchkammer München, 13. September 1946, StAM, SpkA K 1634 (Jakob Schmid).

[684] Vgl. Magold, Li, Leserbrief, Süddeutschen Zeitung, 18./19.12.1965. Von den fanatischem Verhalten der Studenten berichtet auch Elisabeth Buro. Vgl. Elisabeth Buro an den Verfasser, 16. Februar 2002.

[685] Hier und im Folgenden: Walther Wüst an den Reichsminister für Wissenschaft, Erziehung und Volksbildung vom 23. Februar 1943, Bl. 124.

[686] Vgl. Werner Gast an den Verfasser, 19. Oktober 2001.

[687] Dieser Sachverhalt geht aus einer Mitteilung Clara Hubers an Christian Petry hervor (Vgl. Petry, Studenten, S. 126.).

[688] Mohr, Robert, Erfahrungsbericht, 19. Februar 1951, in: Scholl, Weiße Rose, S. 178.

[689] Scholl, Weiße Rose, S. 61.

[690] Vgl. Interview Barry Pree mit Robert Scholl, [o.D., ca. 1968], NL Pree.

[691] Breyvogel, Wilfried, Die Gruppe „Weiße Rose", Anmerkungen zur Rezeptionsgeschichte und kritische Rekonstruktionen, in: Ders. (Hrsg.), Piraten, Swings und Junge Garde, Jugendwiderstand im Nationalsozialismus, Bonn 1991, S. 201.

[692] Diese angebliche Aussage Reicharts geht aus den Akten seines Strafverfahrens hervor. Vgl. StAM, Staatsanwaltschaften 21953, Bl. 30.

[693] Vgl. Fietz, Helmut, Erinnerungen an den Mithäftling Hans Scholl, in: Scholl, Weiße Rose, S. 182. Diese Darstellung wirkt insofern glaubwürdig, da das Goethe-Zitat tatsächlich in der Familie Scholl einen gewissen Stellenwert hatte. Vgl. Scholl, Briefe, S. 342.

[694] Vgl. Oberreichsanwalt an Sophie Scholl, 21. Februar 1943, IfZ, NL Scholl. Abgedruckt ist dieser Schriftzug auch in: Weiße Rose-Stiftung, Ausstellungskatalog, München 1995, S. 77.

[695] So vertritt Barbara Schüler die These: „Sie starben als Katholiken". Vgl. Schüler, Im Geiste, S. 216 ff.

[696] Werner Scholl an Otl Aicher, 13. April 1943, IfZ, NL-Scholl.

[697] So sind in der Würzburger Gestapo entsprechende Einlieferungen in die Anatomie in den Jahren 1942–1945 überliefert, in denen „Enthauptung" als Todesursache angegeben ist. Hier sind auch Fälle aus München hingelangt. Vgl. Hermann Koepsell, Vorstand und Sprecher des Instituts für Anatomie und Zellbiologie der Universität Würzburg, an den Verfasser, 20. November 2001. Für die Universität München fehlen die entsprechenden Akten. Vgl. R. Putz, Vorstand der Anatomischen Anstalt der LMU, an den Verfasser, 23. November 2001.

698 Vgl. Auszug aus dem Tagebuch Traute Lafrenz, o.D., NL Pree. Vgl. zudem: Interview Rosemarie Wagner-Gehlhaar mit Traute Lafrenz, Mai 2001, Interviewabschrift im Privatarchiv des Verfassers.

699 Interview SZ mit Heinrich Guter, 27. November 1999.

700 Ebda. und: Müller, Franz, „Wir brauchen kein Gesetz hier!“, in: Roth, Harald (Hrsg.), Widerstand, Ravensburg 1993, S. 72.

701 Eduard Eble an die Münchner Illustrierten, 11. Juni 1959, Privatbesitz Bernhard Eble, Bad Aibling.

702 Vgl. Interview SZ mit Heinrich Guter, 27. November 1999 und Interview Barry Pree mit Falk Harnack [o.J., ca. 1970], NL Pree.

703 Die Verteidigungsrede ist abgedruckt in: Petry, Studenten, S. 184–194.

704 Vgl. Interview Barry Pree mit Traute Lafrenz, o.D. [ca. Anfang der 1970er Jahre], NL Pree.

705 Vgl. Matthäi, Albert, Fichte an jeden Deutschen, Heidelberg 1940.

706 Notiz Freiherr Karl Friedrich von Eberstein, Rückseite des Blattes „Zu meiner Verteidigung, Nürnberg 1946“, Bay HStA, NL Karl Friedrich Eberstein, Nr. 4.

707 Vgl.: Interview Barry Pree mit Traute Lafrenz, o.D. [ca. Anfang der 1970er Jahre], NL Pree.

708 Das Werk Kurt Hubers „Leibniz, Der Philosoph der universalen Harmonie“ erschien erstmals 1951 beim R. Oldenbourg-Verlag in München und abermals 1989 beim Piper-Verlag in München.

709 Protokoll der VGH-Sitzung vom 19. April 1943 gegen Schmorell u.a., BA Berlin Lichterfelde, NJ 1704, Bd. 2.

710 Urteil des VGH vom 19. April 1943, gedruckt in: Kurt-Huber Gymnasium, Kurt Huber, S. 91.

711 Protokoll der VGH-Sitzung vom 19. April 1943.

712 Eduard Eble an die Münchner Illustrierten, 11. Juni 1959, Privatbesitz Bernhard Eble.

713 Folglich ist die von Harnack nach dem Krieg selbst aufgebrachte These, der NS-Staat habe über ihn noch andere Namen aus dem kommunistischen Widerstand erfahren wollen, zu verwerfen (Vgl. Harnack, Erinnerungsbericht, in: Scholl, Die Weiße Rose, S. 163). Hiergegen spricht auch, dass er direkt zurück zur Wehrmacht gelangte, somit dem Zugriff der Gestapo weitgehend entzogen war.

714 Vgl. Schüddekopf, Katharina, Prozess und Urteil, Erlebnisbericht vom Prozess vor dem Volkgerichtshof, in: Vielhaber, Gewalt und Gewissen, S. 104.

715 Vgl. Marxen, Klaus, Das Volk und sein Gerichtshof, Eine Studie zum nationalsozialistischen Volksgerichtshof, Frankfurt am Main 1994, S. 89. Zum VGH in den Vorkriegsjahren sei verwiesen auf: Richter, Isabel, Hochverratsprozesse als Herrschaftspraxis im Nationalsozialismus, Männer und Frauen vor dem Volksgerichtshof 1934–1939, Münster 2001.

716 Vgl. Urteil des Sondergerichts München gegen Manfred Eickemeyer, 13. Juli 1943, StAM, Staatsanwaltschaften 12530.

717 Vgl. Interview Barry Pree mit Josef Söhngen, [o.D., ca. 1970], NL Pree.

718 Eidesstattliche Erklärung Karl Friedrich Eberstein und Eidesstattliche Erklärung von Robert Mohr, 20. Juli 1951, StAM, Spka K 1574 (Oswald Schäfer), Bl. 183.

[719] Vgl. Eidesstattliche Erklärung Robert Mohr, 20. Juli 1951, StAM, Spka K 1574 (Oswald Schäfer), Bl. 184 und auch Eidesstattliche Erklärung Ernst Hirzel, 15. Juli 1947, StAM, Spka K 1104 (Anton Mahler).

[720] Gestapo München an die Gestapo Ulm, 16. März 1943, Dokumentationsarchiv Oberer Kuhberg, Ulm, Sammlung Weiße Rose.

[721] Gerhard Graf an Anneliese Graf, 17. April 1943, Landesarchiv Saarland, Justizvollzugsanstalt Saarbrücken, 1943 G.

[722] Neu Ulmer Anzeiger, 11. Oktober 1943, S. 3.

[723] Ebda.

[724] Vgl. Vernehmungsprotokoll Alexander Schmorell, 13. März 1943, Bl. 23.

[725] Vgl. u.a.: Elisabeth Scholl an Fritz Hartnagel, 2. Oktober 1943, Privatbesitz Elisabeth Hartnagel, Stuttgart.

[726] Vgl. Aussage Elisabeth Hartnagel im Interview mit Barry Pree, o.D. [vermutlich in den 1980er Jahren], Nachlass Barry Pree, Privatarchiv des Verfassers.

[727] Aus der Haftzeit der Familie Scholl sind Kassiber, die diese sich gegenseitig haben zukommen lassen, erhalten und in einer Auswahl publiziert. Vgl. Aicher-Scholl, Inge, Sippenhaft, Nachrichten und Botschaften der Familie in der Gestapo-Haft nach der Hinrichtung von Hans und Sophie Scholl, Frankfurt am Main 1993.

[728] Vgl. Interview SZ mit Elisabeth Hartnagel, 6. April 2002.

[729] Vgl. u.a.: Elisabeth Scholl an Fritz Hartnagel 13. Juli 1943 und 16. Juli 1943, Privatbesitz Elisabeth Hartnagel, Stuttgart.

[730] Elisabeth Scholl an Fritz Hartnagel, 2. Juni 1943, Privatbesitz Elisabeth Hartnagel, Stuttgart.

[731] Bericht Fritz Hartnagel für die Spruchkammer, ca. 1946, Privatbesitz Elisabeth Hartnagel, Stuttgart.

[732] Vgl. Fritz Hartnagel an Werner Scholl, 16. April 1943, Privatbesitz Elisabeth Hartnagel, Stuttgart.

[733] Fritz Hartnagel an die Familie Scholl, 29. November 1943, in: Aicher-Scholl, Sippenhaft, S. 111 f. Zu diesem Vorfall vgl. auch: S. 116 f.

[734] Als Beispiel sei auf die Ausstellung der „Weiße Rose Stiftung e.V." verwiesen. Hier wird den Personen und den Taten des Widerstandskreises das Bild von Bergen von Menschenleichen gegenübergestellt. Die ständige Ausstellung befindet sich in der Münchner Ludwig-Maximilians-Universität München. Vgl. auch den Katalog zur Ausstellung: Weiße Rose-Stiftung, Die Weiße Rose, S. 83. Genannt sei auch: Vieregg, Hildegard, Theodor Haecker und die Weiße Rose, „Wohin sollen wir gehen?" – Die Studenten der Weißen Rose unter dem Einfluss Theodor Haeckers, in: Fürst, Gerhard, Kastner, Peter und Siefken, Hinrich, Theodor Haecker (1879–1945), Verteidigung des Bildes vom Menschen, Stuttgart 2001, S. 67.

[735] Die beiden Gutachten Harders vom 17. und 18. Februar 1943 sind abgedruckt in: Lill, Hochverrat?, 1993, S. 209–215, hier S. 214.

[736] Diese These empirisch nachzuweisen, ist schwierig, da einer der wichtigsten möglichen Nachweise, nämlich demoskopische Werte, nicht vorliegen. Gleichwohl sei auf einige Veröffentlichungen verwiesen, die entsprechende Hinweise geben. Einen kurzen Überblick zur Kontinuität des Antisemitismus in Deutschland bietet: Hoffmann, Christhard, Christlicher Antijudaismus und moderner Antisemitismus, Zusammenhänge und Differenzen als Problem der

historischen Antisemitismusforschung, in: Siegele-Wenschkewitz, Leonore (Hrsg.), Christlicher Antijudaismus und Antisemitismus, Theologische und kirchliche Programme Deutscher Christen, Frankfurt am Main 1994, S. 293–317. Zudem sei verwiesen auf: Benz, Wolfgang und Bergmann, Werner, Antisemitismus – Vorgeschichte des Völkermords?, In: Ders. (Hrsg.), Vorurteil und Völkermord, Entwicklungslinien des Antisemitismus, Bonn, 1997, S. 10–31.

737 Lediglich in einer Diskussion im Januar 1943 hat Scholl Harald Dohrn „auf die Härte und Grausamkeit des Krieges sowie auf das Judenproblem" angesprochen und an ihn die Frage gerichtet, „ob die Kirche nicht gegen diese Zustände auftreten müsse." Damit spielte er wohl neben den Kriegsauswirkungen auch auf die im zweiten Flugblatt bereits angesprochenen Verbrechen an den Juden an. Falsch ist hingegen, dass Scholl sinngemäß gesagt haben soll: „Wenn man an die Judenverfolgung denke, so müsse man einsehen, dass es ein Gebot der Stunde sei, hier etwas zu unternehmen." Vgl. Urteil des Sondergerichts München gegen u.a. Söhngen, 13. Juli 1943, StAM, Staatsanwaltschaften 12530, S. 10 f.

738 Hans Scholl an Otl Aicher, 23. November 1941, in: Scholl, Briefe, S. 87.

739 Zu der ganzen Passage: Zweites Flugblatt.

740 Vgl. Vernehmungsprotokoll Manfred Eickemeyer 9. April 1943, Bl. 24.

741 Zur Ausschaltung der politischen und kulturellen Träger der polnischen Nation durch die Deutschen siehe: Kleßmann, Christoph, Die Selbstbehauptung einer Nation, Nationalsozialistische Kulturpolitik und polnische Widerstandsbewegung im Generalgouvernement 1939–1945, Düsseldorf 1971, S. 43 ff.

742 Auf die Hierarchie der Opfer deutet auch Katrin Lehmann in ihrer sprachwissenschaftlichen Analyse der Flugblätter hin. Sie meint jedoch, dass dies lediglich eine Ungeschicklichkeit in der Argumentationsführung sei. Vgl. Lehmann, Katrin Esther, Zur Sprache der „Weißen Rose" in ihren Flugblättern 1942–1943, Magisterarbeit, Freiburg 2005/2006.

743 Vgl. Interview SZ mit Traute Lafrenz, 3. Mai 2002.

744 Flugblattentwurf Christoph Probst, gedruckt in: Christoph-Probst-Gymnasium, damit Deutschland, S. 111.

745 Dass die Deportation Hans Scholl bekannt war, wird aus einem Brief an Otl Aicher ersichtlich: Hans Scholl an Otl Aicher, 23. November 1941, in: Scholl, Briefe, S. 87.

746 Fünftes Flugblatt.

747 Ebda.

748 Ebda.

749 Drittes Flugblatt.

750 Erstes Flugblatt.

751 Ebda.

752 Gedankenverwandte, wenn auch nicht gleiche Argumentationen, nach denen Teile der Nationalsozialisten in die Nähe des jüdischen Denkens und der ‚jüdischen Rasse' gebracht wurden, um sie zu diskreditieren, sind partiell im evangelischen Kirchenkampf zu finden, wie z.B. bei Wilhelm Halfmann, einer der Führungspersonen der Bekennenden Kirche in Schleswig-Holstein. Vgl. Zankel, Sönke, Christliche Theologie im Nationalsozialismus vor der Judenfrage, Die Schrift Halfmanns „Die Kirche und der Jude", in: Demokratische Geschichte, Jahrbuch für Schleswig-Holstein 16, Malente 2004, S. 129 ff.

753 Haecker, Tag- und Nachtbücher, Notat 928, 13. September 1941, S. 199.

754 Ebda.

755 Ähnlich sieht es auch Hinrich Siefken in seinem Kommentar zu den Tag- und Nachtbüchern Haeckers. Vgl. Haecker, Tag- und Nachtbücher, S. 316 f.

756 Josef Furtmeier, Romanmanuskript, Kapitel VIII, S. 32, Privatbesitz Angela Rossmann, Seeshaupt. Wann Furtmeier diese Passage verfasst hat, bleibt unklar, möglicherweise nach dem Tod der Geschwister Scholl, was auf einen geringeren Quellenwert hindeuten würde. Es spricht jedoch nichts dafür, dass Furtmeier diese Gedanken erst später entwickelt haben könnte.

757 Vgl. Schwarz, Max, Predigt vom 9. August 1936, ABP, Nachlass Max Schwarz, Predigtbuch Nr. XI (Kirn 1936).

758 Vgl. Fünftes Flugblatt.

759 Ebda.

760 Ebda.

761 Ebda.

762 Vgl. Fritz Hartnagel an Sophie Scholl, 26. Juni 1942, in: Scholl, Hartnagel, Damit wir uns nicht verlieren, S. 368.

763 Vernehmungsprotokoll Hans Hirzel, 12. März 1943, Bl. 43.

764 Vgl. Interview SZ mit Traute Lafrenz, 3. Mai 2002.

765 Vernehmungsprotokoll Hans Scholl, 20. Februar 1943, Bl. 17.

766 Kurt Huber, Passion, verfasst in der Gestapo-Haft 1943, StadtAMü, NL Huber 32.

767 Hier war die katholische Seite deutlich progressiver als die evangelische, die erst später begann, sich der Problematik bewusst zu werden. Siehe hierzu: Wasserberg, Günter, Die Haltung der beiden großen Kirchen in Deutschland nach 1945 zu Auschwitz, in: Zankel, Sönke und Günther, Niklas, Abrahams Enkel, Juden, Christen, Muslime und die Schoa, in Vorbereitung [Stuttgart Winter 2006]. Zum Gottesmordvorwurf siehe ferner: Lapide, Pinchas, Wer war Schuld an Jesu Tod?, Gütersloh 1989.

768 Erstes Flugblatt.

769 Zum Film siehe: Breinersdorfer, Fred und Rothemund, Marc, Sophie Scholl, Die letzten Tage (Spielfilm), 2005.

770 Hartnagel Fritz, Das Todesurteil, Zur Erinnerung an den 18. Februar 1943, in: Münchner Studentenzeitung. Eine unabhängige Monatsschrift, 1947/48, S. 11.

DANKSAGUNG

Diese Arbeit hätte nicht ohne die Unterstützung vieler Menschen entstehen können. Den zahlreichen Zeitzeugen und Experten sei hier aufrichtig für die aufgewendete Mühe und Zeit gedankt: Theo Baumgärtner, Karl Bisa, Elisabeth Buro, Peter Cohen, Regine Degkwitz, Heinrich Drexel, Bernhard Eble, Wolf Englert, Hubert Furtwängler, Hans Galli, Werner Gast, Wilhelm Geyer, Aloys Goergen, Heinrich Guter, Robert Hämmig, Elisabeth und Fritz Hartnagel, Gerd Imholz, Anneliese Knoop-Graf, Hermann Koepsell, Traute Lafrenz (Page), Albrecht Limbach, Paul Mössinger, Christian Petry, Jost Pfeiffer, Michael Probst, R. Putz, Enno von Rintelen, Angela Rossmann, Jean Rousset, Fridtjov Schaeffer, Wilhelm Schmelcher, Erich und Herta Schmorell, Ernst-Jürgen Scholz, Fritz Seidel, Herta Siebler, Konrad Stark, Inge W., E. Wannemacher, Renate Wirth.

Ebenso dankbar bin ich zahlreichen Personen, die mir mit Rat und Tat zur Seite standen. Mit vielen ergaben sich – zum Teil auch kontroverse – Diskussionen, die für meine Meinungsbildung äußerst wichtig waren. Genannt seien hier vor allem: Elsbeth Boesl, Dagmar Bolling, Anneli Ehlers, Sebastian Engel, Susanne Ganster, Niklas Günther, Johanna Hage, Christine Hikel, Professor Hans Günter Hockerts, Kai Hünemörder, Thoby Johannsen, Ferdinand Leikamp, Professor Carsten Nicolaisen, Hans-Christian Petersen, Dörte Offen, Katharina Pree, Manuela Schmid, Maximilian Schreiber und seinen Eltern, Winfried Süß sowie Anne, Eike, Horst und Jörn Zankel sowie seiner Frau Judith.

Sönke Zankel
Flensburg, im Juli 2006

ZITIERTE LITERATUR UND QUELLEN

I. Quellen

Gedruckt

Aicher-Scholl, Inge, Sippenhaft, Nachrichten und Botschaften der Familie in der Gestapo-Haft nach der Hinrichtung von Hans und Sophie Scholl, Frankfurt am Main 1993.

Berdiajew, Nikolaj, Die Philosophie des freien Geistes, Problematik und Apologie des Christentums, Tübingen 1930.

Ein Weggefährte der Geschwister Scholl, Die Briefe des Josef Furtmeier 1938–1947, herausgegeben von Christine Hikel und Sönke Zankel, München 2005.

Graf, Willi, Briefe und Aufzeichnungen, herausgegeben von Anneliese Knoop-Graf und Inge Jens, Frankfurt am Main 1994.

Grunsky, Hans Alfred, Der Einbruch des Judentums in die Philosophie, Berlin 1937.

Haecker, Theodor, Was ist der Mensch?, Leipzig 1936.

Haecker, Theodor, Tag- und Nachtbücher 1939–1945, herausgegeben von Hinrich Siefken, Erste Vollständige und kommentierte Ausgabe, Innsbruck 1989.

Huber, Kurt, Leibniz, Der Philosoph der universalen Harmonie, München 1951 und 1989.

Knoop, Bernhard, Hegel und die Franzosen, Stuttgart 1941.

Hello, Ernest, Heiligengestalten, Leipzig 1936.

Marienauer Chronik, Marienau, 1938–1941.

Matthäi, Albert, Fichte an jeden Deutschen, Heidelberg 1940.

Münchener Neueste Nachrichten, 5. Februar 1943.

Neu Ulmer Anzeiger, 11. Oktober 1943.

Muth, Carl, Zur Zeitenwende, in Hochland 17. Jg., Bd. 2, 1920, S. 223–228.

Muth, Carl, Presse und „Pressenot", Grundsätzliche Gedanken, in: Hochland, 26. Jg., Bd. 1, 1928/1929, S. 300–307.

Muth, Carl, Epiphanie, Laiengedanken zur katholischen Aktion, in: Hochland, 26. Jg., Bd. 1, 1928/1929, S. 337–346.

Niederdeutsches Landerziehungsheim Marienau, Staatlich anerkannte private Oberschule, herausgegeben von Bernhard Knoop und Angelika Knoop, Marienau 1938.

Ritter, Gerhard, Machtstaat und Utopie, Vom Streit um die Dämonie der Macht seit Machiavelli und Morus, München und Berlin 1941.

Schamoni, Wilhelm, Das wahre Gesicht der Heiligen, Leipzig 1938.

Willi Grafs Jugend im Nationalsozialismus im Spiegel von Briefen, herausgegeben von Jos Schätzler und Hildegard Vieregg, München 1984.

Scholl, Hans und Sophie, Briefe und Aufzeichnungen, herausgegeben von Inge Jens, Frankfurt am Main 1993.

Scholl, Sophie, Hartnagel, Fritz, Damit wir uns nicht verlieren, Briefwechsel 1937–1943, herausgegeben von Thomas Hartnagel, Frankfurt am Main 2005.

Gedruckte Erinnerungsberichte

Fietz, Helmut, Erinnerungen an den Mithäftling Hans Scholl, in: Scholl, Inge, Die Weiße Rose, Frankfurt am Main 1994, S. 181–182.

Gebel, Else, Der letzte Traum der Sophie Scholl, in: Roth, Harald (Hrsg.), Widerstand, Ravensburg 1993, S. 219–228.

Harnack, Falk, Erinnerungsbericht, in: Scholl, Inge, Die Weiße Rose, Frankfurt am Main 1994, S. 147–163.

Hartnagel, Elisabeth, Erinnerungsbericht, in: Scholl, Inge, Die Weiße Rose (Erweiterte Neuausgabe), Frankfurt am Main 1994, S. 164–166.

Hirzel, Hans, Flugblätter der *Weißen Rose* in Ulm und Stuttgart, in: Lill, Rudolf (Hrsg.), Hochverrat? Die „Weiße Rose" und ihr Umfeld, Konstanz 1993, S. 89–119.

Hirzel, Susanne, Vom Ja zum Nein, Eine schwäbische Jugend 1933–1945, Tübingen 1998.

Lafrenz, Traute, Erinnerungsbericht, in: Scholl, Inge Die Weiße Rose, Frankfurt am Main 1994, S. 131–138.

Magold, Li, Leserbrief, Süddeutschen Zeitung, 18./19.12.1965.

Monheim, Franz, Kleine Chronik von Jägersweiler, Opladen o.J.

Mohr, Robert, Erfahrungsbericht, 19. Februar 1951, in: Scholl, Inge, Die Weiße Rose, Frankfurt am Main 1994, S. 171–180.

Müller, Franz, „Wir brauchen kein Gesetz hier!", in: Roth, Harald (Hrsg.), Widerstand, Ravensburg 1993, S. 72–77.

Samberger, Leo, Erinnerungsbericht, in: Scholl, Inge, Die Weiße Rose, Frankfurt am Main 1994, S. 183–187.

Schüddekopf, Katharina, Prozess und Urteil, Erlebnisbericht vom Prozess vor dem Volkgerichtshof, in: Vielhaber, Gewalt und Gewissen, S. 101–105.

Söhngen, Josef, Erinnerungsbericht, in: Scholl, Inge Die Weiße Rose, Frankfurt am Main 1994, S. 123–130

Strauß, Franz Josef, Die Erinnerungen, Berlin 1989.

Archive und Privatsammlungen

Bad Aibling
Privatsammlung Bernhard Eble

Berlin
Archiv der Akademie der Künste
Nachlass Falk Harnack

Archiv des Staatlichen Institut für Musikforschung

Bundesarchiv
Justizakten der beiden VGH-Verfahren gegen den Scholl-Schmorell-Kreis:
NJ 1704, Bd. 1–33.
ZC 13267, Bd. 1–16
Die Gestapo-Vernehmungsprotokolle gliedern sich wie folgt auf:
NJ 1704,
- Bd. 7: Kurt Huber
- Bd. 8: Wilhelm Graf
- Bd. 9: Falk Harnack

ZC 13267,
- Bd. 2: Hans Scholl
- Bd. 3: Sophie Scholl
- Bd. 4: Christoph Probst
- Bd. 6: Traute Lafrenz
- Bd. 7: Eugen Grimminger

Bd. 15: Gisela Schertling und Katharina Schüddekopf
ZC 14116,
Bd. 1: Hans Hirzel
Bd. 2: Susannen Hirzel und Helmut Bauer

ZR 929, A. 2.
R 21/10922
MFOK Z26, MFOK H8, MFOK G7 (ehemals Berlin Document Center)

Gedenkstätte Deutscher Widerstand
Kopie der Protokolle der Vernehmung von Alexander Schmorell durch die Gestapo (Kopie von: Sonderarchiv Moskau, 1361/1/8808)

Bühl
Privatbesitz Anneliese Knoop-Graf
Sammlung Anneliese Knoop-Graf, darin auch: Nachlass Willi Graf

Düsseldorf
Nordrhein-Westfälisches Hauptstaatsarchiv Düsseldorf/Zweigstelle Kalkum
Gerichte, Rep. 17/Bd. 292–295 (Verfahren gegen Klaus Zwiauer, Hans Scholl u.a. vor dem Sondergericht Stuttgart)

Flensburg
Privatarchiv Sönke Zankel
Nachlass Barry Pree
Sammlung Albrecht Limbach
Sammlung Sönke Zankel

Freiburg
Bundesarchiv-Militärarchiv Freiburg, RH 26-252/95; BA-MA, RH 26-252/166, RH 26-252/169, BA-MA, RH 26-252/172, BA-MA, RH 12-23/1206.

Hamburg:
Hamburger Bibliothek für Universitätsgeschichte
Sammlung Eckart Krause

Hannover
Niedersächsisches Hauptstadtarchiv,
NDS 171 Hannover 31720

München
Archiv der Ludwig-Maximilians-Universität München
E - II–1534
Studenten-Verzeichnis, Sommer-Halbjahr 1942, München 1942

Archiv des Bayerischen Rundfunks
Fernsehsendung „Dem Bösen widersagt, Willi Grafs Weg in die Todeszelle“, Erstsendedatum: 11. Oktober 1983

Bayerisches Hauptstaatsarchiv
MK 43791 (Personalakte Kurt Huber).
MK 39700
Nachlass Karl Friedrich Eberstein
Slg. Varia 1422

Denkstätte der Weiße Rose-Sitftung
Hamazaspian, Nikolay D., Erinnerungen an Alexander Schmorell, o.D. [vermutlich Anfang der 1990er Jahre]

Privatbesitz Familie Schmorell,
Nachlass Alexander Schmorell

Staatsarchiv München:
Polizeidirektion München 10145 (Jakob Schmid)
Staatsanwaltschaften 12530
Staatsanwaltschaften 21953
Staatsanwaltschaften 17439/3
Spka K 575 (Hans Alfred Grunsky)
Spka K 1104 (Anton Mahler).
Spka K 1574 (Oswald Schäfer),
Spka K 1627 (Ludwig Schmauß).
Spka K 1634 (Jakob Schmid),
Spka K 1688 (Anton Schöttl).
Spka K 1856 (Marie-Luise Upplegger)
Spka K 2015 (Walther Wüst)

Stadtarchiv München
Nachlass Kurt Huber

Institut für Zeitgeschichte:
Nachlass Inge Aicher-Scholl
Fa 215, Bd. 2, 3

Munderkingen
Privatbesitz Wilhelm Geyer jun.
Nachlass Wilhelm Geyer

Passau
Archiv des Bistums Passau
Nachlass Max Schwarz

Regensburg
Universitätsbibliothek Regensburg
Hoerburger-Archiv

Seeshaupt
Privatbesitz Angela Rossmann
Romanmanuskript Josef Furtmeier

Saarbrücken
Landesarchiv
StAnw 1116
Justizvollzugsanstalt Saarbrücken, 1943 G.

Schleswig
Landesarchiv Schleswig
Abt.: 460.15, Nr. 92 (Entnazifizierungsakte Julius Doerfler)

Stuttgart
Sammlung Elisabeth Hartnagel

Ulm
Dokumentationsarchiv Oberer Kuhberg
Sammlung Weiße Rose

Weinheim
Sammlung Christian Petry

Saarbrücken
Archiv des Ludwigsgymnasiums Saarbrücken
Schülerliste der beiden Oberprimen des Ludwigsgymnasiums 1936/37

Wien
Dokumentationsarchiv des österreichischen Widerstandes
12.942

Mitteilungen an den Verfasser

Baumgärtner, Theo, 9. November 2004 und 25. Mai 2006
Bisa, Karl, 20. Januar 2000
Buro, Elisabth, 16. Februar 2002
Cohen, Peter, 8. Dezember 2004
Degkwitz, Regine, 12. Dezember 1999
Drexel, Heinrich, 12. November 2001
Englert, Wolf, 10. August 2001.
Furtwängler, Hubert, 7. November 1999, 12. Dezember 1999
Galli, Hans, 18. März 2002
Gast, Werner, 19. Oktober 2001
Goergen, Aloys, 2. Dezember 1999
Guter, Heinrich, 27. November 1999
Hämmig, Robert, 10. Dezember 2004
Hartnagel, Fritz und Elisabeth, Stuttgart 23. Mai 1996
Hartnagel, Elisabeth, 6. April 2002
Imholz, Gerd, 17. Januar 2006
Knoop-Graf, Anneliese, 15. Februar 2004
Koepsell, Hermann, 20. November 2001
Lafrenz, Traute, 3. Mai 2002
Mössinger, Paul, 19. Januar 2006
Pfeiffer, Jost, 18. August 2001 und 15. Juni 2006
Putz, R., 23. November 2001
Rintelen, Enno von, 9. Februar 2006
Rousset, Jean, 2. Mai 2002

Schaeffer, Fridtjov, 26. Oktober 2001 und 11. April 2002
Schmelcher, Wilhelm, 3. Juni 2003
Schmorell, Erich und Herta, 26. November 1999 und Herta Schmorell, 15. Februar 2000
Scholz, Ernst-Jürgen, 12. Oktober 2001
Seidel, Fritz, 10. November 2001
Siebler, Herta, 27. November 1999
Stark, Konrad, 17. Januar 2006
W., Inge, 21. November 1999
Wannemacher, E., 18. Juli 2003
Wirth, Renate, 17. Januar 2000

II. Literatur

Aicher, Otl, innenseiten des kriegs, Frankfurt am Main 1985.

Benz, Wolfgang und Bergmann, Werner, Antisemitismus – Vorgeschichte des Völkermords?, in: Dies. (Hrsg.), Vorurteil und Völkermord, Entwicklungslinien des Antisemitismus, Bonn, 1997, S. 10–31.

Benz, Wolfgang, Graml, Hermann und Weiß, Hermann (Hrsg.), Enzyklopädie des Nationalsozialismus, München 1998.

Blaha, Tatjana, Willi Graf und die Weiße Rose, Eine Rezeptionsgeschichte, München 2003.

Breinersdorfer, Fred (Hrsg.), Sophie Scholl – Die letzten Tage, Frankfurt am Main 2005.

Breyvogel, Wilfried, Die Gruppe „Weiße Rose", Anmerkungen zur Rezeptionsgeschichte und kritische Rekonstruktionen, in: Ders. (Hrsg.), Piraten, Swings und Junge Garde, Jugendwiderstand im Nationalsozialismus, Bonn 1991, S. 159–201.

Bruckbauer, Maria, „...und sei es gegen eine Welt von Feinden!", Kurt Hubers Volksliedsammlung und -pflege in Bayern, München 1991.

Böhm, Helmut, Von der Selbstverwaltung zum Führerprinzip: die Universität München in den ersten Jahren des Dritten Reiches (1933–1936), Berlin 1995.

Buscher, Paulus, Aus den Erfahrungen des Jugendwiderstandes: dj.1.11. (1936–1945), Nottingham 1993.

Chaussy, Ulrich, „...die Russen bleiben doch meine Brüder", Alexander Schmorell und die „Weiße Rose", Manuskript des Bayerischen Rundfunks, 4. Juli 1993.

Christoph-Probst-Gymnasium Gilching (Hrsg.), Wir müssen es wagen...: Christoph Probst 1919–1943, Gilching 1993.

Christoph-Probst-Gymnasium Gilching (Hrsg.), ...damit Deutschland weiterlebt! Christoph Probst (1919–1943), Gilching 2000.

Gellately, Robert, Die Gestapo und die deutsche Gesellschaft. Die Durchsetzung der Rassenpolitik 1933–1945, Paderborn 1993.

Grote, Almut, Die Geschwister Scholl und die HJ, Hausarbeit an der Freien Universität, Berlin 1993.

Gebel, Hans-Josef, Konsequent – Von der Schulbank bis zum Schafott, in: Landeshauptstadt Saarbrücken (Hrsg.), Gedenkschrift zum 50. Jahrestag der Hinrichtung des Saarbrücker Widerstandskämpfers Willi Graf, S. 29–37.

Harding, Wayne, M., Kontrollierter Heroingenuß – ein Widerspruch aus der Subkultur gegenüber herkömmlichem kulturellen Denken, in: Völger, Gisela und von Welck, Karin (Hrsg.), Rausch und Realität, Drogen im Kulturvergleich, Hamburg 1982, S. 1217–1223.

Hellfeld, Matthias von, Bündische Jugend und Hitlerjugend, Zur Geschichte von Anpassung und Widerstand 1930–1939, Köln 1987.
Hirzel, Hans, „Es waren ihrer sechs“, Zum fünften Jahrestag des „Münchener Studentenaufstands“, in: Studentische Blätter Tübingen 2 (1948) Nr. 2, S. 1–4.
Huber, Clara (Hrsg.), Kurt Huber zum Gedächtnis, Bildnis eines Menschen, Denkers und Forschers, dargestellt von seinen Freunden, Regensburg 1947 und München 1986.
Huch, Ricarda, Alexander Schmorell, in: Neue Schweizer Rundschau, Jg. 16, 1948/49, S. 357–361.
Jessen, Jens, Verfassungsfeinde, in: DIE ZEIT, 20. Januar 2000.
Kißener, Michael, Willi Graf, Von der Prägung eines widerständigen Katholiken (1933–1939), in: Ders. und Schäfers, Bernhard (Hrsg.), „Weitertragen“, Studien zur „Weißen Rose“, Festschrift für Anneliese Knoop-Graf zum 80. Geburtstag, Konstanz 2001.
Kleßmann, Christoph, Die Selbstbehauptung einer Nation, Nationalsozialistische Kulturpolitik und polnische Widerstandsbewegung im Generalgouvernement 1939–1945, Düsseldorf 1971.
Knoop, Bernhard, Ansprache zum Gedenken an Christoph Probst, 1983, abgedruckt in: Christoph-Probst-Gymnasium Gilching, ...damit Deutschland weiterlebt! Christoph Probst (1919–1943), Gilching 2000, S. 131–133.
Knoop, Bernhard, Drangvolle Zeiten und Neubeginn 1937–1949, in: Schule Marienau (Hrsg.), Fünfzig Jahre Landerziehungsheim 1929–1979, Marnienau o.J.
Körner, Harald Hans, Betäubungsmittelgesetz, Arzneimittelgesetz, München 2001.
Kohlhaas, Elisabeth, Die Mitarbeiter der regionalen Staatspolizeistellen, Quantitative und qualitative Befunde zur Personalausstattung der Gestapo, in: Paul, Gerhard und Mallmann, Klaus-Michael (Hrsg.), Die Gestapo – Mythos und Realität, Darmstadt 1995, S. 219–235.
Kurt-Huber-Gymnasium (Hrsg.), Kurt Huber, Stationen seines Lebens in Dokumenten und Bildern, Gräfelfing 1986.
Lapide, Pinchas, Wer war Schuld an Jesu Tod?, Gütersloh 1989.
Lehmann, Katrin Esther, Zur Sprache der „Weißen Rose“ in ihren Flugblättern 1942–1943, Magisterarbeit, Freiburg 2005/2006.
Marxen, Klaus, Das Volk und sein Gerichtshof, Eine Studie zum nationalsozialistischen Volksgerichtshof, Frankfurt am Main 1994.
Moll, Christiane, Alexander Schmorell im Spiegel unveröffentlichter Briefe, in: Lill, Rudolf (Hrsg.), Hochverrat? Neue Forschungen zur „Weißen Rose“, Zweite Auflage, Konstanz 1999, S. 129–160.
Neumann, Alfred, Es waren ihrer sechs, Roman, Berlin 1948.
Kiem Pauli, Auf Volksliedfahrt, in: Huber, Clara, Gedächtnis, S. 112–115.
Petry, Christian, Studenten aufs Schafott. Die Weiße Rose und ihr Scheitern, München 1968.
Richter, Isabel, Hochverratsprozesse als Herrschaftspraxis im Nationalsozialismus, Männer und Frauen vor dem Volksgerichtshof 1934–1939, Münster 2001.
Rieschy, Gaby, „Manchmal glaube ich es sicher, manchmal zweifle ich daran“, Der Weg Willi Grafs in den Widerstand, in: Stadtverband Saarbrücken (Hrsg.), Zehn statt tausend Jahre. Die Zeit des Nationalsozialismus an der Saar, 2. korrigierte Auflage, Saabrücken 1988, S. 159–169.

Schepua, Michael, Nationalsozialismus in der pfälzischen Provinz: Herrschaftspraxis und Alltagsleben in den Gemeinden des heutigen Landkreises Ludwigshafen 1933–1945, Mannheim 2000.
Schmitz-Berning, Cornelia, Vokabular des Nationalsozialismus, Berlin und New York 1998.
Schneider, Michael C. und Süß, Winfried, Keine Volksgenossen, Studentischer Widerstand der Weißen Rose, München 1993.
Schorcht, Claudia, Philosophie an den bayrischen Universitäten 1933–1945, Erlangen 1990.
Schüler, Barbara, „Im Geiste der Gemordeten...", Die „Weiße Rose" und ihre Wirkung in der Nachkriegszeit, Paderborn, München, Wien und Zürich 2000.
Siegele-Wenschkewitz, Leonore (Hrsg.), Christlicher Antijudaismus und Antisemitismus, Theologische und kirchliche Programme Deutscher Christen, Frankfurt am Main 1994, S. 293–317
Thamm, Berndt Georg, Drogenreport, Und nun auch noch Crack?, Bergisch Gladbach 1988.
Tilitzki, Christian, Die deutsche Universitätsphilosophie in der Weimarer Republik und im Dritten Reich, Berlin 2002.
Vielhaber, Klaus in Zusammenarbeit mit Hubert Hanisch und Anneliese Knoop-Graf, Gewalt und Gewissen. Eine Dokumentation, Freiburg i.Br. 1964.
Vieregg, Hildegard, Theodor Haecker und die Weiße Rose, „Wohin sollen wir gehen?" – Die Studenten der Weißen Rose unter dem Einfluss Theodor Haeckers, in: Fürst, Gerhard, Kastner, Peter und Siefken, Hinrich, Theodor Haecker (1879–1945), Verteidigung des Bildes vom Menschen, Stuttgart 2001, S. 51–73.
Vinke, Hermann, Das kurze Leben der Sophie Scholl, Ravensburg 1987.
Wasserberg, Günter, Die Haltung der beiden großen Kirchen in Deutschland nach 1945 zu Auschwitz, in: Zankel, Sönke und Günther, Niklas, Abrahams Enkel, Juden, Christen, Muslime und die Schoa, in Vorbereitung [Stuttgart Winter 2006].
Weiße Rose-Stiftung, Ausstellungskatalog, München 1995.
Wely, J.J.W.M. van, Körperliche Wirkungen des Opiatkonsums, in: Scheerer, Sebastian und Vogt, Irmgard (Hrsg.), Drogen und Drogenpolitik, Ein Handbuch, Frankfurt am Main und New York 1989, S. 308–315.
Wiegrefe, Klaus, Tödlicher Irrtum, in: Der Spiegel, 9/2003, S. 48–50.
Zankel, Sönke, Christliche Theologie im Nationalsozialismus vor der Judenfrage, Die Schrift Halfmanns „Die Kirche und der Jude", in: Demokratische Geschichte, Jahrbuch für Schleswig-Holstein 16, Malente 2004, S. 121–134.

ABBILDUNGSNACHWEISE

Abb. 1: Privatbesitz Heinz Groll
Abb. 2: Privatbesitz Barbara Seifert
Abb. 3: Privatbesitz Elisabeth Papp
Abb. 4: Privatbesitz Jörg Kuhn
Abb. 5: Privatbesitz Traute Page (Lafrenz)
Abb. 6 u. 7: Privatbesitz Angela Rossmann
Abb. 8: Privatbesitz Angelika Strehler
Abb. 9: dpa Bilderdienst
Abb. 10, 11, 12, 15, 16, 17 u. 19: Nachlass Barry Pree
Abb. 13: Foto Ernst Grasser, München
Abb. 14: Privatbesitz Stefan Jung
Abb. 18: Privatbesitz Anneliese Knoop-Graf

Es wurde versucht, sämtliche Inhaber von Bildrechten ausfindig zu machen. Eventuelle Irrtümer oder Auslassungen wird der Verlag in künftigen Ausgaben beheben.

ABKÜRZUNGSVERZEICHNIS

ABP	Archiv des Bistums Passau
BArch	Bundesarchiv
BayHStA	Bayerisches Hauptstaatsarchiv
BDM	Bund Deutscher Mädel
Gestapo	Geheime Staatspolizei
HJ	Hitler-Jugend
HStA	Hauptstaatsarchiv
IfZ	Institut für Zeitgeschichte
LMU	Ludwig-Maximilians-Universität München
NL	Nachlass
RAD	Reichsarbeitsdienst
StadtMü	Stadtarchiv München
StAM	Staatsarchiv München
StIdMf	Staatliches Institut für deutsche Musikforschung
UAM	Archiv der Ludwig-Maximilians-Universität München
VGH	Volksgerichtshof

NAMENSREGISTER

Manfred Riedel

Geheimes Deutschland

Stefan George und die Brüder Stauffenberg

2006. X, 274 S. Gb. mit SU.
ISBN-10 3-412-07706-2
ISBN 978-3-412-07706-8

Der Name Stauffenberg ist untrennbar mit dem missglückten Attentat auf Adolf Hitler am 20. Juli 1944 verbunden. Das Buch von Manfred Riedel stellt die geistige Umwelt der Gebrüder Stauffenberg vor dem Hintergrund von Stefan Georges Spätwerk dar und zeichnet daneben die Geisteswelt des späten George im Gespräch mit Wilhelm Dilthey und Max Weber, dem modernen Soziologen und dem Analytiker westlich-kapitalistischer Moderne, nach, mit denen sich der Dichter kritisch auseinander setzte.

Auf langjährigen Studien über Nietzsche und George sowie auf archivalischen Neufunden basierend, verfolgt das Buch anhand bislang unbekannter Gestapo Akten zum 20. Juli 1944 die Verflechtungen des George-Nachlasswerkes mit den Lebensschicksalen aller drei Stauffenbergbrüder und ihrer engsten Freunde, die der Widerstand gegen Hitler einte. Es erschließt geistige Voraussetzungen und die Verankerung ihres Handelns in der klassisch-humanistischen und christlichen Überlieferung, die Georges Vision eines »Geheimen Deutschland« zu Grunde liegt.